2014年度国家社科基金教育学一般项目成果（编号：BOA140022）

|国|研|文|库|

批判教育学的当代困境与可能

周险峰 —— 著

光明日报出版社

图书在版编目（CIP）数据

批判教育学的当代困境与可能 / 周险峰著 . -- 北京：光明日报出版社，2021.6

ISBN 978 - 7 - 5194 - 6046 - 4

Ⅰ.①批… Ⅱ.①周… Ⅲ.①教育学—研究 Ⅳ.①G40

中国版本图书馆 CIP 数据核字（2021）第 078378 号

批判教育学的当代困境与可能

PIPAN JIAOYUXUE DE DANGDAI KUNJING YU KENENG

著　　者：周险峰

责任编辑：杨　茹　　　　　　　　　责任校对：李　兵

封面设计：中联华文　　　　　　　　责任印制：曹　净

出版发行：光明日报出版社

地　　址：北京市西城区永安路 106 号，100050

电　　话：010 - 63169890（咨询），010 - 63131930（邮购）

传　　真：010 - 63131930

网　　址：http://book.gmw.cn

E - mail：yangru@gmw.cn

法律顾问：北京德恒律师事务所龚柳方律师

印　　刷：三河市华东印刷有限公司

装　　订：三河市华东印刷有限公司

本书如有破损、缺页、装订错误，请与本社联系调换，电话：010-63131930

开　　本：170mm×240mm

字　　数：305 千字　　　　　　　　印　　张：17

版　　次：2021 年 6 月第 1 版　　　　印　　次：2021 年 6 月第 1 次印刷

书　　号：ISBN 978 - 7 - 5194 - 6046 - 4

定　　价：95.00 元

目　录
CONTENTS

绪论

为正义而教

虽然巴西教育家保罗·弗莱雷（Paulo Freire，1921—1997）被公认是批判教育学的鼻祖，但真正创造"批判教育学"这一术语的是美国批判教育学者亨利·吉鲁（Henry A. Giroux）。"批判教育学"作为一个术语正式出现在吉鲁于1983年所写的《教育中的理论与抵制》（*Theory and Resistance in Education：Towards a Pedagogy for the Opposition*，1983）一书中。① 经过几十年的发展，批判教育学的论著浩如烟海，但学界对批判教育学并没有一个明确的定义。迈克尔·阿普尔（Michael W. Apple）曾说，"批判教育学"这一术语如"民主"的概念一样，也是一个游移不定的所指，常常被用于各种情境并指涉多种对象。因此，在这种情况下，批判教育学几乎可以意指发生于合作性教室中的任何事物，并被赋予更多的政治内涵。它关涉教育概念应该为什么目标而彻底重构，如何实现这一目标，我们应该教什么，以及应该赋权于什么人等众多议题。② 帕蒂·拉泽尔（Patti Lather）曾形象地把批判教育学比作一个"大帐篷"（big tent），表明批判教育学包含许多的变体（variants）和信念。也就是说，批判教育学是个复指。所以，彼得·麦克拉伦（Peter McLaren）说："必须强调指出，没有什么唯一的批判教育学。"也正因为如此，很多教育实践工作者往往根据自身的体验来定义自己的"批判教育学"，而批判教育学者们似乎也鼓励人们根据自己的实践理解什么是批判教育学。③ 有人甚至认为，批判教育学没有单一的、固定

---

① ［美］琼·温克. 批判教育学——来自真实世界的笔记 ［M］. 路旦俊，译. 长沙：湖南教育出版社，2008：39.

② ［美］迈克尔·阿普尔，韦恩·欧. 批判教育学中的政治、理论与现实（上）［J］. 比较教育研究，2007（9）：1.

③ ［美］琼·温克. 批判教育学——来自真实世界的笔记 ［M］. 路旦俊，译. 长沙：湖南教育出版社，2008：30-39.

的、权威性的定义，因为这会破坏它开放、灵活的本质。① 尽管如此，我们还是能从不同所指的"批判教育学"中抽象出批判教育学的一般性意义：批判教育学是一种将教育与批判理论结合起来的教育哲学和社会运动。它是一种价值关涉，旨在揭示权力与不平等（社会的、文化的和经济的）关系的文化政治学。它从世界充满矛盾和权力及持续的不平等的预设出发，应用"关系分析"(think relationally) 方法，把教育与更广泛的社会的不平等联系起来，担当关注弱势群体、被压迫者、边缘人群的承诺；研究关于合法性知识、公民社会、批判意识、霸权、意识形态、文化资本、对话、隐性课程、命名、边缘化以及所有批判性词汇等主题，旨在通过教育来推动社会进步、民主、公正和人的解放进程。② 吉鲁认为，批判教育学并非一门学科或者知识体系，它指的是一种特殊的教育实践，一种质疑已为人们所接受的各种制度和假设的特殊态度。在他看来，批判教育学有三个基本特征：一是它在本质上是跨学科的；二是它质疑所有学科的基本范畴；三是它以使社会更加民主为己任。③

批判教育学实际上是"批判"与"教育学"的合成词。根据阿普尔的概括，批判和教育学是批判教育学的两个关键词。教育学意味着在实践上、理论上要睿智，要理解不同的关系。而根据我国学者的概括，批判教育学之批判既是一种关系性的分析方法，即将教育与对国家和社会的理解联系起来，以及与对这些关系的抗争联系起来，也是一种否定性的激进的态度倾向和言行风格，同时它还是一种自我反思和自我澄清。批判教育学之批判作为一种关怀伦理，主要体现在对民主自由的价值追求、基于受压迫者的立场分析社会及教育问题、主张教育理论回归教育生活等方面。④

批判教育学者以独特的方式把教育理论与政治、文化和教育实践结合起来。这种批判的研究传统常常与西方新左派及其运动相互交融。它的诞生有其特殊的社会背景。正如有些学者所言，这一传统面临着苏联人造卫星的革命⑤和科

---

① LAMONS B. Dewey and Critical Pedagogy [DB/OL]. 斯普林期刊论文库，2019-11-22.
② 卢朝佑，扈中平. 美国批判教育学的范式 [J]. 教育学术月刊，2018 (4)：3.
③ [美] 亨利·A. 吉罗克斯. 跨越边界——文化工作者与教育政治学 [M]. 刘惠珍，张弛，黄宇红，译. 上海：华东师范大学出版社，2002：10.
④ 周险峰. 美国批判教育学的伦理之维护 [J]. 教育研究，2019 (4)：74.
⑤ 1957 年 10 月 4 日，苏联成功发射斯普特尼克 (Sputnik) 一号人造卫星，引起美国上下震动并引发多方面的改革，这一事件被称为"斯普特尼克危机"。

奇诺斯湾（Bahía de los Cochinos，又称猪猡湾、猪湾）的完全失败①，在麦肯锡主义（McCarthyism，1950—1954）时代之后出现，又在越南战争（1955 年 11 月 1 日—1975 年 3 月 30 日）与民权运动②之后得到发展。③

　　批判教育学诞生并发展于西方保守主义抬头并取得支配性地位的整个过程。新保守主义和新自由主义是其头号敌人。保守主义教育改革集中体现于"基于标准的教育改革"（Standards-Based Reform）的政策及其行动上。正如吉尔·布莱克莫尔（Jill Blackmore）所言，这一改革从追求自由价值转向追求职业成功，从教育的内在价值转向了教育的工具价值，对成功的评价从质性转向了量化。学校渐渐不关注对有思想深度公民的培养转而重视提高考分以及为经济生产培养雇工。④ 面对日益"向右转"的教育趋势及其改革议程，批判教育对此进行了不遗余力的批判。在批判教育学者们看来，"这种改革的目的就是提升由学者所界定的有关高水准知识的学业分数"，"目前国家课程、全国考试、私营化和市场化等提议是把学校同一种剥削性的经济更为直接地联系起来。伴随着右派情绪的高涨，这一系列效应的发生是完全可以预测的。占有性个人主义和极端的民粹主义而不是社会正义将是它的必然结果。这样会产生一个社会分化更加明显的社会"⑤。这是他们所无法容忍的社会境况。因为批判教育学的愿景是一个民主平等的正义社会，人人处于自由的解放的状态。

　　批判教育学的学术传统来源复杂且变动不居。但大致说来，批判教育学与巴西教育家、社会活动家保罗·弗莱雷是分不开的。正如吉鲁所说，任何人要从事这方面的研究都要从他开始，无论你喜不喜欢他。在吉鲁看来，弗莱雷在

---

① 史称吉隆滩战役，又称猪湾事件、猪猡湾事件。1961 年 4 月 17 日，在美国中央情报局的协助下逃亡美国的古巴人在古巴西南海岸猪湾（Bahía de los Cochinos），向菲德尔·卡斯特罗领导的古巴革命政府发动了一次失败的入侵。猪湾事件标志着美国反古巴行动的第一个高峰。

② 民权运动（Civil Rights Movement），指发生于 1955—1968 年间美国黑人反对种族隔离与歧视，争取民主权利的群众运动。美国学者一般认为，它开始于 1954 年美国最高法院对 J. 布朗控诉托皮卡教育委员会一案的判决，结束于 1965 年选民登记法的通过。现代妇女运动、反战运动、新左派运动和其他族裔争取权利的斗争等都受到民权运动的推动和影响。

③ ［美］卡洛斯·阿尔伯托·托里斯．教育、权力与个人经历：当代西方批判教育学家访谈录［M］．原青林，王云，译．济南：山东教育出版社，2013：导言．

④ BLACKMORE J. Globalization: A Useful Concept for Feminists Rethinking Theory and Strategies in Education [C] //TORRES C A, BURBULES N. Globalization and Education: Critical Perspectives. New York: Routledge, 2000: 134.

⑤ ［美］迈克尔·W. 阿普尔．文化政治与教育［M］．阎光才，译．北京：教育科学出版社，2005：109.

预测一系列的理论实证上有着重大贡献，包括后殖民理论、文化研究、批判的成人教育、语言研究及政治在教育中的重要地位等。吉鲁认为，弗莱雷的社会实践和理论著作至少在三个方面给我们提供了实例。第一，他证实了做一个更广泛的知识分子意味着什么。他对权力和可能性的关注穿越了洲际的界线。第二，他使理论和实践之间的关系作为争取社会正义的行动更富活力。第三，他使我们感受到参与的含义。他毕其一生与其他人一起奋斗，使教育成为评判一个人怎样对待能力、权力和政治等问题的最重要的原则。①

但弗莱雷的思想还只是批判教育学尤其是美国批判教育学的思想源头之一。真正对批判教育学发展有深入影响的主要有经典马克思主义、德国的法兰克福学派、法国的后结构主义、英国的文化研究等。当然，不同的批判教育学还受到本国的某些理论的影响，如美国批判教育学就受到杜威及改造主义教育思想的影响。由于批判教育学追求的不是成为反映现实世界的一面镜子，而是塑造现实的一把锤子②，因此，它有强烈的社会参与意识并将众多的社会问题作为自己关注的主题，如阶级问题、性别问题、种族问题、生态问题甚至同性恋问题等，这就使得批判教育学带有很强的开放性，其发展后期与女性主义、后殖民主义、生态主义等理论纠缠在一起，促使批判教育学不断分蘖，而成为一个指涉不定或指涉复杂难辨的大杂烩。当然，尽管如此，批判教育学之批判指向晚期资本主义制度及其文化逻辑，并试图为人的生存境况谋划一条解放之路，从而达致正义社会的基本精神还是一致的。

自 20 世纪六七十年代诞生以来，批判教育学一度成为"教育领域中最具活力且雄心勃勃的竞争者"③。托里斯（Carlos Alberto Torres）于 20 世纪 90 年代末曾自豪地说："在过去 20 年里，越来越多的关于教育的批判研究是对政治、权力与教育之间的关系进行剖析。批判教育研究已经不再处于教育学科的边缘。就当今关于课程、考试、管理、教师培训、教育投资以及几乎任何一个有意义的教育问题之争议而言，它们已经从边缘进入中心。"④ 批判教育学在西方不同国家得到很大的发展，并形成了所谓的"盎格鲁-撒克逊"创新性风格的英美流

① ［美］卡洛斯·阿尔伯托·托里斯. 教育、权力与个人经历：当代西方批判教育学家访谈录［M］. 原青林，王云，译. 济南：山东教育出版社，2013：100.

② ［美］卡洛斯·阿尔伯托·托里斯. 教育、权力与个人经历：当代西方批判教育学家访谈录［M］. 原青林，王云，译. 济南：山东教育出版社，2013：导言.

③ LAKOMSKI G. Critical Theory and Education［C］//The International Encyclopedias of Education（Vol. 2）. New York：Pergamon Press，1994：1204.

④ ［美］卡洛斯·阿尔伯托·托里斯. 教育、权力与个人经历：当代西方批判教育学家访谈录［M］. 原青林，王云，译. 济南：山东教育出版社，2013：导言.

派及"欧陆"保守性风格的德国流派，产生了一大批世界知名的批判教育学者，如弗莱雷、阿普尔、吉鲁、达德尔（Antonia Darder）、胡克斯（Bell Hooks）、格罗娅·兰德勋·贝林（Gloria Landson Billings）、麦克拉伦、金切洛（Joe L. Kincheloe）、霍华德·津恩（Howard Zinn）、道纳尔多·马塞多（Donaldo Macedo）、桑迪·格兰德（Sandy Grande）、斯皮日特（Spearit）以及斯蒂芬妮·莱德斯马（Stephanie Ledesma）等，而持"反学校教育"（anti-schooling）、"非学校教育"（unschooling）及"去学校教育"（deschooling）等观点的伊凡·伊里奇（Ivan Illich）、约翰·霍特（John Holt）、艾拉·肖尔（Ira Shor）、约翰·泰勒·盖托（John Taylor Gatto）以及马特·赫恩（Matt Hern）等都可以位列其中，按照阿普尔的追溯，甚至康茨（George Counts，1889—1974）也可以包括其中。

但是，自20世纪70年代末以来，随着西方右翼势力发展壮大并日益掌控着社会政策包括教育政策的话语权，左翼及基于左翼立场的批判教育学者们被边缘化似乎成为一种历史的宿命。就整体而言，欧洲批判教育学主要的鼎盛时期是在20世纪六七十年代，它的主要的学术灵感来自法兰克福学派的理论。因其保守性，如今，欧洲的批判教育学日趋衰落；尽管在欧洲大陆至今仍有人在批判的传统中著述，但很大程度上也是因为北美批判教育学的鼓励。[①] 而美国批判教育学虽然后来居上且广为流行过一段时间，但也似乎日益式微。其原因是复杂的甚至是难辨的，不同的人基于不同的立场、观点、方法对此有不同的解读。在批判教育学阵营内部，早在90年代中期，吉鲁和麦克拉伦就指出，批判教育学的当前趋势是在发展一种软弱无力的批判性语言的理论计划中不能自拔，沉浸在对美国公立学校再生产不平等的道德激愤之中。[②] 概括而言，批判教育学致力于改变社会不公正，试图为教育环境内外的所有人带来平等。尽管如此，对批判教育学的批评仍不绝于耳，人们对批判教育学的批判主要包括如下三个方面：其一，批判教育学者们致力于消除不平等，但他们所使用的语言是玄奥的、精英性的以及排斥性的；其二，批判教育学者们虽然重视来自不同文化的、民族的、性别的以及经济的个人和群体的声音，但是一直以来他们突出的主要是白人的、西方男人们的声音；其三，批判教育学者们长于问题批判

---

① GERT J J B. Say You Want A Revolution：Suggestions For The Impossible Future of Critical Pedagogy ［J］. Educational Theory，1998（4）：499.

② KEESING-STYLES L. The Relationship Between Critical Pedagogy and Assessment in Teacher Education ［DB/OL］. CiteSeerX，2020-09-17.

而短于问题解决。①

　　当然，人们对于批判教育学是褒贬不一的。正是在这种褒贬不一的评价中，批判教育学进入了 21 世纪，随着形势的变化，批判教育学也面临新的抉择并寻求新的发展道路。有人认为，作为左派的批判教育学与大多数左派学者的理论的实质是一样的："在西方尤其是在美国，左翼批评正经历着一个学院化、体制化与精英化的过程。左翼批评成为象牙塔内少数知识精英的密语和获取学术地位与资本的手段，离现实生活越来越远，偏离了其世俗关怀的初衷。左翼知识界对新的文化现象如新媒体、知识经济、全球化等固守批判和否定立场，缺少建构性的理论视野。"② 那么，我们还需要批判教育学吗？其合理性及价值性何在？这是 21 世纪批判教育学留给他们自己及世人的一个必须明确的问题。批判教育学未来走向及前景如何，目前尚不明朗。

　　也正因为如此，本书试图从历史发展背景中找寻批判教育学的发展轨迹，展望其未来前景，并对这一庞杂的批判性话语的移植问题进行辩证、系统分析，以裨益于我国当前的教育理论研究与教育实践。

　　本书分上、中、下三篇。上篇为"'向右转'：当代教育改革的风向标"，试图从西方左翼、右翼博弈的历史与现实出发描述教育向"右"转的宏观背景、保守主义教育改革政策的特点及社会抵制等。中篇为"作为复指的批判教育学"，内容涉及批判教育学的学术历程及其与社会问题的关联，特别是它与种族问题、性别问题、生态问题的关联，选取并概述批判教育学代表性的人物阿普尔、吉鲁等人的思想。下篇为"漫长的革命"，主要结合当代西方学术左翼面临的境遇及其问题来分析批判教育学的未来发展走向，同时结合批判教育学在中国的传播反思这一批判性话语的移植问题。

---

① CHRITENSEN L M, ALDRIDGE J. Critical Pedagogy for Early Childhood and Elementary Educator [M]. NY: Springer, 2013: 11-16.

② 刘康. 西方左翼知识界的危机——从美国学术左翼的现状谈起 [J]. 文艺争鸣, 2008 (1): 18.

上篇 01

"向右转"：当代教育
改革的风向标

美国仍然是一个巨大的试验场，右派和左派都在相互争论试验场内的东西。

在过去的二三十年中，右派共同发起了对我们认为是正常东西的攻击。完全公共领域被质疑存在问题。尽管这些对公共机构的攻击比教育的范围要广，但教育机构一直是右派批评的中心。

右派议程最重要的目标之一就是改变我们的常识，改变我们用于理解社会和教育世界以及我们在其中所处的位置的最基本的范畴和关键词的意义。①

——迈克尔·W. 阿普尔

---

① ［美］迈克尔·W. 阿普尔. 教育的"正确"之路——市场、标准、上帝和不平等［M］. 第 2 版. 上海：华东师范大学出版社，2008：6-7.

第一章

"向右转"：世界教育改革的风向标

从 20 世纪 70 年代末开始，西方资本主义国家里的保守主义势力抬头，整个资本主义社会的价值开始发生"右转"，尤以美国为甚。正如英国的约翰·米克尔思韦特（John Micklethwait）和阿德里安·伍尔德里奇（Adrian Wooldridge）曾说，"美国不仅产生了一场比其他富裕国家更强大的保守主义运动，而且作为一个整体，美国也是一个更保守的国家"，美国现在是一个"越来越右倾的美国"①。也正因为如此，美国教育也随之向"右转"，美国著名的批判教育学者阿普尔说："教育不仅被这些右派主义浪潮拉着走，而且它在形成这些浪潮中事实上充当主要角色。"②

当代右派（"新右派"，the New Right）以哈耶克（Friedrich August Hayek）、弗里德曼（Milton Friedman）等人的思想为基本，主要组成有新保守主义和新自由主义。其核心要素是市场与个人，它反对任何形式的政府干预，坚持无干预的资本主义将带来效率、成长与普遍繁荣。其秉承"凡是私有的就是好的，公有的就是坏的"信条，极力推崇市场化、私有化和企业化。基于"新右派"政治立场的教育改革成为西方发达国家尤其是美国教育改革的风向标，这种改革一方面基于新自由主义的市场化主张，强化市场竞争与选择；另一方面基于新保守主义的国家化主张，强化政府干预与国家标准。③ 这种"向右转"的教育改革深深地影响了当代世界教育政策的走向，也激起了西方社会的强烈抵抗。而兴起于 20 世纪六七十年代的批判教育学基于左派立场，以右派及其改革为靶

---

① ［英］约翰·米克尔思韦特，阿德里安·伍尔德里奇. 右派国家：美国为什么独一无二［M］. 王传兴，译. 北京：中信出版社，2016：7-17.

② ［美］迈克尔·W. 阿普尔. 教育的"正确"之路［M］. 黄忠敬，吴晋婷，译. 上海：华东师范大学出版社，2008：262.

③ 郝德永. "向右转"：当代教育改革风向标——以美国为例［J］. 全球教育展望，2012（6）：53.

子，成为当今抵抗教育"向右转"的一支重要的力量。要想全面深入理解这种"向右转"的教育趋势的发端与发展，必须深入西方尤其是美国当时的历史与社会背景。这种背景，也正是批判教育学生成与发展的社会背景。

第一节　关于"左"与"右"

在西方的政治语境中，"左"或"右"实际上是表明政治立场、态度及价值追求的一种特定的词语。既然有"右"，必然有"左"。"左""右"正如钱币的两面，相互依存，成为彼此存在的条件。持"左"的立场的人被称为"左派"（或左翼）；持"右"的立场的人被称为"右派"（或右翼）。一般认为，这一对概念范畴来自法语，诞生于 18 世纪末的法国大革命。

1789 年 7 月 14 日，象征法国封建统治堡垒的巴士底狱被巴黎人民和起义士兵攻陷了，政权被由资产阶级、市民、农民组成的第三等级的代表掌握。在 1791 年的立宪议会中，米拉波（Count de Mirabeau，1749—1791）等人代表的是大资产阶级的利益，在议会中提出了比较温和的改良主张，要求保留国王，反对共和；而以罗伯斯庇尔（Maximilien François Marie Isidore de Robespierre，1758—1794）为首的雅各宾派代表的则是比较激进的第三等级下层力量，坚决反对君主立宪，提出了非常激进的革命措施。这样就形成了针锋相对的两派。当然，还有采取折中立场的第三派。在当时的议会期间，拥护革命的一派刚好坐在会议主持人的左边，而主张温和改良的一派坐在右边，持两个不同政治立场的派别与座席形式之间刚好吻合，后来人们就因此将革命的一派称为"左派"，而将反对革命的一派称为"右派"。

此后，"左"与"右"或"左派"与"右派"成为西方政治版图的一种界划，并且演变出了极端左派、极端右派、中左派和中右派等政治意识形态措辞。① 美国社会学家罗伯特·麦克维尔（Robert MacIver）在 1947 年出版的《政府网络》一书中这样描述"左派"和"右派"：右派是与上层或统治阶级相联系的，左派则代表下层阶级，中派是中间阶级。右派维护现行特权和权力，左派则反对特权和旧的权力结构；右派迎合由出身和财富所决定的等级身份，左派则为身份和地位平等而斗争，代表弱势群体说话。② 但正如张纯厚所言，任

---

① 张纯厚. 论西方左翼思潮的三个高潮 [J]. 文史哲，2014（1）：151.
② 张纯厚. 论西方左翼思潮的三个高潮 [J]. 文史哲，2014（1）：151.

何党派都代表一定的社会阶级，在其上升阶段，属于进取的左派；而在其发展的中后期阶段，则会转变为保守的右派。左派和右派也会相互影响、相互渗透。在一定历史条件下，民主会偏向平等，或偏向自由。所以，特定的左派和右派带有具体的历史特点。总体看，"左"或"左派"与"激进主义"紧密联系；"右"或"右派"与"保守主义"密不可分。

对"左""右"或"左派""右派"的界定，与政治立场及政治语境不同等因素有关。一般也认为，站在马克思主义的立场，或无产阶级的立场就是所谓"左派"，"左派"被认为是代表历史前进方向的人群，是进步的。马克思主义指出，社会主义必然代替资本主义，所以"左派"就是主张走社会主义道路的人群。而极力维护资本主义制度的人被称为"右派"。《党史研究与教学》是这样解释中国语境中的"左"与"右"的①：

> 政治术语中左和右的概念起源于法国大革命时期。当时在议会中两派座席方位不同而产生了"左派"与"右派"的称呼。后来，马克思、恩格斯从这一含义引申为右派即资产阶级反动派，左派即无产阶级革命派。本世纪（20世纪，作者注）初，列宁和斯大林开始用左倾的概念来指代无产阶级内部的激进派，因为当时无产阶级革命力量还比较薄弱，激进派常给刚刚萌芽的无产阶级革命带来很大的损失，因此激进派是极端错误的。为了表示贬义，特在"左"字上加个引号，而当时的右派即保守派虽然延缓了革命的进程，但并没有给革命带来明显损失，因此"右"字不含贬义，也就无须加上引号。到本世纪（20世纪，作者注）20年代末，随着无产阶级革命力量的强大，无论是保守派还是激进派，都会给革命带来不同程度的损失，于是便用"左"倾机会主义与右倾机会主义来划分无产阶级政党内的政治路线错误。并且由于习惯，"左"字上的引号一直没有去掉，"右"字上也一直未加引号。毛泽东又根据列宁、斯大林的用法及习惯，多次提出过划分"左"与右的标准。他说：什么叫"左"？超过时代，超过当前的情况，在方针政策上，在行动上冒进，在斗争的问题上，在发生争论的问题上乱斗，这是"左"，这个不好。落在时代的后面，落在当前情况的后面，缺乏斗争性，这是右，这个也不好。

从上面的解说中，我们还可以发现容易发生混淆的另一对范畴，即"左倾"

---

① "左"倾和右倾的来历及其含义 [J]. 党史研究与教学，1993（3）：76.

和"右倾"。正如有人指出的，同样是主张实现社会主义目标的，也就是谋求进步的左派内部，会因为对现实的认识不一致，因此产生了对采取何种措施的分歧。认识落后于实际情况的，我们叫作右倾；主张超越实际情况进行变革的，我们叫作"左"倾。无论"左"倾或右倾，都是站在进步一边，属于革命队伍内部的认识问题，都属于左派，是认识上产生了偏差。但是超越了实际强求的所谓进步不能算是真正的进步，甚至可能是形左而实右的，所以这种极左，通常要加上引号。很显然，"左"倾与右倾，只是当时左派内部的一种区分了。

本书所指的"左"与"右"或"左派""右派"，指的是资本主义内部的左派和右派。相比较而言，资本主义的左派实际是资本主义的改革派，有时也称民主派。而右派则指资本主义内部的维持派或保守派。左派即改革派，就是要求改革资本主义的弊端，所要求改良的主张中内含向社会主义学习和靠拢的诉求，其政策主张更多地反映中、下阶层的利益。由此，一般也称其为资产阶级左翼或左派。而维持派（或保守派）则更多地要求维护传统的资本主义自由经济，反对资本主义改良，其主张更多地代表上层阶级的利益，一般称其为右翼或右派。因此，资本主义内部的左、右之分实际上是维护或发展资本主义路线的分歧或策略选择之争。不过，也有时候并不用左、右派的称呼来表示，例如，美国的民主党一般属左翼，但通常称之为自由派，而代表美国右翼的共和党则被称为保守派。①

1789 年通过的《人权宣言》开篇即称，"人们生来是而且始终是自由平等的。只有在公共利用上面才显出社会上的差别"，"任何政治结合的目的都在于保存人的自然的和不可动摇的权利。这些权利就是自由、财产、安全和反抗压迫"。《人权宣言》奠定了西方"自由""平等"与"博爱"的合法性，因此也成为西方社会共同的价值追求与社会理想。但正如有人指出的，不论是激进主义的左派，还是保守主义的右派，很少有人公开反对这一理想（公开反对"自由""平等""博爱"者，已不是一般意义上的左派和右派，而被视为"极左派"和"极右派"）。不过，由于《人权宣言》的最后一条规定，"财产是神圣不可侵犯的权利，除非当合法认定的公共需要所显然必需时，且在公平而预先赔偿的条件下，任何人的财产不得受到剥夺"。这样一来，便给"自由"与"平等""博爱"之间的矛盾埋下了伏笔。"左"与"右"或"左派"与"右派"，一般在人性、理性及权利等问题上有根本性分歧。大致说来，所谓激进和保守、"左派"和"右派"，无非是针对这一矛盾所做出的不同选择而已：凡是

---

① 政治分左右派分别是什么意思［DB/OL］. 搜狗网，2013-04-25.

为了"自由"而牺牲"平等"和"博爱"者，一般可称之为"右派"或"保守主义者"；凡是为了"平等"和"博爱"而牺牲"自由"者，一般可称之为"左派"或"激进主义者"。在具体的政策实践中，"左"与"右"存在的分歧见表1-1①：

表1-1　左派与右派的观点及其分歧

派别　　观点	左派	右派
政治	主张平等高于自由； 关心社会公正	主张自由高于平等； 关心个人权利
经济	主张国家控制； 高税收，高福利	主张自由竞争； 低税收，低福利
文化	强调世界性； 关心少数民族和弱势群体	强调民族性； 关心主体民族和社会精英
教育	主张国家办学； 强调人人获得教育的平等机会	主张私人办学； 主张通过竞争来分配教育资源
国防	强调协商，主张绥靖政策； 鸽派	加强军备，喜欢武力威胁； 鹰派

批判教育学者对左派和右派的立场及其教育观念差异的理解可以很好地诠释或补充上表中的相关含义。阿普尔如是说②：

　　在西方，我的关系分析（批判教育学之"批判"即是一种关系性分析——笔者注），或者强民主的观点，被称为左派。我明白在中国或其他国家这种分类有点复杂。在有些国家，"左"和"右"可能是完全相反的意思。但是在西方，"左"是代表民主的意思，他们拥有较长的民主运动历史、女性解放历史和种族解放历史。从这个社会上，获益不多的人群都会以此为保护伞，他们都被称为左派。这种左和右的区分，取决于我们在讨论什么。在西方经济中，左派跟工人、贫困者和工会走得更近些，能为消

---

① 陈炎."激进"与"保守"·"左派"与"右派"[J].河北学刊，2004（5）：6-7.
② 洪志忠.批判教育研究的原旨、演展和社会权力架构——美国威斯康星大学阿普尔教授访谈[J].全球教育展望，2011（2）：17.

费者发出更强的声音。……美国左派的历史是一个社会民主的历史，有些人称它为社会民主主义。……左派是一个相互关联的力量，它是以阶级为基础的。左派推行的另一件事就是提供非常大的一把伞（large umbrella），在它之下是关于工会、工人、失业者的权利，是反对同性恋恐惧和种族主义者，是女权主义、环境主义。而右派总是亲近资本主义者，他们总是从上而下地进行课程设置，他们往往不能意识到美国存在多种文化，他们往往希望右派统治的知识占统治地位。我并不是一味反对国家课程的设置，我想说的是民主解放的存在，而且我们可以通过它改变课程设置。美国正在尝试做其他国家历史上没有做过的东西。美国是建立在其他国家之上的，每年都有来自印度、中国、巴基斯坦、非洲、欧洲的移民，他们有着不同的语言、宗教信仰，文化也不同。所以困难就是我们是否能建立这么一所学校来融合这些不同背景的群体，我们能否建立一种文化来尊重这种差异。现在左派的观点能更迎合这种立场。左派希望学校里面更加多元，希望课程的设置能够使人们和政府之间形成一致，达成协商。他们反对全国性的考试，希望地方和老师能够得到更多的权力。而右派并不同意这个观点，他们推崇"共同文化"。他们希望学校资本化，把学校变成公司制，按公司制来运行。亲资本主义者并没有因此受到批评，我一生都在和这种观点做斗争。世界上没有证据说明，通过市场能够提高教育质量。

从阿普尔的这段话看，"左派"与"右派"在教育上的分歧也是很明显的：左派自谓代表弱势群体，注重教育公平，主张多元文化、地方性课程，反对统一性考试，反对市场化、私有化。而右派则相反，代表的是社会统治阶层，注重教育竞争，强调反映共同文化的国家课程，提倡统一考试，推行教育产业化、私有化、市场化等。

第二节 "左"与"右"的博弈：
激进主义与保守主义此消彼长

根据《简明不列颠百科全书》的解释，在西方，"激进"这个词第一次被用在政治上是在英国。一般认为 C. 福克斯在 1797 年要求实行"激进的改革"时首先使用这个词，改革内容包括扩大公民权。此后，"激进派"一词被用作包括一切支持议会改革运动的人在内的概括性名词。①

与之相对应的是，"保守主义"一词，因不同的历史和地理背景而有不同的含义，但总的来说，是指倾向于维护历史形成的、代表着连续性和稳定性的事物。直到 18 世纪末，保守主义才开始发展成为反对 1789 年法国大革命的一种政治态度和运动。这个名词最早可能是 1815 年波旁王朝复辟分子首先使用的。一般认为，爱尔兰政治家、作家、演说家、政治理论家和哲学家 E. 伯克（Edmund Burke，1729—1797）是第一个在现代意义上明确地表达保守主义的思想家。②

激进主义对现存社会的组织和运作方式怀有强烈的不满，对现存社会制度抱有彻底的否定态度，急切地希望对社会进行根本性的急剧的和即时的改变。不过，激进主义之间也有激进程度的差异和左右之分，对社会的变革倾向于一种更公正或更科学态度的激进主义往往属于左翼激进主义，而那些倾向于使社会回到过去状态或者甚至是旧的价值体系的则属于右翼激进主义。在西方社会的近现代化进程中，左翼激进主义一直经久不衰，甚至可以说，文艺复兴、宗教改革及启蒙运动就是激进主义的产物，资本主义世界中的自由、民主、平等等自由主义的理念也因此而发扬光大并成为西方世界共同的终极价值追求。

"二战"后，由于资本主义和社会主义两大对立阵营的形成、马克思主义的进一步传播、民族解放运动的激荡、西欧福利国家运动的兴起和美国"伟大社会"运动（Great Society）③ 的受挫，出现了以知识分子和大学生为主体的新左派（New Left）。20 世纪六七十年代西方世界处于动荡不安之中，尤其是在美国爆发了大规模的反叛运动，左翼激进主义风行一时。如美国当时的"气象员"④

---

① 简明不列颠百科全书（第四卷）［Z］. 北京：中国大百科全书出版社，1986：177.
② 简明不列颠百科全书（第一卷）［Z］. 北京：中国大百科全书出版社，1986：560.
③ "伟大社会"运动：1964 年美国约翰逊（Lyndon B. Johnson，1908—1973）总统发表演说宣称："美国不仅有机会走向一个富裕和强大的社会，而且有机会走向一个伟大的社会。"由此所提出一系列的施政目标，便是"伟大社会"。为实现这一目标，国会通过了包括"向贫困宣战""保障民权"及医疗卫生等方面的立法四百多项，将战后美国的社会改革推到了新的高峰。约翰逊的"伟大社会"纲领和肯尼迪（John Fitzgerald Kennedy，1917—1963）的"新边疆"（New Frontier）政策都是资产阶级自由主义改革，把罗斯福新政时的国家垄断资本主义发展到了一个新的高度。"伟大社会"运动对美国走向福利社会、消除贫困及缩小社会差距等方面产生了一定的效果，但其负面效应如通货膨胀、社会福利负担过重、经济低迷等在 20 世纪 70 年代开始显现出来。
④ 原称 Weather Underground Organization，简称 WUO，又称"气象员"，Weatherman，其前身为成立于 1969 年的"美国大学生民主会"，即 Students for a Democratic Society，简写"SDS"。

及其坚定的同盟"黑豹党"①，他们认为当时的革命形势已经成熟，美国四面楚歌，分崩离析，美国资本主义甚至到了一触即溃的地步。他们要义无反顾地担当起历史重任，即通过反战、反种族主义把全国市民组织起来，推翻美国政府，一举粉碎资本主义制度，建立社会主义。其手段就是充满暴力或恐怖主义。这就是典型的左翼激进主义。

　　与此同时，代表右翼立场的新右派也粉墨登场。美国新保守派的前身是20世纪前半叶活跃在文化界的"纽约知识分子"②，他们早年积极投身于自由主义思想运动，60年代因不满自由主义的极端化倾向而开始在政治立场上向保守派靠拢并因此得名。70年代末期，新保守派对卡特政府（1977—1981）的外交政策的抨击和强硬的反苏反共立场受到了里根（Ronald Wilson Reagan，1911—2004）总统的青睐，他们当中的某些头面人物也因此在里根政府中得到重用，从而对当时的美国外交政策产生了重要影响。这段历史被美国史学家称为新保守主义的崛起。③ 新保守主义的崛起的原因是复杂的，与新左派激进运动发生偏向而走向恐怖主义有密切的关系。正如有人指出，当20世纪六七十年代的那些试图通过自由主义的教育改革来解决贫困问题、种族问题和失业问题的努力，最终沦为街头巷尾的打架斗殴时；当20世纪六七十年代的那些雄心勃勃的反主流文化、反越战、支持民权运动的校园反叛者，最终沉溺在奇装异服、毒品和无节制的声色犬马之中时；当为争取平等的社会权利而奔走呼告、疲惫不堪的

---

① "黑豹党"（Black Panther Party）是一个美国黑人社团，1966年由休伊·纽顿（Huey Newton）和鲍比·塞勒（Bobby Seale）在加利福尼亚的奥克兰创建。

② "纽约知识分子"（The New York Intellectuals）："纽约知识分子"是20世纪美国的一群重要的作家和文学批评家。作为群体的纽约知识分子产生于20世纪30年代，反斯大林主义的社会主义是他们共同的政治思想起点。但20世纪50年代以后，随着美国国内、国际政治局势以及纽约知识分子自身地位的变化，他们的思想逐渐失去激进性，其中的一些知识分子成了美国新保守主义运动的重要力量，只有少数人还在坚持社会主义理想。

③ 具体参见：EHRMAN J. The Rise of Neoconservatism: Intellectuals and Foreign Affairs 1945—1994 [M]. New Haven and London: Yale University Press, 1995;
BLOOM A, SONS P. The New York Intellectuals & Their World [M]. New York: Oxford University Press, 1986;
JUMONVILLE N. Critical Crossings: The New York Intellectuals in Postwar America [M]. Berkeley: University of California Press, 1991;
DORRIEN G. The Neoconservative Mind: Politics, Culture, and the War of Ideology [M]. Philadelphia: Temple University Press, 1993;
STEINFELS P. The Neoconservatives: The Men Who Are Changing America's Politics [M]. New York: Simon and Schuster, 1979.

非裔美国人成为20世纪六七十年代黑人激进主义运动最终的受害者时，保守主义就成为战后的美国社会改革的另一条出路。① 也就是说，新左派孕育了新右派。右翼势力崛起，并先后在英、美、西德等西方工业大国上台执政，在法、意、奥、瑞典等国也有相当进展，可以说这是自1848年革命以来最强劲的一场保守主义运动。②

早在20世纪50年代，保守主义在西方尤其是美国就开始崭露头角。如被称为"美国现代保守派运动之父"的美国媒体人、作家、保守主义政治评论家小威廉·法兰克·巴克莱（William Frank Buckley Jr.，1925—2008）于1951年出版其代表作《耶鲁的上帝与人》（*God and Man at Yale：The Superstitions of "Academic Freedom"*），并于1955年创办代表右翼的政论杂志《国家评论》（*National Review*），致力于把传统的政治保守派、自由放任经济思想及反共主义统合起来，为以巴里·戈德华特③和里根为代表的现代美国保守主义奠定基础。而此后一些右翼媒体也不断出现，代表性的有艾文·克里斯托尔（Irving Kristol，1920—2009）创办《公共利益》（*the Public Interest*，1965）及《国家利益》（*the National Interest*，1985），为保守主义鼓与呼。一些右翼智库也相继成立，代表

---

① 陈露茜. 20世纪80年代"学校大辩论"研究——当代美国公共教育政策中的意识形态冲突 [D]. 北京：北京师范大学，2010：44.
② 陈露茜. 美国新保守主义公共教育议程的社会意识形态基础分析 [J]. 清华大学教育研究，2011（5）：93.
③ 巴里·戈德华特（Barry Morris Goldwater，1909—1998）被视为20世纪60年代开始美国保守主义运动复苏苗壮的主要精神人物，常被誉为美国的"保守派先生"。

性的有传统基金会①，美国企业公共政策研究所②，哈德逊研究所③，胡佛战争、革命与和平研究所④。20 世纪 80 年代初，随着里根和撒切尔（Margaret Hilda Thatcher，1925—2013）当选执政，新保守主义在西方世界尤其在英美国家开始左右社会及教育政策走向。大批新保守主义的代表人物如赫什（E. D. Hirsch, Jr. 1928—）、切斯特·费恩（Chester Finn, Jr.，1944—）、特里尔·贝尔（Terrel Bell，1921—1996）和戴安娜·拉维奇（Diane Ravitch，1938—）等登上历史舞台。新保守主义成为西方的主流价值观念。

值得注意的是，一些保守主义智库成员往往成为 20 世纪 80 年代西方政府的智囊人物，甚至直接参政而成为政府决策层成员。在教育决策方面，一大批"教育政治家"⑤ 产生，从而左右西方世界的教育政策走向。典型的是美国的被称为"共和党传统价值派的代言人"的威廉姆·本内特（William J. Bennett）。他曾出任里根政府时期的教育部部长和全国慈善捐款委员会主席，而在布什政

---

① 传统基金会（the Heritage Foundation，1973），代表美国西南部财团极端保守势力的利益，曾积极支持并影响过里根政府，该会有 11 名成员在里根政府中任职。传统基金会除了本身开宗明义，表明是美国保守派组织，其政治主张，也是保守派一直以来所提倡的：主张小政府，限制政府开支和规模，因此特别颂扬香港式的积极不干预经济政策，亦支持学券制等主张；捍卫个人自由；捍卫传统美国价值；强调美国需要有强大的国防实力等政治理念。

② 美国企业公共政策研究所（American Enterprise Institute for Public Policy Research，AEI），简称美国企业研究所，该所于 1943 年由摩根财团控制的约翰斯·曼维尔公司董事长刘易斯·布朗创建，原名美国企业协会（American Enterprise Association），1962 年改为现名，是美国保守派的重要政策研究机构，与布鲁金斯学会并称为美国华盛顿的"两大思想库"，有"保守的布鲁金斯"之称。它自称目的是"为政策制定者、企业家、学者、新闻界和公众提供对国内、国际问题的客观分析"，主要从事经济问题的研究，向国会兜售维护企业界利益的言论，宣扬自由市场思想。

③ 哈德逊研究所（Hudson Institute）由赫曼康（Herman Kahn）及他的同事们于 1961 年在纽约州克罗顿哈德逊镇（Croton-on-Hudson，New York）创建，是一个美国保守派的非营利性智库，现总部位于华盛顿。

④ 胡佛战争、革命与和平研究所（the Hoover Institution on War，Revolution，and Peace），简称胡佛研究所，是美国著名的公共政策智囊机构，由斯坦福大学（Stanford University）的赫伯特·胡佛（Herbert Clark Hoover，美国第 31 任总统）于 1919 年创建。有"右翼思潮的思想库"之称。

⑤ "教育政治家"这个概念是由斯普林（Joel Spring）提出的。他认为，教育政治家是在当选政治家的命令下工作的，包括在美国联邦政府内的教育部长、副部长，州政府内的州教育督学，地方一级的学监等。教育政治家一般为执政政府服务或为一定的利益集团服务，他或是被任命的，或是被选举的。具体参见陈露茜. 20 世纪 80 年代"学校大辩论"研究——当代美国公共教育政策中的意识形态冲突［D］. 北京：北京师范大学，2010：6.

府时期则担任全国毒品控制政策办公室主任。本内特现为振兴美国协会两主席之一，是美国传统基金会文化政策研究室的高级研究员，同时任《国家评论》的高级编辑。本内特是美国著名教育专家。其著作《美德书》（*The Book of Virtues*: *A Treasury of Great Moral Stories*，1993）就如何培养孩子的美德，包括责任义务、自理自律、宽容谅解、同情关爱、交流沟通、独立自强、勇敢坚定、勤劳节俭、理想信念等而被誉为"上好的亲子读物"，该书代表了其保守主义的教育立场。

新保守主义在西方特别是在美国的发展，大致经历了 20 世纪 60 年代后期和整个 70 年代的从萌芽到渐成规模，80 年代和冷战结束后几年的勃兴和沉寂，到 20 世纪 90 年代以来的再次复兴和辉煌。经过 70 年代到 90 年代的发展，新保守主义逐步发展完善了其理论基础，成为美国政治舞台上一支重要力量。进入21 世纪后，新保守主义思想在很大程度上几乎主导了美国国内外政策的制定原则和执行方向。① 正如有人指出，"冷战后新保守派在美国国内政策上与传统保守主义基本实现了合流，然而他们在外交与防务政策上却表现出鲜明的特点。他们对美国物质上超强和道德上优越的地位深信不疑，认为美国应在当今世界积极主动地担当领导角色以推广美国的价值观并维护美国的安全和至高无上地位，蔑视国际组织和国际合作，鼓吹以先发制人方式使用武力打击异己"②。简单地说，"二战"后兴起的保守主义的终极目的是维护美国的霸主地位及其文化价值观的优越性。所以我们不能以字面的意义来理解保守主义，正如阿普尔所言，"'保守主义'这个名称本身就是对它所提出的议程的一种诠释，即致力于保存。人们很可能会稍带讽刺意味地说，保守主义认为永远不要做没有做过的事情。可是这些说法在许多方面带有欺骗性。因为右派目前在许多国家正处于蹿红之时，一个愈加激进的计划正引起我们的关注。目前保守主义政治在很大程度上都是个性的政治。显然，'不要做没有做过的事情'不能充分解释教育界和其他领域内正在发生的一切"③。也就是说，当前的保守主义实际上也在积极地为完善资本主义制度下的社会治理而不断努力，不断改革。他们也是"改革派"。

据美国保守主义历史学家乔治·纳什（George H. Nash）的研究，这个联盟包括五个主要流派：古典自由主义、传统主义、反共产主义、新保守主义

---

① 张凌云. 美国的新保守主义思想及实践［D］. 长春：东北师范大学，2007：4.
② 李志东，梅仁毅. 保守主义在美国的复兴［J］. 国际论坛，2006（5）：67.
③ ［美］迈克尔·W. 阿普尔. 文化政治与教育［M］. 阎光才，译. 北京：教育科学出版社，2005：30.

（neoconservatism）和社会保守主义。① 不过，反共产主义一派在冷战结束后的影响力逐渐消退，甚至不被提起。因此，当代美国保守主义实际上由其余四个流派构成。② 虽各派思想不一，难以调和，但以反对日益强盛的现代自由主义思想和主张为主要标识。

与新右派对立的仍是新左派。新左派是 20 世纪 60 年代前后，首先出现在美国的政治、经济、历史等人文科学研究领域的一种理论流派和思潮。1959 年美国学者威廉·威廉斯（William Appleman Williams）出版《美国外交的悲剧》（*The Tragedy of American Diplomacy*）一书，标志着新左派的诞生。新左派并无严格意义上的独立、系统的理论体系，只是自称用马克思主义的原理、观点、方法去分析研究资本主义社会的政治、经济等问题。他们批判资本主义政治体制和美国的对外政策，认为决定美国外交政策的主导因素是国内经济体制、经济基础，至于他国的行为、国际环境等外部因素，只是对美国外交政策起调节作用。美国外交的传统是不择手段地无限扩张，美国的历史就是一部扩张史。而造成扩张政策的主要祸首是美国军事工业，是贪婪的垄断资产阶级。新左派思潮在 60 年代广泛传播，70 年代后影响逐渐减弱。其代表人物及著作有霍布森（John Atkinson Hobson，1858—1940）的《帝国主义研究》、弗莱明的《冷战及其起因》、霍布里茨的《美国冷战时期的对外政策：从雅尔塔到越南》等。

第三节　"向右转"：教育改革的启动

正如郝德永所指出的，在"新右派"的操纵下，围绕建设教育最优国家的主旨、国家竞争力与教育质量提升的主题、标准化与市场化的主旋律，美、英等国不断启动教育改革运动，使"向右转"成为教育改革风向标。昔日引以为豪的民主主义、人本主义、个性化等经典教育信条被打破甚至被颠覆，教育发展进入了"大逆转"时代。具体地说，"向右转"教育改革风向标突出表现为社会本位、市场化、标准化的逻辑、机制与措施。③

---

① NASH G H, POPULISM I. American Conservatism and the Problem of Populism［EB／OL］. Newcriterion，2016-09-20.

② 刘正正，高伟. 美国保守主义对教育发展的影响［J］. 全球教育展望，2018（10）：102.

③ 郝德永. "向右转"与"向左看"：当代西方教育改革的道路迷失［J］. 教育科学，2017（6）：71.

问题是，保守主义如何取得这种"大逆转"的胜利呢？一方面，我们可以说，保守主义的理论深厚，影响巨大，美国保守主义以艾文·克里斯托、威廉姆·本内特（William J. Bennett）、阿兰·布鲁姆（Allan Bloom）①、弗里德曼（Milton Friedman）②、哈耶克（F. A. Hayek，1899—1992③）、罗伯特·诺齐克（Robert Norzick）④ 等新保守主义和新自由主义的代言人的思想为思想基础。另一方面我们也可以说，右派组织的社会工作出色，支持到位。代表性的右派活跃的组织有"追求卓越教育市民联合会"（Citizens for Excellence in Education）、"鹰派论坛"（the Eagle Forum）、"追求法律及宗教自由西部中心"（the Western Center for Law and Religious Freedom）、"聚焦家庭"（Focus on Family），为右翼改革提供支持。这些组织主要与地方相关团体联系起来，并为这些团体同学校系统做斗争提供经济和法律上的援助。而"基督教右派"（Christian Right）这一组织在美国正成为一股日益强大的力量，它已在教育政策制定、课程与教学等方面发挥举足轻重的作用。

国内外学者针对这个问题进行了多方面的探讨。阿普尔认为，"如果一个团体想真正拥有统治地位，真的想重建一个新的社会结构，经济上的统治地位必须与'政治、道德和文化上的统治地位'相关联"，"赢得了政权也必须同时赢

---

① 阿兰·布鲁姆（Allan Bloom，1930—1992）代表性的著作为《走向封闭的美国精神》（the Closing of the American Mind，1987）。

② 弗里德曼（Milton Friedman，1912—2006），代表性的著作为《资本主义与自由》（Capitalism and Freedom，1962）。

③ 哈耶克的主要著作有《货币理论和商业盛衰周期性》（Monetary Theory and the Trade Cycle，1928）、《价格与生产》（Prices and Production，1931）、《货币民族主义与国际稳定》（Monetary Nationalism and International Stability，1937）、《利润、利息和投资》（Profits，Interest and Investment，1939）、《资本的纯理论》（The Pure Theory of Capital，1941）、《通往奴役之路》（The Road to Serfdom，1944）、《个人主义与经济秩序》（Individualism and Economic Order，1948）、《约翰·斯图尔特·穆勒和哈里特·泰勒》（John Stuart Mill and Harriet Taylor，1951）、《科学的反革命》（The Counter-Revolution of Science，1952）、《感觉的秩序》（The Sensory Order，1952）、《自由宪章》（The Constitution of Liberty，1960）和《法律、立法和自由》（Law、Legislation and Liberty，1973—1979）等。1974年，鉴于哈耶克"在经济学界自亚当·斯密以来最受人尊重的道德哲学家和政治经济学家至高无上的地位"，他和冈纳·缪尔达尔（Cunnar Myrdal）一起获得诺贝尔经济学奖。

④ 罗伯特·诺齐克（Robert Norzick，1938—2002），著作是《无政府、国家与乌托邦》（Anarchy，State and Utopia，1974），是罗尔斯（John Bordley Rawls，1921—2002）《正义论》（1971）的反对者。

得世俗社会"①。我国学者则是这样描述保守主义胜利的原因，"在 20 世纪 80 年代的美国公共教育政策的生产、传递与接受中，保守主义阵营作为 80 年代美国社会的政治精英团体，在公共教育政策文本中生产出'优异'与'选择'两个基本的'象征符号'。保守主义阵营将'优异'等同于学习与掌握'盎格鲁—萨克斯—新教—白人'为核心的'共同文化'，将'选择'等同于以'消费主义'为主导思想的'消费者的选择'，并通过'学校大辩论'这种宣传形式，在'优异'与'选择'的传递过程中，实现了政策的合法化。同时，他们又通过与新进步主义之间的交锋，实现了政策的社会化，从而最终完成了保守主义教育政策生产、传递、接受的全过程，使得保守主义在'赢得政权'的同时，也'赢得了世俗社会'"②。这里所称的"赢得政权"，指的是自里根和撒切尔主政以来，保守主义分子不断进入决策层，控制了政策话语权；"赢得了世俗社会"，指的是改变了社会赏识，获得民众的支持。

一、"危机"的话语修辞与对公共教育的攻击

公立学校是新保守主义在全社会范围内斗争最为成功的一个领域。它将自由市场与国家调控的经济理论成功地引入人们对经验、道德、义务和常识的是非判断中，并与宗教激进主义（fundamentalism，有的将之翻译成"基要主义"——笔者注）相结合，形成了一个新保守主义阵营。③ 简单地说，保守主义就是通过改变社会常识、迎合世俗社会的需要来达到他们的社会改革目标。这里不可忽视的是他们"危机"话语修辞策略的成功运用。也就是通过对"危机"的大力宣传，使民众处于危机的焦虑之中而将公立学校的低效与国家竞争力下降以及个人失业或就业困难联系起来，从而将教育质量不高的愤怒转化到学校和教师自身的一种话语策略。阿普尔曾指出过这种危机修辞的泛滥情景，"我们正处于教育思潮的'反动'期，到处充斥着'教育失败'的言论，诸如高辍学率、读写能力的滑坡、教学纪律的散漫、教育标准的缺乏不能教给学生'真的知识'和就业技能，以至于学生们的考试成绩太差等都成为对学校进行抨

---

① APPLE M. Official Knowledge：Democratic Education in a Conservative Age［M］. New York：Routledge，2000：21-23.

② 陈露茜. 论政治象征理论在当代美国教育政策分析中的工具价值［J］. 清华大学教育研究，2009（4）：30.

③ APPLE M W. Can Critical Pedagogies Interrupt Rightist Polices？［J］. Educational Theory，2000（2）：230.

击的理由。而所有这些又被认为是导致生产率低下、贫穷失业乃至缺乏国际竞争力的根源"①。

值得关注的是，自 1983 年的《国家处于危险之中：教育改革势在必行》（*A Nation at Risk：The Imperative for Educational Reform*）教育报告首次使用"国家处于危险中"这一表述以来，迄今为止，"……处于危险中"已成为美国教育改革颇具特色的一个词语，含有"……处于危险中"字眼的文章和报告数不胜数，不少教育报告和论文还一再以该词为主题，强调美国教育改革的必要性。如《〈国家处于危险中〉发表 10 年后的思考》（1993）、《国家"真的"处于危险中》（1993）、《国家仍处于危险中》（1998）、《"国家处于危险中"之宣传》（1999）、《我们的学校与我们的未来：我们仍然处于危险中吗？》（*Our School and Our Future：Are We Still at Risk？* 2003）、《"国家处于危险中"后的 20 年》（*Twenty Years after "A Nation at Risk"*，2003）、《教学：从国家处于危险中到职业处于危险中？》（2003）等。②

那么这种危机的表征是什么？产生的原因是什么？

1983 年美国高质量教育委员会（National Commission on Excellence in Education，也翻译为"美国优异教育委员会"——笔者注）在《国家处于危险之中：教育改革势在必行》对美国教育的危机这样描述③："我们的国家处于险境，我国一度在商业、工业、科学和技术上的创造发明无异议地处于领先地位，现在正在被世界各国的竞争者赶上。""危机不仅来自外部如日本、韩国、德国等国家给美国工商业领域带来的激烈竞争压力，也包括美国人民的智慧、道德和精神力量的衰落。"在该委员会首次召开会议之际，美国总统里根说，"的确，在美国生活中，只有少数领域，像我们的学校和学院那样，对我们的社会、人民和家庭那么重要"，但是，"我们的社会及其教育机构似乎忽视教育的基本目的，也缺乏为达到这些目的应具备的高度希望和兢兢业业的努力"。在该委员会看来，"当我们步入信息时代时，学习是取得成功的必不可少的投资"。

自 18 世纪公共学校运动（Common School Movement）伊始，公立教育被认

---

① ［美］迈克尔·W. 阿普尔. 谁改变了我们的常识——美国教育保守主义运动与教育不平等［J］. 罗燕，译. 清华大学教育研究，2006（4）：1.

② 姚丽霞，洪明. 美国真的处于危险中吗？——20 世纪 80 年代以来美国教育改革主旨探析［J］. 福建师范大学学报（哲学社会科学版），2006（1）：145.

③ 美国高质量教育委员会. 国家处于危险之中：教育改革势在必行［G］//当代外国教育改革著名文献（美国卷）：第一册. 北京：人民教育出版社，2004：1-2.

为是美国立国的具有决定性意义的基石。诚然,凡是对这个国家建设性成长做出过实质性贡献的公民都被认为是那些为数众多的受过公立教育的人。自公立教育伊始,到目前为止,大约有90%的学龄青少年进入公立学校,公立学校教师一直是美国社会称颂的无名英雄(unsung heroes),毫无疑问他们是共和国最首要的公仆(public servants)。然而,过去的多年中,由于保守主义的危机话语的渲染,公立学校处于前所未有的攻击之中,由此带来对公立学校教师的责难,似乎美国陷入不良处境中的一切,都是因为公立教育质量不高、教师没有尽责。康涅狄格州一个叫马特·帕维亚(Matt Pavia)的教师,在一个地方报纸上发表文章表达了他的愤怒并讽刺说①:

> 教师是成绩差距拉大的原因,教师是造成社会失业的原因,教师是贫富差距极端化的原因……政治家每次用手指指着教育工作者们责骂,对他们来说这是很方便的事情,很快,他们会使公众相信,教师还是环境恶化的原因……

为了进一步论证这种危机的根源在于教育,该委员会还列举了十多项美国学生学业不佳的指标。这些指标涵盖广泛,既有与国际学生学业成就比较中美国学生所处的劣势的数据,也有美国学生平时的学业表现不良或下降方面的实例,还有来自工商界及其他社会行业对美国学生学业不良的统计数据,等等。通过这些数据的分析,一些研究人员甚至得出:美国以往各代,在教育、文化和经济上的成就,都超过它的上一代。一代人的教育水平不能超过、不能与父辈相提并论,甚至还达不到父辈们的水平,这在我国历史上还是第一次。②

需要提及的是,对美国教育质量问题进行分析和责难不只是美国高质量教育委员会所写作和发表的报告。实际上,20世纪70年代末到20世纪80年代初,就已存在许多针对美国学校中存在的种种问题而展开的研究,其中具有代表性的著作包括:莫蒂默·阿德勒(Mortimer J. Adler, 1902—2001)的《教育宣言:派迪亚建议》(*The Paideia Proposal*, 1982)、詹姆斯·科尔曼(James

---

① CHRISTENSEN L M, ALDRIDGE J. Critical Pedagogy for Early Childhood and Elementary Educator [M]. NY:Springer, 2013:1.

② 美国高质量教育委员会. 国家处于危险之中:教育改革势在必行 [C] //当代外国教育改革著名文献(美国卷):第一册. 北京:人民教育出版社, 2004:1-2.

S. Coleman，1926—1995）的《中学学业：公立学校、天主教学校和私立学校之比较》（*High School Achievement：Public，Catholic，and Private Schools Compared*，1982）、厄内斯特·博耶（Ernest L. Boyer，1928—）的《中学：美国中等教育报告》（*High School：A Report on Secondary Education in America*，1983），以及约翰·古德莱德（John I. Goodlad，1917—）的《一个称作学校的地方》（*A Place Called School：Prospects for the Future*，1984）等。而美国的一些所谓的"教育政治家"也纷纷以著书立说的形式展开了以保守主义意识形态为主导的一场旷日持久的关于公共教育改革的论战，这就是著名的"学校大辩论"（The Great School Debate）。据称，随着保守主义教育政治权威在《国家处于危险之中：教育改革势在必行》振聋发聩般的"警告"后，各地方、各州和联邦政府都纷纷开展各种调查来分析当时美国基础教育中存在的"危险"，据统计，截至 1984 年 1 月，各地各类的教育调查报告就已达 67 份之多。各地出版的关于论述公共教育"危险"问题的专著也是数不胜数，"教育政治家"们在杂志、报纸、电视访谈上的交锋更是一浪高过一浪。这些标志着一场全国范围"学校大辩论"的全面兴起。①

在美国，自从里根总统执政以来，保守主义阵营中的各方势力就开始牢牢把持着公共教育的决策领域。学校教育成为保守主义最成功的领域。而保守主义阵营内部的各方势力是 20 世纪 80 年代"学校大辩论"的主要参与者。这些保守主义的代表人物主要有赫什、切斯特·费恩、特里尔·贝尔和戴安娜·拉维奇等。保守主义联盟各派充分利用其所建立的理论基础、群众基础、商业基础以及成员结构优势，采取了多种途径和方式影响教育发展。② 这样，保守主义由"潜在影响"转为"全面推进"。教育"向右转"因而势不可当，一路凯歌。这种"向右转"不是仅仅发生在美国，而是弥漫于西方社会的一股强劲的价值转向，影响力巨大，甚至发展中国家也不可避免地被裹挟着跟从转向。

---

① 陈露茜. 20 世纪 80 年代"学校大辩论"研究 ——当代美国公共教育政策中的意识形态冲突［D］. 北京：北京师范大学，2010：9.
关于 20 世纪 80 年代以来美国保守主义所掀起的"学校大辩论"的研究，具体可参见北京师范大学教育学部陈露茜博士的学位论文《20 世纪 80 年代"学校大辩论"研究——当代美国公共教育政策中的意识形态冲突》及作者此后所发表的一系列论文。
② 刘正正，高伟. 美国保守主义对教育发展的影响——基于保守主义联盟思想特征的分析［J］. 全球教育展望，2018（10）：112.

二、基于"标准"的理念与行动

20 世纪 80 年代以来的保守主义教育改革可以统称为"基于标准的改革"（Standards-based Reforms）。

1981 年美国成立了"国家高质量教育委员会"，两年后的 1983 年，该委员会提交了一份调研报告，即有名的《国家处于危险之中：教育改革势在必行》。该报告指出，美国在世界经济的竞争中已落后于同时代的政治盟友日本、韩国和德国。其原因是这些国家的教育实现了超越。其依据是，根据国际标准测试，美国学生在阅读、数学和科学等课程测试成绩落后于这些国家。虽然出于维护里根政府的保守主义改革政策，该报告有危言耸听之嫌，但该报告还是引起了美国社会的震动，促使美国政府启动了长达数十年的"基于标准的教育改革"。这一改革的核心是订立"学术标准"（Academic Standards）。

"学术标准"也称"内容标准"（Content Standards），简单地说，就是指不同学段的学生所应该掌握的知识与技能。与"学术标准"相伴生的是"效能标准"（performance standards）或"学业标准"（Achievement Standards）。这种标准指的是学生应该学什么和应该达到什么样的水准。"基于标准的教育改革"非常重视对学生成绩的评价，实施所谓的"评价驱动型教学"（Measurement-driven Instruction），试图以此提高教学效果。同时，根据学生的考试成绩实施教育问责，即学校达不到州所规定的绩效目标（"年度进步"，Adequate Yearly Progress，简称"AYP"），会受到日益严厉的制裁，学校会被重组或接管，且不管相关学校的教师愿不愿意，接管者随时可以让他们转学。虽然订立标准是此种改革的基础，对教育产生实际影响的却是标准化考试这一评价手段。

为了推进"基于标准的教育改革"，美国相继出台了一系列重要的教育政策与法规来保驾护航，这些重要的政策法规包括 1994 年的《美国学校改进法》《2000 年美国教育目标法》（Goals 2000：Educate America Act，"GEAA"）、2001 年的《不让一个孩子掉队法》（No Child Left Behind）、2009 年的《力争上游》（Race To The Top，"RTTP"）、2010 年的"州核心共同标准计划"（the Common Core State Standards Initiative，简称"Common Core"）等，甚至 2015 年奥巴马签署的《每个学生成功法》（Every Student Succeeds Act，"ESSA"）依然可以看作这一教育改革的继续。①

这种保守主义教育改革的直接后果是，以所谓"共同文化"抵抗"多元文化"，形成了文化上的歧视，为民粹主义的抬头奠定了基础；通过自由竞争，加速了对公立学校的私有化进程；刺激社会达尔文主义，使处境不利的学生的教育状况进一步恶化。

阿普尔批判说，"这种改革的目的就是提升由学者所界定的有关高水准知识的学业分数"，"目前国家课程、全国考试、私营化和市场化等提议是把学校同一种剥削性的经济更为直接地联系起来。伴随着右派情绪的高涨，这一系列效应的发生是完全可以预测的。占有性个人主义和极端的民粹主义而不是社会正义将是它的必然结果，会产生一个社会分化更加明显的社会"②。

由此，批判教育学始终将保守主义教育改革作为靶子进行批评。

---

① 周险峰. 美国反标准化考试的过去、现在和未来 [J]. 全球教育展望，2019 (3)：41-42.

② [美] 迈克尔·W. 阿普尔. 文化政治与教育 [M]. 阎光才，译. 北京：教育科学出版社，2005：109.

第二章

愤怒的抵抗：美国反标准化考试运动透析①

　　美国的"反标准化考试运动"（Anti-standardized testing movement），也称"反考试运动"（Test-defying Movement）、考试抵制运动（Test Resistance Movement）、反高风险考试运动（Anti-High-Stakes-Testing Movement）、"拒考运动"（Test-refusal Movement）或"罢（退）考运动"（Testing Opt-out Movement）。该运动自 19 世纪末 20 世纪初美国中小学实行标准化考试以来时断时续，近年来不断高涨，甚至蔓延成为一种全国性的社会风潮。大量的教育工作者、家长、学生及其他社会团体人士纷纷走上街头游行抗议标准化考试并引爆了大规模的罢考风潮。据不完全统计，2015 年美国罢考学生数达到 60 多万。愈演愈烈的反标准化考试运动，使美国 30 多年来的"基于标准的教育改革"处于十字路口②，引起了美国高层及社会广泛而深刻的关注。

　　历史地看，美国反标准化考试运动的历史大致可以划分为两大阶段：20 世纪初到 20 世纪 70 年代末为一个阶段，此阶段以反标准化考试的种族歧视为主题；20 世纪 80 年代至今为一个阶段，此阶段所涉及的主题较多也较复杂，但主要还是以试图消除标准化考试对教育自身产生的不良影响为主。美国反标准化考试运动在这前后两个不同的阶段中有高潮、有低潮、有蛰伏，表明了其曲折的发展历程。

---

① 此节具体参见周险峰. 美国反标准化考试运动的过去现在与未来［J］. 全球教育展望，2019（3）；周险峰，黄晓彬. 新世纪以来美国中小学的"拒考运动"及其启示［J］. 比较教育研究，2019（7）.

② BOSER U，BAFFOUR P，VELA S. A Look at the Education Crisis：Tests，Standards，and the Future of American Education［DB/OL］. American progress，2016-01.

第一节 反标准化考试运动的初始：反种族歧视

美国的学校考试早在 19 世纪就已经出现。我们所称的标准化考试最初是以智力测验（IQ tests）的形式出现于 20 世纪初的美国中小学。由于进步主义教育改革的兴起、心理学作为专业领域的出现、科层化及"泰勒原理"对教育及其他生活世界的影响以及对科学知识（scientific expertise）及量化的依赖日益增加等原因促使智力测验用于当时学校的考试。不过，这也与当时随着移民不断增多而学生数激增、义务教育实施问题多、教育问责及教学效率缺乏等问题有关，以致当时不少教育工作者和政策制定者认为，只有通过考试结果来决定学生的智力或成绩才能使教育更加有效且简便易行。① 这样，标准化考试很快在美国当时的中小学中流行开来并在 20 世纪 80 年代后一直被作为"基于标准的教育改革"的传动器而备受政府推重。

但是，美国的标准化考试自始就具有强烈的种族歧视色彩。智力测验是用常态分布或钟形曲线（"normal" or "bell-shaped curve"）来表明人的智力分布情况。当时，这种智力分布的设计者大多是由优生学的拥护者来进行的。这些优生学的拥护者相信，在不同的种族群体中存在一个自然的等级，一时间"白人优越论"甚嚣尘上。当时的白人学者们认为，考试分数证明了非裔美国人（黑人）智力天生低于北欧白种人；环境对学生在智力测验中的表现作用甚微，智力从根本上而言是固定不变的；在非裔美国人的孩子中难以发现智力超常的儿童；拥有黑白混血血统的儿童比"纯种黑人"所生的儿童智力要高；改善教育机会对黑人儿童智力的提高没有什么帮助。这些观点当时被看作科学真理。②

也正是因为如此，智力测验很快被用于对美国在校学生的测试，测试的目的在于分流和选拔学生，当然也由此作为教育资源分配的依据。到 20 世纪 20 年代，心理测量的拥护者还开发出常模参照性的（norm-referenced）"学业成绩测试"（achievement tests），该测试的意图在于明确学生对基本的学术性知识内容的掌握程度。在学校里，这些测试结果也用来对学生进行排序、分流，以维

---

① MONAHAN T. The Rise of Standardized Educational Testing in the U. S.：A Bibliographic O-verview［DB/OL］. CiteseersX，2020-09-17.

② STOSKOPF A. An Untold Story of Resistance：African American Educators and IQ Testing in the 1920 and 1930［C］//APPLE M W，AU W. Critical Education：Major Themes in Educa-tion（1）. New York：Routledge，2015：137-138.

护已有的社会秩序。

在大学入学考试方面，种族歧视的痕迹则更明显。早在 1900 年年底，美国就首次出现跨州的考试机构"大学入学考试委员会"（the College Entrance Examination Board，简称"CEEB"），并于 1901 年 6 月举办了美国历史上第一次大学入学考试，科目有数学、物理、化学、英语和历史。1926 年，"大学入学考试委员会"又对考试进行改革，实行现在广为采用的"学术性向测验"（Scholastic Aptitude Test），即通常所说的"SAT"。这种考试，纠正了侧重书本知识和机械记忆的考试偏向，重点评估学生是否具有在大学学习的能力。"大学入学考试委员会"最初的考试形式是论文写作，但是为了满足战后因《军人安置法》（Servicemen's Readjustment Act of 1944，也称"G. I. Bill"，）所激发的高等教育大众化的需要，"大学入学考试委员会"采用了多重选择题形式的"学习能力性向测试"。"学习能力性向测试"被认为是智力测验的变种，"美国大学考试"（American College Test，简称"ACT"）的分数，更被认为与家庭收入及有效复制种族等级紧密联系起来，这种考试成了下层社会和有色人种子弟进入大学的障碍。

因其种族歧视的性质，标准化考试在美国中小学校中运用之始即受到批评，特别是遭到美国黑人学者们的强烈谴责。黑人学者们用大量雄辩的事实证明，美国黑人智力"低下"是社会原因造成的。这些代表性的美国黑人学者有迪布瓦（W. E. B. Du Bois，1868—1963）、贺拉斯·曼（Horace Mann，1904—1972）等。

进入 20 世纪六七十年代，美国民权与黑人解放运动风起云涌，用"学术能力测试评估"及智力测验来确定黑人孩子智力迟钝的计划受到社会的强烈控诉，但这些控诉大多数以败诉而告终。其原因是，美国政府对标准化考试日益重视与强化。例如，1965 年约翰逊总统签署了《初、中等教育法》，《初、中等教育法》强制要求所有在《初、中等教育法》计划资助之内的学生一年至少参加一次学业成绩考试。这种考试基本是在三到八年级中进行，但有时候对更低年级的学生也进行考试。考分通常用于教育分流。实际上这时的学校考试与多项选择性的智力测验没什么区别。到 20 世纪 70 年代，美国"回归基础"（Back to Basics）教育运动兴起。"回归基础"教育运动实际上是一场严格学术标准、强化考试并对教育效能进行问责的运动。此运动实际上是美国"基于标准的教育改革"之滥觞。

就整体看，20 世纪 80 年代以前，美国中小学对标准化考试的抵抗主要是反标准化考试的种族歧视性质，争取教育平等权。这是可以理解的，因为 80 年代以前美国教育改革的主旋律就是追求教育平等。① 当时对标准化考试的抵抗主要从两个方面进行：一是在理论上，一些黑人学者抵制白人学者的优生学、"白人优越论"，并试图证明黑人的智力并不是天生低下的；二是在实践上，配合社会民权运动，控诉标准化考试的不公。

不过，此段历史中直接针对标准化考试的罢考行动却很少发生。

第二节 反标准化考试运动的主题变化：反"考试统治"

进入 20 世纪 80 年代后，美国政府开始把教育质量作为教育改革的主要追求，强化标准化考试并凭考试结果实行教育问责成为追求教育质量的重要举措。这样，美国就出现了标准化考试主宰、左右教育的现象，即这里所称的"考试统治"（testocracy）。这种"考试统治"现象在 20 世纪 80 年代后愈演愈烈，遭到社会强烈反抗。反抗标准化考试的主要形式是罢考（Testing Opt-out）。

20 世纪 80 年代的反标准化考试运动尚处于蛰伏状态，但到了 90 年代，部分州开始出现了抵制标准化考试的实际行动。主要的原因在于，1989 年，全美州长教育峰会制定了《2000 年教育目标》，开始借鉴来自经济界的问责制经验。很多州提高了学业标准，依靠高风险性（high stakes）测试来衡量和提高公立教育质量。据统计，1985—1995 年间，美国采用学生学业评价对学校进行问责的州从 26 个增加到 39 个。②

20 世纪 90 年代率先起来抵制标准化考试的是马萨诸塞州。90 年代末，该州决定在全州范围的多个年级强制实行考试，包括十年级的毕业考。这一举措激起了家长和教育工作者的强烈反对。几年之中，学生和家长罢考的现象不断扩散开来。当然，这时候的反标准化考试运动仍不过是在该州中几个社区内中小学出现的激进行为。

但是，21 世纪伊始，抵制标准化考试的行动开始不断出现，这与《不让一个孩子掉队法》的颁布与实施有密切关系。2001 年颁布的《不让一个孩子掉队法》奠定了美国"基于标准的教育改革"的基调和基本框架，对此后教育政策影响深远。该法案 2002 年开始实施，强迫各级学校进行年度考试并实施更严格

---

① ［美］韦恩·厄本，杰宁斯·瓦格纳. 美国教育：一部历史档案 ［M］. 北京：中国人民大学出版社，2009：425-467.

② 赵银生. 美国教育问责真的毋庸置疑吗？［J］. 教学与管理，2008（4）：78.

的教育问责制度，对州内考试不达标的公立学校实行关闭或转制（转制为"特许学校"）。据《纽约时报》报道，2001 年在纽约富裕的 Scarsdale 社区，大约有 100 个八年级学生的父母在学校考试的日子里让他们的孩子待在家里。他们的理由是，地方的学业考试标准明显高于州的标准。① 而马萨诸塞州则充当了反标准化考试的急先锋，该州出现了大规模的反对标准化考试而采取的罢考行动。标准化考试的支持者如前任教委主任大卫·德里斯科尔（David Driscoll）后来说，该州的考试抵制行动差点使州毕业考试"脱轨翻车"。

《不让一个孩子掉队法》实施不足两年即有 24 个签名的教育组织表达了对它的严重关注。这些签名组织涉及教育、民权、儿童、残疾、劳工、宗教及市民组织。这些签名组织提出了对《不让一个孩子掉队法》的反对意见，具体包括如下几点：其一，过于强调标准化考试，窄化了课程与教学内容，不是重视更丰富的学术性学习（academic learning），而是关注备考；其二，对处在需要改进中的学校过度甄别；其三，处罚无助于改进学校；其四，为了提高考试成绩，不恰当地排斥低考分的学生；其五，不恰当地资助。这些签名组织认为，总体看，该法规的重心需要从对没能提高学生成绩而采取对教师和学生的处罚转到为改进学生成绩进行系统性改革，这样才能确保各州和地区发展教育的责任。② 简单地说，这些组织认为《不让一个孩子掉队法》过度依赖考试结果并强化教育问责而对教育产生了不良影响。这样，到 2010 年 6 月，签名反对标准化考试的组织达到 153 个，到 2011 年 12 月增加到 156 个。

但是，美国政府坚持贯彻实施《不让一个孩子掉队法》，对社会抵抗置之不理。更有甚者，2010 年 6 月 2 日全美州长协会最佳实践中心（The National Governors Association Center for Best Practices，简称"NGA Center"）和州首席教育官员理事会（The Council of Chief State School Officers，简称"CCSSO"）共同颁布了美国首部《州共同核心课程标准》，要求全美学生在进入大学之前每个年级的学习均接受相同的教育标准。在全美 50 个州中只有阿拉斯加州和得州没有加入。同意使用此统一"标准"的州，将要以这一"标准"为基础，制定出自己的课程和考试内容，他们可以将自己州的标准定得比这一共同"标准"更严格。尽管该标准只是民间组织发动颁布的，但受到美联邦政府的支持。根据奥巴马政府的"竞争卓越"计划，在 2010 年 8 月 2 日之前实施统一"标准"的州，将

---

① Kimberlyefling. Opt-outmovement aims to lure more African-American, Latinoparents［EB/OL］. POLITICO, 2016-04-20.

② FairTest. Joint Organizational Statement on the No Child Left Behind（NCLB）Act［EB/OL］. FairTest, 2010-01-04.

有更大机会分享联邦政府 40 亿美元的教育经费。① 2010 年，美国即有 45 个州采纳"州核心共同标准计划"，并预计在 2013—2014 年度全面执行该计划标准。很显然，相对于《不让一个孩子掉队法》而言，"州核心共同标准计划"对"达标"要求更严，对考试依赖更重，对学校和教师的问责更加苛刻。

《州共同核心课程标准》的实施直接引爆了社会大规模的反标准化考试运动。2011 年 7 月 30 日"2011 年拯救我们的学校游行"（the Save Our Schools March of 2011）爆发。该游行由成千上万的家长、教师、校长、校董事会成员及教育界的积极分子组成；一些社会知名人士如教育史学家戴安娜·拉维奇、杰出的教育工作者琳达·达令·哈蒙德（Linda Darling Hammond）、乔纳森·科佐尔（Jonathan Kozol）、黛布·梅尔（Deb Meier）等也在此次游行聚会上发表演讲；有的知名人士如教育工作者乔恩斯·图尔特（Jon Stewart）、佛罗里达州的激进分子瑞塔·索尼特（Rita Solnet）等虽没到现场但也发表了相关视频讲话，一些艺人也在街上以各种形式表达对标准化考试的不满。此前社会上虽有抵制标准化考试的信息在流传并出现过零星的抵制行动，"2011 年拯救我们的学校游行"却是首次出现的大规模的、实实在在的抵制游行。来自全国的教师首次公开在白宫前举行抗议标准化考试的聚会。该游行聚会导致的后果之一是"联合罢考"组织（United Opt Out，简称"UOO"）的形成。该组织由一个激进分子小团体组成，鼓动并组织罢考游行，反对考试并支持更广泛的进步教育变革。该组织在各州进行具体的罢考指导并在各州之间建立了广泛联系。

到 2013 年，全国性的大规模的反标准化考试运动实际上已经形成。在西雅图、波特兰、丹佛、芝加哥以及纽约等地，学生、家长、教师纷纷抗议、罢考以及游行，全国其他社区也遍布一些小的抵制事件。导火索是由西雅图一个主要由黑人教师构成的噶菲尔德高级中学（Garfield High）点燃的。2013 年冬，该校教师拒绝执行基于计算机网络的"MAP"考试（Measures of Academic Progress），这个考试实际是学区的基准考试（Benchmark Tests），还不是州考试。在他们因拒绝组织学生考试面临十天停职的威胁的时候，他们得到了来自全国奔涌而来的声援。由于前期的组织工作得力，该校教师得到了学生、家长们及一些地方组织如"全国有色人种协进会"（National Association for the Advancement of Colored People，简称"NAACP"）分会的支持。其他学校也参加了抵制考试的行动。当区工作人员来校组织考试时，80% 的学生拒绝参加，

---

① 杨光富. 美国首部全国州共同核心课程标准解读 [J]. 课程·教材·教法，2011（3）：108.

而有的学生虽然参考，但仅仅在计算机上登录后，只答了几秒钟的题目，致使考分无效。2013 年年底，该学区不得不取消了该区高中的基准考试。

2013 年声势浩大的罢考风潮造成了此后的连锁反应。2014 年 3 月印第安纳州成为第一个退出"州核心共同标准计划"的州。与此同时，许多州也试图退出《州共同核心课程标准》的法案，或者至少延缓执行该标准及推迟对学校、教师和学生的评价。而从 2014 年春开始，全美更多的州更多的人参加了抵制过度使用考试（overuse）及滥用考试（misuse）的运动，最少有八个州降低了升级考试（grade promotion tests）的难度或终止了升级考试。

在全美，纽约州是反抗标准化考试最激烈的州之一。因为纽约州率先决定提前实施州核心标准并与世界上最大的考试公司签约为三到八年级设计州考卷。早在 2012 年春，数千纽约家长没有让他们的孩子参加考试，而这个考试的目的仅仅在于为未来州考试尝试设计新的考题而已。2013 年春，又有约 6000 中家长抵制州考，使得当年州考试的推行完全失败。许多家长和教师报告说，在长达几个小时的考试控制期间，很多的学生尤其是低年级的学生崩溃大哭、呕吐、小便。家长们发现孩子们焦虑并讨厌上学。一些心理学家则宣称，考试导致了对儿童的精神伤害。

纽约州的罢考运动得到了"纽约州公立学校联盟"（New York State Allies for Public Education，简称"NYSAPE"）的支持，人们不约而同地在家中、公共活动场所及论坛上号召家长们召开抵制考试的大会，同时不断吸纳一些组织的领导者和活跃分子参加并纷纷扩建网站以传播相关信息。2014 年，抵制考试的努力在长岛以及边远的西伊利湖县（Erie County）取得了成功。继 2014 年纽约罢考人数达到 60000 后，"纽约州公立学校联盟"又在 2015 年设定了一个 25 万罢考人数的目标。

芝加哥成为第二大罢考点，2014 年约 3000 人罢考。其他地方如科罗拉多州参与反对标准化考试的人数也显著增长。"不只是分数"（More Than a core，简称"MTAS"）本是为了发展考试改革运动形成的组织，而在 2014 年也转而支持罢考。甚至"芝加哥教师联合会"（The Chicago Teachers Union）也参加了"不只是分数"组织的活动并鼓励罢考。

2015 年罢考风潮遍布全美，总人数至少在 620000。

值得注意的是，在考试抵制运动中，许多组织积极参与其中。比较活跃的有"全国罢考联盟"等。该组织成立于 2011 年，是一个非营利性组织，主要活动范围在佛罗里达州。该组织自称，它"充当的是对企业化的教育改革进行不妥协的抵抗的一个焦点"，"为了全体美国人，要建立一个资助平等、基于民主的、反种族歧视和隔离的公立学校教育制度，这一制度为学生具备运用同情心和批判性决断的公民道德性而做准备"①。

该组织的活动主要有以下几种。（1）公众指导（Education of the public）。该组织成为为教育者、家长、政府公务人员、新闻工作者、政策制定者提供关于考试及多种选择的一个独特的信息源。（2）倡导（Advocacy）。该组织整合和鼓动教育者、市民团体及家长去实现所需要的教育评价改革。（3）策略性帮助（Strategic Assistance）。在评价改革方面为家长、教育者和广大的民权组织提供培训和建议。②

另一个重要的组织是"全国公平公开考试中心"（The National Center for Fair & Open Testing，简称"Fairtest"）。该组织成立于1983年。其宗旨是："通过推进对教师、学生及学校而言公平、公开、有效以及对教育有益的评价来推动优质教育（quality education）和教育机会平等。同时，也为结束滥用考试及消除考试的缺陷而努力。"该组织称，"重点清除由标准化考试给教育公平带来的种族的、阶级的、性别的和文化的障碍，防止它们破坏优质教育"③。

在罢考运动中，该组织在信息提供、技术帮助以及倡导社会在更大范围内对考试问题进行关注等方面发挥了重要影响。该组织还出版有电子版的时事通讯（newsletter）刊物——《考察家报》（The Examiner），并编有关于幼儿园到十二年级及大学考试的材料以供教师、管理人员、学生、家长和研究者使用。另外该组织还编有大量的对标准化考试以及选择评价方式进行指导的说明书。

除了大量的社会组织声援、参与甚至组织抵制考试运动外，社会媒介在信息与观念传播当中发挥了显著的作用。人们利用一切可以使用的传媒如推特、脸书、博客、网站等声援抵制考试游行聚会。

具有代表性的是前美国教育部部长助理戴安娜·拉维奇于2013年建立的一个很有影响力的博客及与安东尼·科迪（Anthony Cody）合作建立的"公共教育网"（Network for Public Education，简称"NPE"）。该网站称，"我们的使命是为了当前和未来的学生而保护、促进、改善与加强公立学校"。"公共教育网"的目的是，"联合那些对我们的学校充满热情的学生、家长、教师和市民，在公

---

① The Movement to End Corporate Education Reform ［EB/OL］. UNITED OPT OUT, 2020-09-17.

② Fairtest. Mission Statement ［EB/OL］. FairTest, 2020-09-17.

③ About FairTest ［EB/OL］. FairTest, 2020-09-17.

立教育遭受攻击的时候，我们共享其关键问题方面的信息与研究成果"①。

需要说明的是，由于美国大选临近，反标准化运动开始复杂起来。反对《州共同核心课程标准》就与反对奥巴马政府或与反对联邦政府在教育中的角色纠缠在了一起。很多共和党的政治人物在背后支持反标准化考试运动。保守势力的反对不断扩大，导致一些州降低了标准，尽管有时候他们提出的新标准与"州核心共同标准计划"非常相似。"州核心共同标准计划"的反对者们认定标准是通过考试得以贯彻的，所以他们就经常反对考试。由于不同社会团体及利益群体的共同作用，民间右翼势力也关注这一问题，并成为有些地方抵制考试运动胜利的关键。

在反标准化考试运动风起云涌的 2015 年，奥巴马总统于同年 12 月 10 日签署了《每个学生成功法》，该法为 50 年来美国中小学教育法的最新修订版。这一法规的通过，使得反标准化考试的部分愿望得以实现，反标准化考试运动开始消退，2016 年，除了有少量的抗议外，再没有出现大规模的游行示威活动。但近年来建立起来的一些组织、网站继续在关注标准化考试改革问题，表现依然活跃。

第三节　反标准化考试运动的诉求

"拒考运动"的诉求是什么？这实际上是个相当难回答的问题。原因是，参与该运动的社会组织、团体和个体的利益立场差异很大，不同州或地区的"拒考运动"兴起的背景、运动形式及反标准化考试的程度也不一样。但仔细分析，大致可以梳理出如下几点。

一、公开、公平、有效与多元：考试改革的目标追求

成立于 1983 年的美国"全国公平公开考试中心"，积极参与了近年来的"拒考运动"。其宗旨是："通过推进对教师、学生和学校而言的公平、公开、有效以及对教育有益的评价来推动优质教育（quality education）和教育机会平等。同时，也为结束滥用考试及消除考试的缺陷而努力。"该组织称，"重点清除由标准化考试给教育公平带来的种族的、阶级的、性别的和文化的障碍，防止它

---

① About the Network for Public Education ［EB/OL］. The Network for Public Education, 2020-09-17.

们破坏优质教育"①。作为推进考试改革的组织，其推崇的考试改革目标和原则很能说明"拒考运动"的目标追求。该组织声称，考试改革的目标和原则主要应包括②：

其一，评价应该公平而有效。即在评价学生知道什么以及能做什么方面应该提供平等的机会。对于个体而言，不应存在因种族、民族、性别、收入水平、学习风格、残疾及有限的英语水平方面的限制而存在任何偏见。

其二，评价应该是公开的。公众应该对考试和考试数据有更多的了解，包括对其有效性和可靠性依据的了解。凡是重要的评价，其考试及考试结果都应该向教育者、家长和学生公开。

其三，应合理使用考试。应该建立保护措施，以确保标准化考试分数不是绝大多数教育决策的唯一标准，同时，确保课程不应该被标准化考试所牵制。

其四，评价方式应该多元。没有一种评价方式能够或应该确定一个人的知识、价值和学业成就，也没有哪一种评价方式能恰当地对一个组织进行评价。

其五，评价方式应有选择性。需要设计专业性程度高的、能公平而精确地评价学生及各种计划（programs）优缺点的各种方法，使教育者能很好地使用它们。

二、合理运用考试，积极引导学生发展

在拒考运动者看来，标准化考试是一种反教育的东西，理由是：

其一，考试频次过繁，挤占了学习时间。

有人研究了 66 个学区 2014—2015 年度从入园前第一个教育阶段（Pre-k）到第 12 年级的学生一年平均花在考试上的时间及次数，见表 1-2③：

表 1-2 2014—2015 年度学生参加考试次数及花费时间（单位：小时）

年级 类别	Pre-k	k	1	2	3	4	5	6	7	8	9	10	11	12
考试时间	4.8	8.5	10.4	11.9	20.6	22.1	23.2	22.4	23.2	25.3	22.6	23.9	22.5	15.9
考试次数	4.1	6.2	6.2	6.6	8.3	8.3	8.8	8.4	8.8	10.3	9.2	10.5	9.2	7.5

这些考试时间和考试次数并不包括任课教师自己组织的小测验和考试以及

①　About Fair Test［EB/OL］. FairTest, 2018-03-18.

②　Fairtest. Mission statement［EB/OL］. FairTest, 2018-03-18.

③　LAYTON L. Study Says Standardized Testing is Overwhelming Nation's Publicschools［EB/OL］. Washington Post, 2018-03-18.

学校为考试准备所花的时间。这一问题引起美国高层的重视，奥巴马总统于2015 年 10 月就呼吁对考试时间设置上限，要求每个孩子花在考试上的时间不多于课堂教学时间的 2%，并吁请国会把"减少过度考试"列入联邦法规。①

其二，窄化了课程内容，评价方式单一化。

考试科目主要限于数学和英语阅读，对其他科目基本没有顾及，无形窄化了课程与教学内容，使艺术、音乐、体育、科学、社会（social studies）、第二语言学习（second language studies）等课程严重边缘化。在家长和教师们看来，这些课程更能体现学生的创造性。过窄的考试内容及单一的考试形式无法体现学生的发展。评价学习需要更全面的方法，如平均绩点、课堂参与、与他人的合作、创造性的表达及项目参与（participation in projects），等等。②

其三，唯分数论，提高了考试的风险。

标准化考试之所以被称为高风险考试是因为中小学教育问责制度以考试分数为基础。在反对者们看来，高风险考试从根本上削弱了真正的学习，无法真正促进教育进步。2011 年美国"全国科学学会"提交给国会的一份报告就持这一观点。高风险考试还从根本上破坏了教师之间的合作。由于用考分排名的高低来评判一个教师，无疑使教师不愿意帮助其他教师班级的学生。而一刀切的考试评价惩罚，更打击了那些本已经容易受伤的学生，如有色人种的学生、英语非母语的学生、有特殊需要的学生及家境贫穷的学生。

激进的家长们认为标准化考试不具备教育上的合理性，是在破坏而不是提高教育质量。这种认识在公众中不断扩大。2015 年卡潘/盖洛普民意调查（Phi Delta Kappa/Gallup）的一项民意调查发现，大多数人认为考试太多，考试有害。这种观点在调查人群中几乎成为共识。

三、缩小成绩差距，呼唤教育公平

2014 年"全国教育进步评估"（National Assessment of Educational Progress）机构关于美国高中高年级学生学习情况的报告卡显示，2013 年白人和黑人学生在阅读与数学之间的差距是 30 个点。自 1992 年以来，阅读方面的差距增加了 5 个点。而白人学生与西班牙裔学生之间的差距是：数学方面相差 21 个点，阅读方面相差 22 个点。自 2006 年以来，全国高中毕业率年均上升 1.3%，这主要得

---

① ZERNIKE K. Obama Administration Calls for Limits on Testing in Schools ［EB/OL］. The New York Times，2020-09-17.

② Testing Does not Serve to Improve Learning, Planning or Curriculum ［N］. Buffalo Forum, 2016-04-22 (11).

益于黑人和西班牙裔学生。同一时期西班牙裔学生的毕业率增加了15%到68%。黑人学生毕业率自2006年以来年均增加6%，毕业率达到68%，而白人学生的毕业率则是85%。

以加利福尼亚州为例。参加加利福尼亚州组织的考试的学生中，只有28%的黑人学生和32%的拉丁美洲裔学生在语言艺术考试中英语达到或超过标准要求；而有61%的白人学生和74%的亚洲裔学生达到或超过标准。在数学方面的差距则更大，只有16%的黑人学生和21%的拉丁美洲裔学生达到或超过标准要求；而有59%的白人学生和69%的亚洲裔学生超过或达到标准。①

有人指出，巨大的学业成绩差距（vast achievement gaps）说明数十年来的基于标准化的教育改革低效或无效。②

在反标准化考试的人看来，造成学生学业差距的直接原因是不公平的教育资助及教育供给。2014年美国教育部的报告显示，白人和黑人及其他有色人种的孩子在高水平课程数量供给方面存在极大的差距，黑人及拉丁美洲学生在获得高质量有经验老师的指导方面更为缺乏。到那种不足80%的教师持有教师资格证的学校上学的黑人学生数量是白人学生数的4倍，而拉丁美洲学生上这种学校的学生数是白人学生数的2倍。相比较而言，黑人和拉丁美洲人占多数的学校的教师待遇也明显低于白人占多数学校的教师待遇。③

事实说明，在贫富社区之间实行更加平等的资助后，贫困社区学生的学业成绩得到了极大的改善。④ 这样，缩小学业差距，呼吁平等资助就成为反标准化考试运动的重要诉求。

四、简政放权，扩大教育的选择权

1983年《国家处于危险之中：教育改革势在必行》报告出台后，美国一系列的教育政策实际上强化的是教育的集权化和国家化。美国的"遗产基金会"（the Heritage Foundation）指出："在这一不断集权化的制度下，美国教育不可能

---

① FREEDBERG L. Achievement Gap Points to Ineffectiveness of Decades of Reforms［EB/OL］EdSourse，2020-03-18.

② FREEDBERG L. Achievement Gap Points to Ineffectiveness of Decades of Reforms［EB/OL］. EdSourse，2018-03-18.

③ LEE T. Education Racial Gap Wide As Ever According to NAEP［EB/OL］. MSNB News，2020-09-17.

④ JACKSON C K，JOHNSON R，PERSICO C. The Effect of School Finance Reforms on the Distribution of Spending, Academic Achievement, and Adult Outcomes［EB/OL］. National Bureau of Economic Research，2018-03-18.

兴旺发达。"①

简政放权的第一步就是使各州、学区甚至学校拥有更多权力来规定学校的学业表现标准，并在为不同处境的学生提供更灵活的帮助，在保护地方权力和参与国家测试等方面有更多的选择。

简政放权，还要求合理分割政府与社会的教育权力。简单地说，就是要求政府尊重相关法律赋予家长的教育选择权。

美国早在 1974 年就颁布了《家庭教育权利及隐私法》（*the Family Educational Rights and Privacy Act*，简称"FERPA"），赋予了家长及监护人教育儿童的权责并就儿童的隐私保护进行了明确规定。但是，由于政府的教育问责依据是以学生考试分数为基础，而计算机化考试使得最低限度保护隐私、大规模地收集学生数据成为可能。相当数量的家长及社会人士控告政府没有采取措施避免公司将他们孩子的教育数据用于市场交易。为此，他们采取多种方式要求政府尊重家长教育子女的权利、选择子女受教育方式的权利。甚至有家长为拒绝州考试亲自写信给州教育主管（superintendent），声称，美国法律赋予家长的教育权，就是他们拒绝参加州考试的权利。②

在游行集会中，我们经常可以看到诸如"我们要求决定权！"（We want decision-making power！）、"民主意味着是我们做主而不是 Cuomo！"（Democracy means we decide not Cuomo！Andrew Mark Cuomo 是纽约州现任州长——笔者注）、"我们的学校，我们的权利，我们决定"（Our school, our rights, we decide！）等标语，鲜明地体现了反考试者的权利诉求。

五、反对学校的企业化改革，增大公立学校的教育投入

市场化、私有化、企业化是美国 20 世纪 80 年代以来重要的教育改革趋势。提倡者认为，公立学校的私有化是"下一个伟大的民权运动"，有的则说得更绝对："反对企业化教育改革就是激进主义。"为了推动教育私有化，这些企业化改革者甚至在美国黑人社区中培养领袖人物。③

在美国不少公众看来，教育的私有化、企业化改革对公立学校公共性的挑战是很严峻的。因为它所要培养的就是只要有阅读能力和会算数的服务业的工

---

① BURKE L M. Common Core and the Centralization of American Education [DB/OL]. The Heritage Foundation, 2018-03-18.

② A Parent Explains Right to Refuse the State Tests [N]. Buffalo Forum, 2016-02-19 (12-13).

③ Corporate Education Reform and Civil Right [EB/OL]. Defend Public Education, 2014-11-16.

作人员。这种"教育的麦当劳化"，不要求学生对世界的全面的理解（更谈不上改变世界），而只是为进入"工作世界"做准备，以获取一份工作而已。①

根据美国"州财政项目中心"（Center's State Fiscal Project）政策分析人员尼克·阿尔巴拉斯（Nick Albares）的研究②，自 2007—2009 年间的经济萧条（Recession）后，美国各州大幅度消减了对 K-12 各级学校的资助，地方政府无法弥补这一亏空。随之而来的是艺术学校，特别是郊区学校的专长班数量减少，学校班级规模不断增大。强行设计新的考试及寻求新的考试技术对学校的预算更是打击沉重。

美国教育的市场化、私有化、企业化的成果之一就是特许学校的兴起。

从当前一些州的财政预算结果看，特许学校依然是最大的赢家。以纽约州为例，2016 年的州教育预算是 248 亿美元，相比 2015 年提高了 13 亿。同时，纽约州决定预计在现有的 19818 美元生均经费的基础上逐学年提升。为了提高特许学校所获得生均经费的总额，增拨特许学校经费 5.4 千万美元。2016 年全纽约州特许学校的生均经费将增加 430 美元，且纽约市为特许学校支付租金的条款永久有效。③

针对政府据州考试结果将所谓效能不佳的学校按照"破产法"进行转制的行为，拒考运动者们发出了"对破产法说'不'！"（No to receivership!）、"拒绝考试！拒绝破产法！"（Refuse testing! Refuse receivership!）的响亮口号。反对公立学校私有化、取消特许学校成为"拒考运动"的重要内容。

第四节　反标准化考试运动的未来：
与标准化考试改革相始终

应该说，反标准化考试还是取得了部分胜利。例如，相当数量的州减少了考试次数并降低了考试难度；实行了多元的教育教学评价，改变了教育问责的方式；保留了家长选择教育孩子方式的权利；一些大学也不再过于注重学生的考分。2016 年有超过 800 所大学在招录本科生的时候没有采用 ACT/SAT 分数，

① ANGELO D & GREENE. Abolition of Charter Schools［J］. The Worker, 2016（1）.

② ALBARES N. Census Confirms Post-Recession Drop in State, Local School Funding［EB/OL］. Center on Budget and Policy Priorities, 2015-06-05.

③ DISARE M. Winner & Loser：State Education Budget［N］. The Public, 2016-04-06.

而到 2018 年，这种大学超过 1000 所。① 教育权也进一步下放。2015 年奥巴马总统签署的《每个学生成功法》可以算作反标准化考试运动的重大成果，它在相当程度上满足了该运动一直以来的诉求。

那么，美国的反标准化考试运动会导致标准化考试的废止吗？它的未来前景如何？

笔者认为，总体看，美国的反标准化考试运动会促使美国决策层对标准化考试进行某些技术性改革并改善办学条件，但不会终止标准化考试。当前大规模的游行罢考，只是社会上一时不满情绪的宣泄，而作为一种运动也将随着标准化考试改革的变化而变化。从美国社会对多元文化及自由表达比较宽容这一实际情况看，反标准化考试作为对官方教育改革的一种不满与批评将会长期存在。

就社会而言，人们对标准化考试的态度实际上是多元的。既有想趁大规模的社会游行而提出"废止标准化考试"的呐喊，也有"捍卫标准化考试"的呼声。多样的甚至对立的呼声并存，表明人们对作为评价方式的标准化考试的功用认识并不一致。换句话说，不是所有的人都反对标准化考试，这就为标准化考试的继续存在提供了舆论空间。走上街头对标准化考试说"不"的游行人群的身份也是很复杂的。美国教育部前部长阿肯·邓恩（Arne Duncan）就曾说，反对标准化考试的主要是"城郊的白人种妈妈"（White Suburban Moms），原因是"因为她们突然间发现她们的孩子没有她们当初认为的那么优秀，她们孩子所在的学校没有她们当初想象的那么好"②。虽然阿肯·邓恩的话激起了不少人的反对，认为他在掩盖社会反对标准化考试的事实，但总体看，虽然有色人种学生的家长及英语非母语的学生家长也参与其中，但加入游行活动的仍只是数量相对较小部分的家长。至于教师，主体则是那些达不到评估要求而被接管或即将被接管学校的教师。

在反对标准化考试的各州中，有不少社会组织甚至工会的领导人及成员和具有相当社会影响的宣传媒介（主要是网站、电子刊物、博客、脸书、邮箱、微信等）积极参与，但由于各州的具体情况相差很大，参与反标准化考试的群体利益立场不一，这种所谓的反标准化运动实际上是一种组织相当松散的社会

---

① More than 1000 Four-year Colleges and Universities Do Not Use the SAT or ACT to Admit Substantial Numbers of Bachelor-degree Applicants［EB/OL］. FairTest, 2020-09-17.

② STRAUSS V, DUNCAN A. "White suburban moms" Upset that Common Core Shows Their Kids aren't Brilliant［EB/OL］. Washington Post, 2020-09-17.

运动，不具有很明确的、统一的组织宗旨，更缺乏强势的、全国性的、领导性的政治力量主导，我们可以把它更多地看作一种民间性的抵制行为。

事实上，面对反对声浪，美国高层及各级政府通过各种措施对标准化考试进行了某些技术性改良，以平息社会的不满情绪。例如，2015 年 10 月，奥巴马政府针对社会上认为标准化考试的时间过长的问题，特规定学生花在考试上的时间不得超过上课时间的 2%。① 与此同时，地方教育官员也纷纷下基层了解情况，及时通报考试改革的计划，这样无疑加强了与家长、教育者及学校的沟通，增进了社会对政府改革的理解。据报道，此举实际效果还很不错。②

更重要的是，美国联邦及州政府对那些参考人数没有达到规定要求而参与罢考的学校，并没有采取严厉的处罚措施（如失去资助)③，甚至还规定，家长只要填报申请退考的表格，书面讲明退考的原因即可，承认了美国法律赋予家长教育子女及选择教育方式的权利。这些也在某种程度上缓解了对标准化考试不满的社会情绪并使家长有选择教育子女的途径。

笔者之所以断言标准化考试不会取消，一个最根本的原因是，标准化考试是美国国家"基于标准的教育改革"政策的一部分，得到美国历届政府的重视及支持，特别是得到了工业界的强有力的支持。美国教育改革的根本目的在于提高教育质量，确保美国在世界经济竞争中持续保持其领先地位,④ 基于标准的教育问责已经成为美国几十年来基本的教育改革政策的传动器。⑤

事实证明，美国政府还是吸收了反标准化考试运动的部分要求，致力于教育教学评价方式的改革。奥巴马总统签署的《每个学生成功法》允许各州引进信息窗法（Dashboard approaches，有的翻译成"仪表板式法"——笔者注）来评价州、学区、学校、教师和学生，标准化考试只是这些评价的一种。有媒体称，《每个学生成功法》有可能开启一个新的时代，社区将能够运用高质量的评价方法如学生表现（student performances）、档案袋法（portfolios）以及演示法（presentations）代替高风险的标准化考试。同时，《每个学生成功法》有可能是

① ZERNIKE. Obama Administration Calls for Limits on Testing in Schools［EB/OL］. The New York Times，2020-09-17.

② O'BRIEN B. Commissioner Elia，in Buffalo Area，Sees Education at the Grass Roots in Seeking Tests［EB/OL］. Buffalo News，2020-09-17.

③ Fairtest. How NCLB Relates to Opting Out of Tests［EB/OL］. Fair Test，2020-09-17.

④ BURKE L M. Common Core and the Centralization of American Education［DB/OL］. The Heritage Foundation，2016-03-12.

⑤ HAMILTON L S, STECHER B M & YUAN K. Standards-Based Accountability in the United States：Lessons Learned and Future Directions［J］. Education Inquiry，2012（2）：149.

游戏规则的改变者（a game changer），消除了对"过度考试"的对抗。因为各州现在可以将考试数据用在改进学校环境、学生参与及其他方面。对各州而言，这是首次在教育问责流行的时代，社区有能力倡导和使用具有综合性、多样性评价方式的信息窗法来评价学校的得失。假如学生、家长及学校管理者抓住了使用这个权利的机会，他们有可能重新改造（remake）学校。不少人乐观地认为，奥巴马总统签署《每个学生成功法》后，"值得庆幸的是，新的日子即将来临"①。

从深层看，美国30多年来的教育政策有深厚的思想做基础，这就是自20世纪80年代以来一直左右美国政策（包括教育政策）的新保守主义、新自由主义。这一思想基础强化了政府干预、强调绩效与市场竞争，这对政府减轻财政压力、保证政府权力的发挥和形成教育竞争的机制是有利的。而"基于标准的教育改革"也得到了工商界的高度重视和大力支持，一些政界、商界大亨积极参与其中。通过改革，美国的公立教育私营化的进程加快已经成为不争的事实。标准化考试实际上成为检验师生及学校的教学效能（performance）、实行教育问责的重要手段。也就是说，它与美国整个基础教育改革是一体的，且具有核心的作用。② 要彻底改变或废止标准化考试的可能性很小，起码在相当长的时期内看不出这种前景。由此，美国的反标准化考试运动将只能是作为一种民间的、断断续续进行且形式松散的存在，虽能在一定程度上促使标准化考试的局部改进，但远没有能力废止它。

第五节　结语

反观美国反标准化考试运动的百年历程，我们似乎可以得出结论：反标准化考试实际上是美国标准化考试制度实施的伴生物或者说它就是标准化考试制度实施的产物，百余年来对标准化考试的强化和反标准化考试之间的博弈不曾停歇。这里就有一个值得深思的问题，作为一种评价手段，标准化考试何以受到社会如此大的关注甚至形成了百余年延绵不绝的抵抗运动？答案就在于，从最直接的意义上看，考试作为一种教育评价手段，它直接影响着教育过程、结果（学业成绩）乃至教育的性质，它本身具有教育或反教育的功能；标准化考

---

① HEILIG J V. How a Grassroots Revolt Against Testing May Change Education［EB/OL］. The Progressive，2016-03-12.

② BUTLAND D. Testing times：Global Trends in Marketisation of Public Education through Accountability Testing［EB/OL］. TROVE，2020-09-17.

试的局限性与它的合理性如同硬币的两面，相伴而生。从评价的功效而言，标准化考试本身是不完善的。这是标准化考试引起社会不满的最直接的原因。从深层次看，考试更是一种社会分层分流的筛选机制，它影响教育公平、社会公平。反标准化考试运动实际上就是沿着这两个方向展开的：一是如何有效发挥考试的教育性功能，摆脱考试对教育活动的不良影响，从而有利于学生的健全发展；二是如何缩小出身不同社会阶层、种族学生的学业差距，从而有效促进教育和社会公平。虽然从百余年的发展历程看，美国反标准化考试运动不同阶段的主题是不同的，但是，该运动始终处于公平与效率的双重变奏之中。表面看，现阶段反标准考试运动更多的是侧重反"考试统治"，偏重消除考试的不良教育影响，但实际上，由于 20 世纪 80 年代以来的教育改革强调标准的同一性（指州内的教育标准），而出身于不同社会阶层、种族的学生的教育起点是不同的，因此标准化考试所要求的"达标"就具有不公平性或造就了教育的不公平性。"基于标准的教育改革"不仅没有缩小反而拉大了出身于不同阶层、种族学生的学业差距，也拉大了社会经济条件不同的学区学校之间的教育差距。美国反标准化考试运动之所以要求实行公开、公正、公平、有效和多元的考试的深意即在于此：与其订立同一标准通过严格的考试问责以求"达标"，不如大力改善办学条件、缩小教育起点差距使教育更具公平性。美国公立学校历来被视为造就具有共和精神公民的堡垒，但 20 世纪 80 年代以来风行的新自由主义和新保守主义强调市场竞争的教育企业化改革加剧了处于不利阶层、种族学生的教育困境，引起美国公立学校教育的价值错位与冲突，使教育的公共性、公益性、民主性面临严峻的挑战。因此，从根本上看，反标准化考试运动更深远的目的在于维护公立学校教育的正当性价值。这一点尤其值得我们注意。

正是因为保守主义教育改革力量强大，所以在有人问"批判教育学在教育改革中的职责是什么？"的时候，阿普尔毫不犹豫地说："我认为，批评教育学应该在教育改革中尽到以下七项职责：（1）揭露当今教育的弊端；（2）提倡值得坚持的好做法；（3）成为教师和社区的"秘书"；（4）创立民主的教育活动项目；（5）保持批判研究的传统；（6）依据伦理行事；（7）做最好的研究。"[1]他鲜明地表达了批判教育学针对保守主义教育改革的立场。

与此同时，批判教育学者也从这些运动中看到了保守主义联盟不是铁板一块而牢不可破，改革的希望正是孕育在这些风起云涌的运动之中："虽然我认为

---

① 周文叶，兰璇. 批判教育学与教育改革——美国威斯康星大学阿普尔教授访谈［J］. 全球教育展望，2010（1）：4.

教育政策的领导权握在保守主义阵营手中，但我并不想给大家一个错误的印象，认为构成这个阵营的四种力量是铁板一块，而且无往不胜。这不是事实。在美国的地方层次，掀起了大量的反抗文化霸权的运动，并带来很多不同的改变。在面对新保守主义的意识形态冲击和压力时，许多的高校、中小学和学区都表现出相当的对抗能力，也有很多的教师、学者和社区活动家创造出许多在教学和政治属性上都具有'解放'特征的教育运动，或者正在捍卫具有类似特征的教育项目。"①

---

① ［美］迈克尔·W. 阿普尔. 谁改变了我们的常识——美国教育保守主义运动与教育不平等［J］. 罗燕，译. 清华大学教育研究，2006（4）：12.

中篇

02

| 作为复指的批判教育学 |

阿普尔说:"传统上讲,批判性的工作是关于阶级的。虽然美国不怎么讨论阶级问题,但不幸的是,美国是一个以阶级为基础的社会。按照马克思的传统,大部分的争论都是因阶级而起,我认为这是关键的,但又是不充分的。我认为,至少有三种机能——阶级、性别和种族,影响着意识形态和社会实践。当你从阶级的角度考虑的时候,你应该考虑到性别;在你从性别的角度考虑问题的时候,你必须考虑到种族。因此,我们的工作就是必须把这三方面都放在一起,从文化与统治的角度进行考虑,考虑它们之间的交集与冲突,而不仅仅是从经济的角度。"①

——洪志忠

---

①　洪志忠.批判教育研究的原旨、演展和社会权力架构:美国威斯康星大学阿普尔教授访谈 [J].全球教育展望,2011 (2):15-16.

第三章

批判教育学的生成与发展

批判教育学是个复杂的矛盾体，这不仅指其理论基础来源复杂、其内部价值取向多样，也指对它的理解众说纷纭。这里就批判教育学的内涵、特点、类型以及其生成背景与发展历程进行探讨。

第一节　批判教育学的内涵及特点

"批判教育学"（critical pedagogy）也称"批判教育研究"（critical educational studies）①。从广义上讲，该理论寻求揭示权力关系与不平等性是如何结合在一起的，以及其复杂性是如何展现的，又在不同的教育中是如何受到

---

① "一般来讲，批判教育学（critical pedagogy）就是批判教育研究"，参见 MICHAEL M W，AU W. Critical Education Major Themes in Education（Vol. 1）［M］. London and New York：Routledge，2015：1. 不过，批判教育思想大家阿普尔就很不喜欢用"批判教育学"这个概念，而喜欢用"批判教育研究"来概括他的学术活动及思想。具体参见洪志忠 . 批判教育研究的原旨、演展和社会权力架构——美国威斯康星大学阿普尔教授访谈［J］. 全球教育展望，2011（2）：15. 在我国学者阎光才看来，作为一个严格的概念，"批判教育研究（Critical Educational Studies）并非一个学派，尽管通常人们似乎更习惯于赋予批判教育学以统一称谓，但严格而言，两者间内涵并不等同，前者涵盖了后者"。具体参见阎光才 . 批判教育研究的学术脉络与时代境遇［J］. 教育研究，2007（8）：80. 当然，阿普尔想用"批判教育研究"代替"批判教育学"只是他的一时愤激之言，在他的一些很严肃的著述中，他往往将二者等同，参见 APPLE M W，AU W，GANDIN L A. Mapping Critical Education［C］//the Routledge International Handbook of Critical Education. NY：Talor & Francis Routledge，2009：3. 还有一个与之相关的词语"批判教育"或"批判教育思想"。"批判教育学"这一术语由吉鲁于 1983 年创造，其所受启发与巴西教育家弗莱雷有密切的关系，因此"批判教育"或"批判教育思想"的历史远比"批判教育学"更长。正如阿普尔所指出的，"在'批判教育学'一词被批判知识分子和活动家（如拉美的保罗·弗莱雷）提出之前，美国以及其他国家来自不同共同体的教育者们，就启动了一个指向'批判'的宏大工程"［参见迈克尔·阿普尔，韦恩·欧 . 批判教育学中的政治、理论与现实（上）［J］. 比较教育研究，2007（9）：2. ］。所以，这里的"批判教育思想"有时候与"批判教育学"交替使用，当然其主体部分还是指"批判教育学"。

挑战的。当然，这是从一般意义上讲的。从"前言"中我们知道，批判教育学是个很难定义的概念，以致吉鲁说定义批判教育学是个很危险的事情。当然，这并不是说，批判教育学没有一个可靠的定义。按照阿普尔的界定，批判教育学就是对教育为了什么以及如何实施、我们应该教授什么以及应该赋权给谁的一种彻底的（thorough-going）重构。在阿普尔看来，理解批判教育学有三个要件。其一，需要对被称作官方知识或合法性知识以及谁拥有它的潜在的认识论和意识形态的假设进行根本性的改变。其二，它还必须根植于对一个人的社会责任（social commitments）的激进的改变。也就是说，变革社会的责任需要与一种令人舒坦的幻想（comforting illusion）决裂。这里所谓的"令人舒坦的幻想"指的是想当然地认为当前的社会及其教育设施会以一种令人舒坦的幻想方式组织起来而自动走向社会正义。其三，多样化的动力学（multiple dynamics）的意义变成现实。这些动力构成了我们社会中的剥削与压迫关系的基础。在阿普尔看来，需要将那些围绕着再分配的政治学（经济剥削过程及动力学）以及认可的政治学（Politics of recognition，指反抗统治的文化斗争及为了身份而进行的斗争）的问题结合起来进行思考。① 简单地说，批判教育学是一种自由民主价值关涉，旨在揭示权力与社会的、文化的和经济的不平等关系的文化政治学。它从世界充满矛盾、权力、持续的不平等的预设出发，应用"关系分析"（think relationally）方法，把教育与更广泛社会的不平等联系起来，关注弱势群体、被压迫者、边缘人群；研究关于合法性知识、公民社会、批判意识、霸权、意识形态、文化资本、对话、隐性课程、命名、边缘化以及所有批判性词汇等主题②，旨在通过教育的民主化来推动社会进步、民主、公正和人的解放进程。

　　根据金奇洛（Joe L. Kincheloe）的归纳，批判教育学具有如下核心特征③：

　　其一，批判教育学根植于社会和教育的正义与平等的愿景之中。

　　其二，批判教育学建立在教育具有内在的政治性的信念之上。在批判教育学者们看来，无论何处何时，教育活动就是政治性的活动。

　　其三，批判教育学致力于消除人类的苦难。批判教育学尤其关心那些被歧视和贫困缠绕的群体和个人，为此，批判教育学者们总是试图找出这些群体和个人遭受苦难的原因，所以他们总是从权力的意识形态、霸权、规训等维度来

---

① AOOLE M W，AU W，GANDIN L A，Luils Armando. The Routledge International Handbook of Critical Education［Z］. New York：2009：3.

② 卢朝佑，扈中平. 美国批判教育学的范式［J］. 教育学术月刊，2018（4）：3.

③ KINCHELOE J L. Critical Pedagogy Primer（Second edition）［M］. New York：Peter Lang Publishing Inc.，2008：5-33.（引用时，略有改动。）

理解权力。

其四，批判教育学免于学生遭受伤害。在批判教育学看来，好的学校并不因为学生的失败而责难学生，也不会剥夺他们接受课堂中的知识的权利（个体性经验）。

其五，批判教育学强调生成性主题（generative themes）的重要性，以批判性地理解世界及其问题产生的过程，帮助学生将对书本知识的理解与对环绕他们的世界的理解联系起来。

其六，批判教育学认为教师应当成为研究者，也就是说，一个批判性的教师应该是一个学者，他/她能理解教育改革中的权力影响；同时，他/她也是一个为了更好地教育学生和理解学生的研究者。

其七，批判教育学站在被边缘化群体的一边。

其八，批判教育学为了社会变革而培养智识（intellect）。

其九，批判教育学对实证主义进行不懈的批判，认为科学是一种规限性的、控制性的话语。

其十，强调教育活动产生的背景的重要性。

批判教育学有强烈的现实指涉性，其现实的意图就是反抗统治权力（dominant power）、反对以美国为首的发达国家所推行的帝国主义霸权。

第二节　两种风格迥异的批判教育学

一般认为，批判教育学诞生于 20 世纪六七十年代，经过数十年的发展，批判教育学发展成为一个庞杂的思想流派，不过，总体看，批判教育学可分为"盎格鲁-撒克逊"创新性风格的英美流派及"欧陆"保守性风格的德国流派。欧洲批判教育学的鼎盛时期是 20 世纪六七十年代，它的主要的学术灵感来自法兰克福学派的理论。二者在理论承袭方面虽然有大体共同的学术渊源，美国批判教育学却后来居上且广为流行。尽管在欧洲至今仍有人在批判的传统中著述，但很大程度上也是因为北美批判教育学的激励①，所以北美批判教育学往往是批判教育学研究的主体内容。

---

① BIESTA GJJ. Say You Want A Revolution：Suggestions for the Impossible Future of Critical Pedagogy ［J］. Educational Theory，1998（4）：499.

一、德国的批判教育学

在德国，批判教育学产生于 20 世纪 60 年代中期，不过，早在 20 世纪 20 年代就有人在教育上运用"批判"这个限定词。当时，批判教育学不但被作为一定的教育研究概念的标志，还被作为魏玛共和国时期教育研究理论构建的一个新的开端。这从格里斯巴赫（Grisebach）、科勒（Marx Fischein-Koehler）、道尔赫（Dolch）等教育学家为教育中的批判理论进行的辩护、分类及探讨中可以看出，批判的教育研究在当时已经有一定的影响和地位了。当然，那时的批判教育学还只是一种哲学思考，从严格的意义上讲，还算不上一个独立的研究领域，但"批判"一词的运用还是开启了教育问题的新视野。据我国学者彭正梅的研究，1977 年沃尔夫（Wulf）的专著《教育科学研究的理论与概念》的出版，标志着德国教育学界开始有正式形成的批判教育学。①

从词源看，德语中的"危机"（Kries）和"批判"（Kritik）的词头都是"kri"，意味着两者有一定的词源联系，即危机和批判是联系在一起的，批判的出现和进行往往与危机的产生和蔓延分不开，批判是对危机的关注、分析、探讨和解答。

德语"批判"一词具有辨别、选择和评价的意蕴，被认为是科学研究、构建和发展的一个重要手段和特征，也是科学自我理解的一个因素。到 20 世纪 60 年代，"批判"一词开始具有时代色彩，带有"理性的""解放的""进步的"的意蕴，与"左派""进步"同义，成为一个具有积极建构性或否定性的价值词。教育中的批判理论与民主化联系起来，并被赋予启蒙的使命。

德国批判教育学的产生与战后西方资本主义国家时代发展背景有关，如战后经过重建的经济得以发展与挫败、各种反叛运动的风起云涌、左派思想观念流行等，也与德国作为一个具有批判传统的民族特征有关。康德（Immanuel Kant，1724—1804）、黑格尔（George Wilhelm Friedrich Hegel，1770—1831）、马克思（Karl Heinrich Marx，1818—1883）到后来的法兰克福学派（Frankfurt School）的哲学都带有很强的批判精神。这种批判精神在 20 世纪六七十年代的西方资本主义世界里由于政治、经济、文化等因素的刺激而得以彰显。"20 世纪 60 年代，德国出现了批判的浪潮，各个学科和知识领域都在进行批判或号称在进行批判，人文科学和社会科学中的一些学科，也提高了对'批判'的要求。

---

① 彭正梅. 解放与教育——德国批判教育学研究［M］. 上海：华东师范大学出版社，2007：5.

特别是在教育、社会政治方面出现了大量的'批判性研究'。显然，在这种批判的浪潮中，拘于狭隘经验的经验教育学与注重体验和理解的精神科学教育学显得不合时宜了。于是，一种新的、被称为批判教育学的教育学应运而生了。"①

德国批判教育学在其发展过程中涌现出了一批代表性人物，有莫伦豪尔（Klaus Mollenhauer）、布兰凯茨（Herwig Blankertz）、沙勒（Klaus Schaller）、克拉夫基（Wolfgang Klafki）、费舍（Wolfgang Fischer）、罗维希（Dieter-Juergen Loewisch）、嘉姆（Hans-Jochen Gamm）、罗斯纳（Lutz Roessner）等人。也因各自的侧重点和兴趣点不一样，德国批判教育学内部也表现出类型差异。根据施泰因（Stein，Gerd）的分类，德国批判教育学大致可以分为超验—批判教育学（以费舍和罗维希为代表，与康德和新康德主义的超验哲学有关）、批判—交往教育学（以沙勒和莫伦豪尔为代表，与哈贝马斯的交往行动理论有关）、批判—解放教育学（以布兰凯茨和克拉夫基为代表，与法兰克福学派批判理论有关）、批判—唯物主义教育学（以伽姆为代表，与马克思主义的唯物主义有关）、批判—理性主义教育学（以罗斯纳为代表，与波普的批判理性主义有关）。这些批判教育有各自批判的或对立的对象，如批判—解放教育学主要着眼于抛弃传统的精神科学教育学。批判—理性主义教育学则试图对"政治的""世界观的"或"形而上学的""教条主义的"教育学进行分析；而批判—唯物主义教育学反对的是晚期资产阶级的教育学；批判—交往教育学则致力于克服单向的教师—学生的或以教材为取向的教育学；超验—批判教育学则想努力超过与摒弃任何形式的价值陈述，主张一种超验的、分析的教育学方法。② 从上述分类及相关思想看，尽管这些类型都以"批判"的名义出现，但其所依赖或侧重的理论基础并不相同，因而其差异也较大。

彭正梅在分析德国不同批判教育学的流派后曾指出，解放、启蒙（成人状态）、自决、自主、理性是德国批判教育学诸流派共同关心的主题，或重要主题。批判教育学冠以"批判"二字是与"无批判性"的传统教育学、资产阶级的形而上学教育学或教条主义教育学理论相对立的，成为一种"解放"的教育学。③ 这种概括无疑是非常精当的。

---

① 彭正梅. 德国批判教育学述评［J］. 外国教育研究，2002（10）：5.

② 具体参见：彭正梅. 德国批判教育学述评［J］. 外国教育研究，2002（10）：5-8；彭正梅. 解放与教育——德国批判教育学研究［M］. 上海：华东师范大学出版社，2007：6-13.

③ 彭正梅. 解放与教育——德国批判教育学研究［M］. 上海：华东师范大学出版社，2007：12.

德国批判教育学的理论来源虽然比较复杂，但看得出来，它深受德国传统哲学、近现代哲学（如康德、黑格尔）、经典马克思主义、法兰克福学派及其他左派思想等的影响。正因为如此，在致力于教育的意识形态的揭示或批评及追求解放的旨趣这些方面，它与英美批判教育学可谓异曲同工。当然，由于民族国家的文化传统及德国国内的政治经济文化的独特性，德国批判教育学有英美批判教育学所不具备的特性。这也是可以理解的。

二、英美的批判教育学

英美批判教育学（主要是美国批判教育学）是指 20 世纪 70 年代以来在美国杜威、巴西教育家弗莱雷及德国法兰克福学派等思想影响下由美国的鲍尔斯（Samuel Bowles）和金蒂斯（Herbert Gintis）、阿普尔、吉鲁、格林（Maxine Greene）、卡诺伊（Martin Carnoy）、麦克拉伦及英国一些学者推动而形成的一种批判性的教育思想流派。英美批判教育学是一种价值关涉，旨在揭示权力与不平等（社会的、文化的和经济的）关系的文化政治学。它从世界充满矛盾、权力、持续的不平等的预设出发，应用"关系分析"（think relationally）方法，把教育与更广泛社会的不平等联系起来，关注弱势群体、被压迫者、边缘人群；研究关于合法性知识、公民社会、批判意识、霸权、意识形态、文化资本、对话、隐性课程、命名、边缘化以及所有批判性词汇等主题①，旨在通过教育来推动社会进步、民主、公正和人的解放进程。批判教育学的学术渊源颇为复杂，有传统马克思主义、批判理论、新马克思主义、后现代或后结构主义、女性主义、种族理论和博弈论，等等。② 因此，批判教育学者们在具体的理论、方法、观点和关注对象上，尤其是关于立足点的理解上，有着非常大的差异，甚至彼此之间有时还存在抵牾。但批判教育学作为英美教育学术界的新左派思潮，它的形成和发展有其特有的社会和文化背景，即它是作为主导晚期资本主义制度、文化和意识形态的对立面而出现的。也正因为其批判对象的成熟和强大，它才更具有旺盛的批判活力。③

根据我国学者卢朝佑和扈中平的概括，英美批判教育学的形态各异，大致有如下几种：解放教育学（由弗莱雷开启）、非改革主义者的改革（由阿普尔倡

① 卢朝佑，扈中平. 美国批判教育学的范式 ［J］. 教育学术月刊，2018 (4)：3.
② TORRES C A. Education, Power, and Personal Biography：Dialogues with Critical Education ［M］. New York：Routledge, 1998. 1. （需要说明的是，关于批判教育学的学术渊源的认识也并不一致。）
③ 阎光才. 批判教育研究的学术脉络与时代境遇 ［J］. 教育研究，2007 (8)：80.

导)、边界教育学（由吉鲁开创的）、革命的批判教育学（以麦克拉伦为代表
的）、务实的批判教育学（由康柏拉推行的）、转化教育学（由卡明斯即
Cummins 和阿达即 Ada 所定义的）、批判生态教育学（由卡恩即 Kahn R. 所发展
的）、三棱镜式批判教育学（由温克即 Wink J. 所描述的）。① 当然，作者也承
认，这种分类的目的在于说明"要给批判教育学下一个准确的定义是非常难的，
因为批判教育学非常复杂，也在不断发展。它不是有限的，不是固定的，不是
轻而易举就能被下定义、被理解的"。在作者看来，英美批判教育学主要的价值
追求包括对霸权意识的批判、推崇"厚民主"② 对话、提倡教育即解放等。在
这两位学者看来，"英美批判教育学的形态尽管各不相同，但也有共通之处。英
美流派批判教育学以启蒙和解放为旨趣，通过霸权意识批判、建立厚民主对话、
构想教育即解放，追求从被压迫者的非人性化到自由的解放，把人类从各种压
迫、异化与贬抑中解放出来，并致力于建立一个确保人的解放的社会。然而它
仍然存在陷入批判性话语的困境，缺乏可能性的意义；陷入晦涩空泛，缺乏可
操作性；陷入霸权叙述，缺乏差异共享；注重社会正义，忽视生态正义；注重
学究偏向，忽视实践取向的理论等局限"③。

总体看，英美批判教育学保持着极大的开放性，其关注的主题总是游移不
定，以致阿普尔批评说："我不知道何谓批判教育学，虽然我知道它原先的意思
是什么。教学和教育学是有明显区别的。教学主要是关于方法。而教育学主要
是关于实践、理论以及一系列的行动。通过批判性的反思，课程论、教学法能
够跟社会形态（social formation）建立一定的关系。批判教育学现在已经名不副
实了（exorbitant）。它已经失去了批判性原来的意义，它可以是关于九年级学生
的任何东西，它可以是部分批判的，可以是非常激进的，但大部分已经变得非
常随意，所有的事情都能往里扔。当弗莱雷首先提出这个词的时候，它具有很
大的影响力，通过这个词我们可以了解社会成层的路径。但这个词已经成为一
个口号而已，我们都忘却了它的历史。所以我选择使用'批判教育研究'这个

---

① 卢朝佑，扈中平. 英美流派批判教育学的价值诉求和理论局限 ［J］. 外国教育研究，
2014（10）：15-18.
② "厚民主"旨在将教师、社区和社会活动家等众多的教育利益相关者动员起来，积极
地、民主地、持续地、有效地参与到教育改革中来，将学校从一个等待改革的与世隔绝
的机构改造成为一个与人们日常政治、经济、文化体验密切联系在一起的机构。
③ 卢朝佑，扈中平. 英美流派批判教育学的价值诉求和理论局限 ［J］. 外国教育研究，
2014（10）：15.

词，因为它涉及更广泛的领域，一般来说我不再使用'批判教育学'。"① 这样看来，这位学者的批判教育学的形态划分也只是一种分类的方法，事实上，英美批判教育学内部的碎片化更严重，理论分歧更大，远不是以上几个形态能概括的。当然，从关注阶级、性别、种族甚至性等方面来说，英美主流的批判教育学的主要的主题还是比较清晰的。正如阿普尔所说的："大部分的争论都是因阶级而起，我认为这是关键的，但又是不充分的。我认为，至少有三种机能——阶级、性别和种族，影响着意识形态和社会实践。当你从阶级的角度考虑的时候，你应该考虑到性别；在你从性别的角度考虑问题的时候，你必须考虑到种族。因此，我们的工作就是必须把这三方面都放在一起，从文化与统治的角度进行考虑，考虑它们之间的交集与冲突，而不仅仅是从经济的角度。"② 当然，这是后话。

我国学者张华曾对这两种风格的批判教育学进行了比较分析。③ 在他看来，德国批判教育学具有"欧陆"风格，具有如下特征。其一，"产生过程的直接性"，即德国批判教育学因地缘的优势，直接受到法兰克福学派批判理论的影响。德国批判教育学与批判理论之间的关系相对直接。其二，发展过程的保守性与封闭性。也就是德国批判教育学恪守批判理论的传统，其主张多为批判理论在教育中的具体应用，过于矜持和拟古。其三，相比较英美批判教育学而言，德国批判教育学的研究深度有余而广度不足。其深度主要体现在该派理论"在教育理论与实践中都已具体化、序列化，如'批判理论'已经在课程研究领域得以具体化，其标志是'闵斯特课程流派'的诞生"。而"盎格鲁-撒克逊"风格的英美批判教育学则具有"产生过程的间接性"，即它是经由"新"教育社会学的过渡间接形成的。还具有发展过程的创新性和开放性。这主要表现在英美批判教育学善于与各种理论相互融合并实行跨学科研究。另外英美批判教育学具有其他理论所不具备的广度和深度，特别是广度，也就是它的研究领域和问题非常广泛。

尽管这种比较有受其视角和当时的条件所限的缺陷，但事实证明，正是英美批判教育学的开放性和创新性，使得英美批判教育学后来居上，并成为批判教育学的主流。当前学界所研究的批判教育学一般也指的是英美尤其是美国批

---

① 洪志忠. 批判教育研究的原旨、演展和社会权力架构——美国威斯康星大学阿普尔教授访谈 [J]. 全球教育展望，2011（2）：15.

② 洪志忠. 批判教育研究的原旨、演展和社会权力架构——美国威斯康星大学阿普尔教授访谈 [J]. 全球教育展望，2011（2）：15.

③ 张华. 批判理论与批判教育学探析 [J]. 外国教育资料，1996（4）：10-11.

判教育学。本书所谈实际上也以美国批判教育学为主体。

第三节 批判教育学之"批判"内涵解析①

阿普尔说:"批判教育学的两个关键词,批判和教育学。教育学意味着在实践上、理论上要睿智,要理解不同的权力关系,同时要和生活保持联系。批判性的部分也很重要。现在一个危机是,如何变得具有批判性。"② 毫无疑问,批判教育学之"批判"对批判教育学具有特殊的意义,简单地说,批判教育学因其"批判"而存在,而彰显其独特性和价值。

一、批判的内涵及其现实指涉

在批判教育学者眼里,批判就是激进的同义词。③ 批判教育学也因此被冠以"激进教育学"之名。即使是在美国这种自诩为民主的国家里,批判教育学者们的遭际也是不幸的。他们的著作往往被右派列为"危险的书",批判教育学者们则被视为"攻击美国的讨厌的人"④,以致阿普尔曾在一次访谈中说:"我必须坦诚,从事批判教育研究是危险的。"⑤ 那么什么是批判?

根据《当代汉语词典》的解释,"批判"一词通常包含两层含义。(1)评论,判断。对事物加以分析比较,评定它的是非优劣。(2)对缺点和错误提出意见。⑥

《现代汉语词典》对"批判"一词的解释有三点:其一,作为动词的批判(criticize;repudiate),是指对错误的思想、言论或行为做系统的分析,加以否定;其二,作为名词的批判(criticism),意即指出优点和缺点,评论好坏,或

---

① 此节相关内容可以参阅:周险峰.美国批判教育学的伦理之维[J].教育研究,2019(4).

② 杨跃.教师教育:一个充满斗争的政治场域——迈克·阿普尔教授访谈录[J].全球教育展望,2014(9):12.

③ [美]亨利·A.吉罗克斯.跨越边界——文化工作者与教育政治学[M].刘惠珍,张弛,黄宇红,译.上海:华东师范大学出版社,2002:11.

④ [美]迈克尔·W.阿普尔.教育的"正确"之路——市场、标准、上帝和不平等:序言[M].2版.黄忠敬,吴晋婷,译.上海:华东师范大学出版社,2008:1-3.

⑤ 洪志忠.批判教育研究的原旨、演展和社会权力架构——美国威斯康星大学阿普尔教授访谈[J].全球教育展望,2011(2):20.

⑥ 陈绂,聂鸿音.当代汉语词典[Z].北京:北京师范大学出版社,1993:796.

者专指对缺点和错误提出意见（criticize，comment）；其三，作为副词的批判（critically），是指在分清正确的和错误的或有用的和无用的基础上对之做分别对待。①

批判教育学之"批判"在语义上无疑具有以上意思。不过批判教育学毕竟诞生于西方特定的历史时期，它必然蕴含着西方哲学传统的批判精神。

据考证，"批判"一词源于希腊文 KPINΩ，其义原指法庭与医疗上的"分辨"和"判断"。在宗教改革后的"圣经批判"中，17 世纪末法国怀疑论者贝尔（Pierre Bayle）开创性地使"批判"开始具有了"反权威"的意味。此后康德、黑格尔、马克思和法兰克福学派均对"批判"一词进行过各自的解读，康德将"批判"定位为理性功能，黑格尔将"批判"当作意识的自我辩证，而马克思则将"批判"指向不合理的政治经济的社会实践，法兰克福学派则进一步将批判指向社会、知识及主体。②

总括起来，批判教育学之批判有如下含义：

首先，批判教育理论之"批判"，可以指针对现实的一种否定性态度倾向及言行风格。弗莱雷是北美批判教育学家们的精神导师，他的身上就体现了浓重的"激进主义情结"。而吉鲁就曾将自己定位为"一位优秀的劳动阶层的、激进的美国人"。在他看来，民主就必须是"纯粹的批判民主"，批判与激进"必须是同义词"。他说："我不能想象，一个激进的立场，同时却不是批评的——甚至从起初的时候就是这样。"③

其次，"批判"更是一种理论视角或思考教育问题的方法。用阿普尔的话说，批判就是一种"关系性分析"（think relationally）："所谓的批判，首先它是指我所说的'关系分析'。也就是说教育中的任何一部分都同对国家和社会的基本理解相关，以及与对这些关系的抗争联系起来。所以，批判性研究要求你能从社会学和经济学的角度对教育进行分析，分析它们之间不同的权力关系。它要求你看世界的时候，不仅仅自上往下，而且要从下面看。这就要求你观察到谁是社会中的被压迫者。"④ 批判教育学这种思考教育问题的方法论大致是沿着

①　中国社会科学院语言研究所词典编辑室. 现代汉语词典（英汉双语）［Z］. 北京：外语教学与研究出版社，2002：1461.

②　杨深坑. 意识形态批判与教育学研究［M］//陈伯璋. 意识形态与教育. 台北：师大书苑，1988：18-24.

③　［美］亨利·A. 吉罗克斯. 跨越边界——文化工作者与教育政治学［M］. 刘惠珍，张弛，黄宇红，译. 上海：华东师范大学出版社，2002：11.

④　洪志忠. 批判教育研究的原旨、演展和社会权力架构——美国威斯康星大学阿普尔教授访谈［J］. 全球教育展望，2011（2）：15.

从"再生产"到"抵制"理论的发展线路行进的,这使得关于教育与社会尤其是与权力的关系性思考从最初的还原论或本质论的线性思维转变到后来的复杂的关系性思维,而且其关注的问题也日趋复杂。

最后,批判教育学之"批评"也是一种自我批评,是一种内心的反思与澄明。在批判教育学者看来,批评不仅仅指涉教育内外部世界,更是一种指向批判者自身的意识和行动的反思。它以个体的独立反思为核心,以批判的意识与批判的责任为构成要素,以终极价值为指向。阿普尔就曾说过:"我倡导'批判教育研究'(critical educational studies),强调'批判'首先是'自我澄清',养成批判意识的同时培育更具批判性的责任感,使人们从根本上改变对教育的常识性看法;所有参与教育实践的人都需要通过自己的实践,努力将那些庄严的价值、有机的文化和理想的生活付诸实践。能够独立思考、对自己和社会负有责任的人必须捍卫民主教育、社会正义和平等,尽最大努力来维护社会受压制群体的话语权和利益。"①

"批判是一种方法,一种立场。批判就是一副眼镜,你带着这副眼镜去看世界。一旦你从这副眼镜观看世界,我们就会不得不问自己一个问题:我们能为这个世界改变些什么?我们要考虑制定哪些政策进行改变?什么样的课程是我们所应该采用的?什么样的教学是我们所应该实践的?学校和政府之间的关系是什么样的?学校和社区之间的关系应该是什么样的?"② 阿普尔这句话算是对批判教育学之"批判"进行了全面的归纳。

二、批判的情感动力:愤怒、爱与希望

从弗莱雷到阿普尔、吉鲁、麦克拉伦众多的批判教育学者,几乎都遭受过不同程度的不公平对待,有的被解雇,有的甚至被投入监狱,但批判教育学者们似乎对此毫无惧色:"在我看来,当一个国家和它的政府和主要机构并不履行诺言,也不忠于它们在教育和其他领域所奉献的一系列价值的话,当它们远离宽恕并破坏了国际伦理标准时,真实的批评是爱国的首要行动。这种批评表明'我们并不得过且过。这是我们的国家和我们的制度,它们是由无数的像我们这样的劳动者建造的。我们珍视我们的建国文件中的价值,也要求你们这样做'。"

由此可以看出,批判教育学之批判实际上也是一种伦理关怀,也就是对于

---

① 杨跃. 教师教育:一个充满斗争的政治场域——迈克·阿普尔教授访谈录 [J]. 全球教育展望,2014(9):12.

② 洪志忠. 批判教育研究的原旨、演展和社会权力架构——美国威斯康星大学阿普尔教授访谈 [J]. 全球教育展望,2011(2):16.

西方民主自由价值的维护。只不过这种关怀是以一种否定性的、激进性的方式进行而显得有些另类而已。① 阿普尔也说："在一个保守主义大获全胜的时代，提出一些非常严肃的问题让大家停下来，并仔细思考一下我们沿着这一方向前进的意义。"②

作为一种激进的否定，批判何以具有这种关怀伦理呢？

有学者认为："反思教育社会学时，不应仅从理论角度展开，还应关注其中的情感动力。"③ 实际上批判教育学之批判有其自身的情感动力，即愤怒、爱与希望。

按照阿普尔的说法，他的理论起点是"愤怒"（rage）。实际上，在批判教育学的情感动力之中还有"希望"（hope）。在批判教育学者的眼里，"希望是伦理的。希望是道德的……希望寻求生活苦难的真相。希望为改变世界的斗争赋予意义。希望根植于那些维护爱（love）、关怀（care）、共同体（community）、信任（trust）、幸福（well-being）等神圣价值观的具体的行动实践（performative practice）、斗争及介入活动（interventions）之中。希望可以使愤怒转化为爱。希望拒绝恐怖主义。希望对不惜一切代价地获得和平的宣言说'不'"④。因为愤怒而不断批评、揭露不平等的现实，从而为弱者谋划希望的出路。"我们每一个人都需要扪心自问：'你站在谁一边？'学者肩负的社会责任就是从道德和社会正义出发，站到那些遭受政治、经济、文化霸权和压迫的人一边，站在妇女、劳工、有色人种的一边。"⑤

在阿普尔看来，"愤怒"作为一种情感表达和其他一些情绪如"喜悦、希望、害怕"等一样，是人的认知的一部分。知识分子的活动不能仅仅看作认知性活动，他们所追问的问题往往具有意识形态的意味，并涉及某种利益。

作为出身社会下层的知识分子，阿普尔承认他的愤怒与生活经历有关。因此，"愤怒"不是一种抽象的情感，而是基于真实的经历和记忆。"我的'愤怒'根基于社会现实，即在这个社会上，很多人像垃圾一样地被对待，或者不

① 周险峰. 美国批判教育学的伦理之维 [J]. 教育研究, 2019 (4): 74.
② [美]迈克尔·W. 阿普尔. 文化政治与教育 [M]. 阎光才, 译. 北京: 教育科学出版社, 2005: 27.
③ 周勇. 忧伤与愤怒: 教育社会学的情感动力——以涂尔干、麦克拉伦为例 [J]. 学术月刊, 2014 (9): 3.
④ MCLAREN P, KINCHELOE J L. Critical Pedagogy Where Are We Now? [M]. New York: Peter Lang Publishing Inc., 2007: 135.
⑤ 杨跃. 教师教育: 一个充满斗争的政治场域——迈克·阿普尔教授访谈录 [J]. 全球教育展望, 2014 (9): 12.

被尊敬。其实'愤怒'不是唯一驱动我前进的东西，驱动我前进的还有'希望'。但是，正如我最愿意引用的一句话所说的那样，'希望是一切活动的源泉，但是我们一定不要忘记了危险'。'愤怒'提醒我'危险'，没有'希望'的'愤怒'可以摧毁一切，所以，有'希望'的'愤怒'可以具有成果，可以使我们不像那些被我们所批判的人那样行为。"①

在"愤怒"与"希望"的驱动下，阿普尔认为批判教育学者的工作就是回馈，即回馈社会，尤其是那些为我们做出牺牲的人；批判教育学者的工作就是关爱，关爱那些处于社会底层的人。

正是因为有愤怒、有希望，阿普尔认为批判教育工作者的工作必须追求更好、更远，所要了解的必须更广博、更具体。贴在批判教育学者身上的标签有很多，如"批评主义政治家""马克思主义者""反抗主义者""激进分子"等。阿普尔认为，不论自己的身份是什么，都有必要追问下：写作是为了谁？为了什么？作为批判教育学者，必须时时警惕批判教育学失去其敏感性而丧失其应有的力量；防止因为满足于已取得的成就而变得自大；警惕在保守主义势力推助下，所谓的主流教育学（非批判的教育学——笔者注）也日益变得主流，批判教育学因此而走向边缘化："所有这些都是可能的。这里，我再次引用这句话：'我希望，我们必须怀有希望，但是我们不能忘记危险。'"②

至于麦克拉伦，从未改变其自大学起便已形成的对于西方当代社会的愤怒。无论是早期从种族、性别等角度批判学校教育造成的文化压迫，还是后 20 年不间断地对"资本主义""帝国主义"展开的批判，并在文化研究、政治经济学、环境、旅游等学科领域发展"革命的批判教育"，都清楚地显示他始终是个愤怒的马克思主义教育社会学家。事实上，关于这一点，麦克拉伦本人也有十分明确的界定。③

不过，如果仅仅认为批判教育学之批评只是出自愤怒，那就大错特错了。阿普尔这样表达他们的复杂情感："许多人对被称为'学校'的场所都有着非常矛盾的感情。对于非常关心学校里教什么和不教什么、谁有权和谁没有权来处理这些议题的我们这些人而言，我们与这些学校之间有一种矛盾的关系。我们

---

① 李慧敏."愤怒"的使命与批判教育学的未来——迈克尔·阿普尔教授访谈 [J]. 全球教育展望，2015（1）：3-4.

② 李慧敏."愤怒"的使命与批判教育学的未来——迈克尔·阿普尔教授访谈 [J]. 全球教育展望，2015（1）：12.

③ 周勇. 忧伤与愤怒：教育社会学的情感动力——以涂尔干、麦克拉伦为例 [J]. 学术月刊，2014（9）：3.

想严厉地批判它们，然而批评之中却隐含着一份义务、一种希望，希望它们能变得更加充满活力、更人性化和更富有社会批判性。如果曾经有过爱/恨关系，（我想）这就是爱/恨。"①

第四节　批判教育学产生与发展的背景

理论一直是对现实的反映。批判教育学之所以诞生于西方动乱的20世纪六七十年代，有其多种背景因素。

一、社会政治背景

用阿普尔的话说，批判教育学有其"政治根基"②。那么，这个"政治根基"是什么呢？确切地说，是西方历次社会变革中左派所发起的社会政治运动，批判教育或批判教育思想实际上是这些运动的重要组成部分。其中，美国社会的政治背景最具典型性。

根据美国著名历史学家伊莱·扎瑞斯基的观点，作为一个激进存在的观念，美国的政治学意义上的"左翼"到20世纪30年代才正式出现。这一观念在有着议会制度的、将"意识形态的"冲突——左、中、右置于政治的核心地位的欧洲早已存在。美国的激进分子重构了欧洲的观念以使之适应两党制。他们将工会运动、失业者运动和公民权利斗争、早期女性主义者以及过去的德布兹（Eugene Victor Debs，1855—1926，美国杰出的工会运动领袖，美国社会党的创始人——笔者注）社会主义者联系起来，以努力创造一种传统。③ 这种传统就是追求社会平等。

按照伊莱·扎瑞斯基的历史划分，在美国历史上存在着三个左翼：废奴主义者、人民阵线（20世纪30年代由社会主义者、自由民主党和工会活动家组成的反法西斯同盟）和20世纪六七十年代的新左翼。在废除奴隶制的过程中，废奴主义者弘扬的种族平等观念成为美国左翼历史上的第一次独特贡献；而20世纪

---

① ［美］迈克尔·W.阿普尔.文化政治与教育［M］.阎光才，译.北京：教育科学出版社，2005：前言8-9.

② ［美］迈克尔·W.阿普尔，韦恩·欧.批判教育学中的政治、理论与现实（上）［J］.阎光才，译.比较教育研究，2007（9）：2.

③ ［美］伊莱·扎瑞斯基.美国左翼的过去、现在和未来［J］.彭萍萍，译.当代世界与社会主义，2015（4）：151.

30 年代的大萧条期间由社会主义者和共产主义者所发起的一系列广泛的社会民主运动，其中包括那些由产业工人、非洲裔的美国人、移民和妇女所参加的运动，这些运动向罗斯福新政输入了无产阶级目标，促使了美国福利国家的形成。这两个左翼的作用在于使美国社会的结构改革转向了对平等目标的追求。而 20 世纪 60 年代，美国开始进入后工业社会和金融资本时代，在战后汹涌的民主浪潮冲击下，像其先辈一样，新左翼将重大的经济和文化转型也集中于对平等的追求。在伊莱·扎瑞斯基看来，新左翼对美国社会和文化的影响是不可估量的："一个关于种族、性别平等的全新的观念已经转变成语言、生活方式和惯例。"也就是说，自此，民主平等成为根深蒂固的历史性观念扎根于美国社会，美国批判教育也因此以此为职志。正如著名的批判教育学家贝瑞·康柏（Barry Kanpol）所言，"批判教育学是检验的工具与方法，期望借以改变允许不平等与社会不义的学校结构。批判教育学是一种文化的——政治的工具，它严肃地采纳人类差异的说法，特别是当这些差异与种族、阶级和性别有关的时候。在它最激进的意义上，批判教育学寻求让被压迫者不再受到压迫，以共享的批判的语言、抗争的语言与斗争的语言来团结人们，终结各种形式的人类苦难"①。

对美国批判教育学产生深远影响的首先是美国黑人争取教育权利的思想和实践。19 世纪以来，非裔美国知识分子和活动家就参与了什么是美国的黑人教育的争论。在这些争论中，有所谓"妥协主义""自由主义""黑人民族主义"以及"为使学校更好哈莱姆委员会"（HCBS）关于美国人的教育取向等不同的派系内部及其相互之间的纷争。"妥协主义"取向倡导者有华盛顿（Booker T. Washington，1856—1915）等人，其主要的取向是倡导为非裔美国人提供产业教育；"自由主义"取向则把关注学生批判性思考能力视为教育过程的一部分，以期强化学生社会、政治与文化的参与，其倡导者有克鲁姆尔（Reverend Alexander Crummell，1819—1898）和迪布瓦；而"黑人民族主义"取向则主张容纳民族主义、文化民族主义、泛非主义和黑人分离主义运动等派别的观点，持该取向的代表性人物主要有加维（Marcus Mosiah Garvey，1887—1940）、阿里（Nobel Drew Ali，1880—1929）、穆罕默德（Elijiah Muhammed，1896—1975）和马尔科姆·艾克斯（Malcolm X.，1925—1965）。"为使学校更好哈莱姆委员会"（HCBS）是由家长协会、教会、教师和社区群体共同组成的联盟。该联盟在哈姆莱区发起了一系列运动，如改善办学条件的运动、抵制体罚非裔美国孩子的

① 孙启进. 致力于务实的批判教育学——贝瑞·康柏的批判教育学思想述评［J］. 全球教育展望，2008（8）：36.

运动、把种族主义逐出学校的运动等，影响深远。①

与此相呼应的是女权运动的兴起。在美国，女权主义的历史可以追溯到 18 世纪甚至更早。美国女权运动从政治、经济再到文化权利提出了全面的平等诉求。按照一般的理解，美国历史上的女权主义大致经历过三次浪潮，特别是 20 世纪 60 年代到 80 年代初，是女权运动的高潮，更是激进女性主义思潮的迸发期。② 至今，女权主义形成了不同的流派。

这些女权运动与教育中反性别歧视的教育有密切的关联。例如，早在 20 世纪初，一些著名的女性如纽约城的格蕾丝·斯特瑞（Grace Strahan）、芝加哥的玛格丽特·哈雷（Margaret Halley）等，为给教师（大多数是女性）争取更好的条件而斗争，更有 1908 年凯特·爱姆斯（Kate Ames）领导了抗议学校组织及其劳动报酬分配中的父权制倾向的活动。冷战时期，美国争取公民权利的努力进一步增强。贝蒂·弗里丹（Betty Friedan）所著《女性的奥秘》（The Feminine Mystique，1960）的流行和 1966 年国家妇女机构（the National Organization for Women，缩写为 NOW）的成立，表明美国妇女开始追求新的政治权利。发展到如今，正如有人所言："经过几十年的努力奋斗，妇女已成为一支不可忽视的政治力量，她们在美国政治中心发挥着较大的作用。政党也好，政客们也好，忽视妇女的要求往往会付出一定的政治代价。"当然，"政治上已逐步进入权力中心的美国妇女在寻求自由平等时，她们的目的并不是'革'美国政治制度的'命'，而是让美国统治势力按美国政治制度之规矩办事，让她们与男性一样充分地享受公民应有的一切权利"③。

在美国，除了反种族、性别歧视运动外，还有阶级的议题。据阿普尔的统计，1900—1920 年社会主义活动分子在美国 20 个州建立了 100 多所英语周日学校，这些学校的课程强调：（1）学生应该为属于工人阶级而自豪；（2）工人阶级是被压迫者，他们应该与其他被压迫者团结起来；（3）学生应该有集体主义感；（4）学生应该了解他们的社会境遇与外部世界的关系；（5）根本性的社会变革是必要的；（6）要根据自己对世界的常识性理解来批判性地分析当代社会

① ［美］迈克尔·阿普尔，韦恩·欧. 批判教育学中的政治、理论与现实（上）［J］. 阎光才，译. 比较教育研究，2007（9）：3.

② ［美］约瑟芬·多诺万. 女权主义的知识分子传统［M］. 赵育春，译. 南京：江苏人民出版社，2003：1.

③ 王恩铭. 从政治边缘走向政治中心——70 和 80 年代的美国妇女运动之追踪［J］. 世界历史，1995（4）：27.

经济联系。① 阶级问题是马克思主义理论中的基本问题之一。随着马克思主义影响的不断扩大，美国等西方发达国家的左派部分继承了马克思主义的阶级斗争学说，并将之融合进他们的理论之中。

进入 20 世纪 80 年代后，西方社会进入保守主义时代，"向右转"成为西方乃至整个世界社会及教育改革的风向标。这种"向右转"背后的推手就是日益强势的保守势力。阿普尔曾将保守主义的复兴称为"保守主义现代化"（conservative modernization）。保守势力主要是由新保守主义（Neo-liberals）、新自由主义（Neo-conservatives）、威权民粹主义（Authoritarian populists）、中产阶级的管理主义（New class managerialism）这四股势力结成的同盟（"新霸权联盟"）。阿普尔曾将这个同盟比喻成一个"大伞"（broad umbrella），举着伞柄的就是新自由主义。② 这四股势力，各有自己相对独立的历史和发展动力，所秉持的价值取向各有侧重，表面看起来甚至是相互矛盾的，但它们进行了奇妙的组合，有效地改造社会的常识（common sense），获得了广泛的社会支持，一路高歌猛进。③

在这四股力量的推动下，以英美国家为代表的教育不断走向市场化、私有化、企业化，"标准""问责""审计""考试"成为这一改革的关键词。据"美国进步研究中心"（Center for America Progress）2016 年的调查，"基于标准的教育改革"对于美国基础教育质量的提升作用并不明显，特别是有色人种、贫困家庭等出身的学生的学习状况依然很不乐观④，甚至加剧了教育的不平等，以致自 20 世纪 90 年代以来出现了大规模的"反标准化考试运动"（Anti-standardized Testing Movement）。

以上这些运动构成了批判教育学的产生与发展的社会政治背景。

二、理论背景

从以上对两种风格的批判教育学的比较看，德国批判教育学相对更注重于自身的批判的哲学传统，尤其是法兰克福的批判理论。而美国的批判教育学则

---

① ［美］迈克尔·W. 阿普尔，韦恩·欧. 批判教育学中的政治、理论与现实（上）［J］. 阎光才，译. 比较教育研究，2007（9）：4.

② APPLE M W. Educational and Curricular Restructuring and the Neo-liberal and Neo-conservative Agendas：Interview with Michael Apple［J］. Curriculo sem Fronteiras，2001（1）：2.

③ ［美］迈克尔·W. 阿普尔. 教育的"正确"之路——市场、标准、上帝和不平等［M］. 2 版. 黄忠敬，吴晋婷，译. 上海：华东师范大学出版社，2008：33.

④ BOSER U，BAFFOUR P，VELA S. A Look at the Education Crisis：Tests，Standards，and the Future of American Education［DB/OL］. Center for America Progress，2016-01-12.

更加开放，兼收并蓄各种理论成分，表现出杂糅各家各派的色彩，并充分体现了它的跨学科特色。因此，这里仍以美国为例，对批判教育学的理论背景进行分析。

美国批判教育学的兴起与发展也有着复杂的理论背景。这不仅指批判教育学者个体，也指整个批判教育学者群体。温克勒（Michael Winkler, 1953—）认为，"批判教育学是一种运动，在这个运动里，人们关注的焦点主要在现代社会对儿童成长所造成的冲击上，对它的思考和探究可以有诠释学、辩证法、历史学和意识形态批判等多种方式。教育哲学在探究教育与社会的关系时分别有以下三种范式：把教育的概念理解为一种社会进程，强调教育应被视为一个自律的系统，以及在特定的社会与文化背景下去养成一个有尊严、能自律的人。批判教育学就在与这三种范式的论辩中形塑自身的研究取径和教育概念。批判教育学具有十个传统根源，分别是：乌托邦思考，早期人文主义的尊严概念，近代资产阶级社会发展过程中所强调的个人自由，启蒙时代的理性概念，夸美纽斯的民主教育理念，19世纪初的观念论哲学，施莱尔马赫的浪漫主义哲学，18世纪末人们对道德行动和美感之间关系的理解，马克思的人文主义和对资本主义社会的分析，以及皮亚杰和维果茨基的心理学等"①。

不过，就美国批判教育学本身看，其理论来源有本土的思想，特别是受以杜威为代表的美国进步主义教育思想和以康茨为代表的社会改造主义教育思想的影响；也有外来的理论，主要是正统的马克思主义、德国的法兰克福学派、巴西教育家弗莱雷的解放教育思想、"法国理论"（French Theory）以及英国的文化研究（Culture Studies），等等。同时，它与女性主义、后现代主义、后殖民主义理论瓜葛不断。可以说，美国批判教育学的形成与发展是美国批判教育学者熔铸本土教育思想与外来教育思想的产物。这里仅对其吸收的主要的外来思想做简单介绍。

（一）经典马克思主义

经典马克思主义产生于19世纪40年代的西欧。经典马克思主义的批判方法和批判理论为批判教育学提供了方法论依据和理论基础。德国学者温克勒说："到目前为止，批判教育学并不附属于马克思主义，尤其不附属于马克思主义的教条。但是马克思在他早期著作的思考中，例如在他《巴黎手稿》中写到的所谓的哲学人类学（philosophy of anthropology）那里，可以找到一条人文主义的路

---

① ［德］温克勒. 批判教育学的概念［J］. 陈泝翔，译. 华东师范大学学报（教育科学版），2017（4）：62.

线。并且，如同马克思对资本主义社会提出的尖锐分析一样，批判教育学也提出关于政治经济（political economy）方面的批判。所以批判教育学要问：资本主义社会是否会提供促进人类福祉的教育，抑或它仅仅是追求利润而已？若要回应这个问题，批判教育学则要去探究政治经济对教育组织的影响。"① 批判教育学中社会再生产理论和文化再生产理论研究的部分来源就是经典马克思主义的意识形态批判理论和"再生产"理论。而经典马克思主义的阶级分析法是美国批判教育学一直使用的重要方法。至于经典马克思主义重视理论联系实际以改造社会的思想对批判教育学者更是影响深远。阿普尔说："我是一个马克思、布尔迪厄等人，尤其是马克思的追随者，我们知道，这些人具有类似的传统，即我们不能站在阳台上。我们所问的问题，充满了意识形态的意味。"②

吉鲁也曾言，由于20世纪"马克思主义提供了关于批判的原则性语言表述"，"今天你要成为一名激进教育家，你就不得不研究马克思主义传统"③。批判教育学的著名代表人物麦克拉伦甚至在经过多年曲折探索之后，主张重回马克思主义传统，提倡"革命教育学"（revolutionary pedagogy）。④

当然，美国批判教育学者对马克思主义也并不是完全赞同。阿罗诺维茨（Aronowitz Stanley）就认为："马克思主义的一些理论公式和哲学预设主要是在一种强调阶级、经济首要地位的论述中发展起来的，这就降低了政治、意识形态、文化在理论与实践中的价值。"⑤

批判教育学虽然批判了资产阶级、资本主义，但其与经典马克思主义的立场是有本质区别的。这一点，温克勒认识得比较到位："批判教育学的概念或许与社会主义者甚至马克思主义者的立场相近，尤其是在思考经济学的批判性传统时。但批判教育学对于已经成为（或许是列宁主义者）意识形态的社会主义或马克思主义则不感兴趣。批判教育学保留了激进、自由的态度，也保留了一些传统资产阶级的乌托邦思考。在某些时候，它甚至会被看成是资产阶级思想

---

① ［德］温克勒. 批判教育学的概念［J］. 陈添翔，译. 华东师范大学学报（教育科学版），2017（4）：66.

② 李慧敏. "愤怒"的使命与批判教育学的未来——迈克尔·阿普尔教授访谈［J］. 全球教育展望，2015（1）：3.

③ ［美］亨利·A. 吉罗克斯. 跨越边界——文化工作者与教育政治学［M］. 刘惠珍，张弛，黄宇红，译. 上海：华东师范大学出版社，2002：14.

④ SARDOC M. RAGE and HOPE：the Revolutionary Pedagogy of Peter McLaren：An Interview with Peter McLaren［J］. Educational Philosophy and Theory，2001，33（3-4）：411-425.

⑤ GIROUX H A. Marxism and Schooling：The Limits of Radical Discourse［J］. Educational Theory，1984（2）：113-135.

的辩护者，所以，坚定的社会主义和共产主义的教育家对批判教育学或多或少都抱持怀疑的态度。"①

（二）法兰克福学派的批判理论

批判教育理论被认为是批判理论的分支。批判理论起源于"法兰克福学派"（the Frankfort School），该学派产生于 20 世纪 30 年代的德国，由最初成立于德国法兰克福的社会科学研究所而得名。该学派的主要代表人物有马克思·霍克海默（M. Max Horkheimer，1895—1973）、阿多诺（Theodor Wiesengrund Adorno，1903—1969）、马尔库塞（Herbert Marcuse，1898—1979）、埃里克·弗洛姆（Erich Fromm，1900—1980）、尤尔根·哈贝马斯（Jürgen Habermas，1929—）等。法兰克福学派的社会批判理论早期研究重点在于资本主义社会的社会经济基础，1930 年后，它的研究旨趣转向了资本主义社会的上层建筑。由于法兰克福学派的研究具有公然的马克思主义倾向，而且其成员大多为犹太裔，所以该学派当时面临纳粹的严重威胁。1933 年，研究所临时迁往日内瓦，次年迁往纽约并落脚于哥伦比亚大学，之后于 1941 年迁往洛杉矶，最终于 1953 年重新迁回德国的法兰克福。

法兰克福学派的批判理论对批判教育学的形成具有基础性的意义。

吉鲁曾在他的著作中明确表示，"试图选择性地呈现批判理论家阿多诺、霍克海默和马尔库塞学说的相关内容，为发展一种教育的批判理论提供理论见解"②。正如他所指出的："在诸如阿多诺、霍克海默和马尔库塞等人的批判理论的思想遗产中，存在着一股发展批判理论和模式的持续努力，旨在揭示和打破现存的支配结构。对于这一视角来说，至关重要的是对解放和争取自我解放这一过程进行整合的分析与呼唤。"虽然批判理论的成员的理论旨趣并不一致，但是，"我们还是可以从中找到该理论的共同旨趣，即审视和评判资本主义的新兴形式，以及与之相伴发生并处于不断变化中的支配形式。此外，法兰克福学派的全体成员还有另一个研究取向，这就是对人类解放的意义进行反思和根本的重建"③。

批判理论对批判教育学有诸多启示，如追求解放的旨趣、批判性的分析、

① ［德］温克勒．批判教育学的概念［J］．陈泳翔，译．华东师范大学学报（教育科学版），2017（4）：66.
② ［美］亨利·吉鲁．教育中的理论与抵制［M］．张斌，常吟，左继维，等译．北京：教育科学出版社，2016：50.
③ ［美］亨利·吉鲁．教育中的理论与抵制［M］．张斌，常吟，左继维，等译．北京：教育科学出版社，2016：18-19.

对权力与文化（知识）之间关系的揭示等。所以批判教育学被吉鲁认为是"一种关于教育的批判理论"①。

当然，批判教育学家们借助批判理论无非是为分析教育寻找一种理论基础和分析框架，在他们看来，至关重要的是"真正的议题应是在新的历史条件下，如何对批判理论的核心学说进行重构，同时保留其与生俱来的解放精神"②。批判教育学者清醒认识到，批判教育学理论有诸多缺陷，不能将其生搬硬套到激进教育学理论之中。这鲜明地体现了批判教育学家们对批判理论的批判性继承与改造的实质。

（三）巴西教育家弗莱雷的解放教育理论

弗莱雷被称为北美批判教育学的始祖（originator）。吉鲁曾说："批判教育与保罗·弗莱雷是分不开的。任何人要从事这方面的研究都要从他开始，无论你喜不喜欢他。"③

弗莱雷的影响十分深远，与美国教育学术界也有很深的渊源。1969年，他曾在美国哈佛大学做访问学者，其间即开始了他在美国的访问和演讲。其解放思想对美国影响很大。他在美国的经历使他对教育问题的思考也更加深刻，从美国回来后他写作并出版了批判教育学的经典之作《被压迫者教育学》，该书于1970年被翻译成英文。从20世纪70年代开始一直到1997年与世长辞，弗莱雷不断发表文章并对美国教育者进行了主题广泛的演说④，以致美国批判教育学者都承认，北美批判教育学具有"弗莱雷式的传统"。弗莱雷自己也说，一批北美的批判教育学者如吉鲁、麦克拉伦、胡克斯等于20世纪70年代末80年代初将他的关于识字和教育的工作、研究进行改造，以用于北美学校、工场、家庭和大专院校里的解放斗争。⑤

弗莱雷对批判教育学的思想启发，主要体现在如下几个方面。其一，对人性化的强调。他认为人的使命就是追求人性化和人道化。在一个存在压迫和被

①　[美]亨利·吉鲁.教育中的理论与抵制[M].张斌，常吟，左继维，等译.北京：教育科学出版社，2016：45.

②　[美]亨利·吉鲁.教育中的理论与抵制[M].张斌，常吟，左继维，等译.北京：教育科学出版社，2016：51.

③　[美]卡洛斯·阿尔伯特·托里斯.教育、权力与个人经历：当代西方批判教育家访谈录[M].原青林，王云，译.济南：山东教育出版社，2013：100.

④　MALOTT C S. Critical Pedagogy and Cognition：An Introduction to a Postformal Educational Psychology[M]. New York：Springer，2011：142.

⑤　FREIRE P. Forword[M]//MCLAREN P，LEONARD S. Paulo Freire：A Critical Encounter. New York：Routledge，1993：ix.

压迫的世界里，教育的作用就在于唤醒被压迫者与压迫者的觉悟，追求双方的解放，使双方获得人性。很显然，这里的教育具有解放的政治意蕴。事实上，弗莱雷提出"教育即政治"，构建了他的解放教育的理论基础。其二，"提问式教育"与解放教育观。弗莱雷创造了一个"储蓄教育"的概念（the "banking" concept of education）用以揭示传统教育对受教育者进行驯服与奴化的实质，他提出"提问式教育"（problem-posing education）及解放教育的观念。在他看来，人是有意识的，这种意识是对世界的意识。教育不应该是知识的储存，而是在人与世界的交往中不断提出问题。这种意识只有在师生对话中才能产生，在不断地质询中才能产生。正是对话与质询（提问），才能不断提高批判性意识，使人觉悟；一个学会学习、学会思考的人才能获得真正的解放。

总体看，弗莱雷注重批判性思维的培养、主张对话、主张教会学生不断批判性反思被压迫者的生存现状，从而获得个体和人类的最终解放等思想，给批判教育学有益的启发。

（四）英国的文化研究

一般学者将文化研究（Culture Studies）的历史追溯到 20 世纪五六十年代，当时几个代表性著作面世，如理查德·霍加特（Richard Hoggart）的《文化的用途》（1958），雷蒙·威廉斯（Raymond Williams）的《文化与社会》（1958）、《漫长的革命》（1961）以及汤普森（E. P. Thompson）的《英国工人阶级的形成》（1963）。1963 年，霍加特创建了"伯明翰大学当代文化研究中心"（The Centre for Contemporary Cultural Studies，简称"CCCS"），此即"伯明翰学派"的主要阵地，它的成立为文化研究的发展提供了立足点。文化研究注重的是当代文化、大众文化、边缘文化和亚文化；关注文化与权力的关系；提倡一种跨学科、超学科甚至是反学科的态度和研究方法。①

20 世纪八九十年代，"文化研究"在美国学术界受到青睐。吉鲁是积极倡导"文化研究"的先锋性人物。在吉鲁他们看来，文化研究为重新思考作为文化政治学形式的学校教育提供了一个理论领域，并提供了调解性的和可能性的话语。因为批判的文化研究在权力的关系中考察知识的生产，而不是把知识置于自我封闭的客观现实的关联之中。吉鲁宣称，要"依据超越界限的战略，重新塑造知识；同等对待它所排斥和它所包含的东西，以界定传统学科；拒绝高

---

① 罗刚，刘象愚. 文化研究读本 [M]. 北京：中国社会科学出版社，2000：前言.

级文化和低级文化的区分"①。简单地说，就是要打破学科边界，实行跨学科或交叉学科来开展教育教学活动。

跨学科研究成为批判教育学理论建构的重要特征，这一特征更多来源于20世纪六七十年代英国伯明翰大学当代文化研究所所倡导的"文化研究"的理论与方法。

（五）"法国理论"

所谓"法国理论"（French Theory），"就其专门意义上言，指的是将近半个世纪里，雅克·德里达（Jacques Derrida）、鲍德里亚（Jean Baudrillard）、拉康（Jacques Lacan）、德勒兹（Gilles Louis Rene Deleuze）和迦塔利（Felix Guattari）、阿尔都塞（Louis Pierre Althusser）、克里斯蒂瓦（Julia Kristeva）以及埃莱拉·西苏（Helene Cixous）这一批大家云谲波诡、天马行空的艰涩文字"②。在过去几十年中，大量法国理论家如米歇尔·福柯（Michel Foucault）、德里达、德勒兹等人的观点经常被美国批判教育学者引用。例如，吉鲁2001年再版的《教育中的理论与抵制》一书的开头引用的就是布尔迪厄（Pierre Bourdieu）的著作，而结尾则引用的德里达。特别重要的是，批判教育学输入了两个主要的观念：权力和再生产。再生产理论部分借自福柯和布尔迪厄，而其背后则是阿尔都塞。学校被很多理论家看作再生产统治关系的机构。从20世纪80年代开始，处于发展中的批判教育学就试图在学校内寻找资源并提倡为了抵制、中断、废止再生产过程而进行学校教育。《教育中的理论与抵制》对再生产理论进行了很多的批判并发展了抵制理论。吉鲁、麦克拉伦、胡克斯以及其他人由此发展了"希望""差异"（dissent）及"跨界"（transgression）教育学。

"法国理论"特别是后结构主义理论促使了批判教育学的后现代转向，使批判教育学成了"后现代批判教育学"。20世纪80年代至90年代中后期，后现代主义理论深深影响着美国的教育研究，其间流行之盛及影响之深，麦克拉伦曾深有感触："后现代理论似乎正在支配着——至少成为教育批判主义（educational criticism）最时髦的形式。我以前许多信奉马克思主义的同事转而信奉后现代主义及其后马克思主义的不同流派以及福柯、德里达等人的作品。"尽管麦克拉伦也深受后现代主义的影响，但他仍坚持用历史唯物主义进行批判教育研

---

① ［美］亨利·A.吉鲁.教师作为知识分子——迈向批判教育学［M］.朱红文，译.北京：教育科学出版社，2008：201-202.

② 陆扬."法国理论"在美国［J］.文艺理论研究，2013（3）：172.

究，以致他的许多同事嘲笑他所信奉的理论是远古时期的"恐龙"①。当然，随着后现代主义思潮在 20 世纪 90 年代末衰落，批判教育学者对后现代研究的热情开始下降并开始了对这一研究的深刻反思。

法国理论对批判教育学者们的影响程度并不一样，批判教育学者们对待法国理论的态度也是不一样的。例如，麦克拉伦说，他深受福柯的影响，"曾经对福柯的知识和权力的理论非常敬仰和感兴趣"，福柯的一些著名的著作如《规训与惩罚：监狱的诞生》（*Discipline and Punish：The Birth of the Prison*）和《临床医学的诞生》（*the Birth of The Clinic*）都曾对麦克拉伦产生了较大的影响。福柯甚至一度在麦克拉伦的研究中占据中心地位，尽管在 1994 年后他的研究转向了马克思主义，也就是从文化政治学转到了政治经济学的分析视角后，但他仍然把福柯作为一个"非常重要的思想家"，福柯在他的研究体系中"还是有一席之地的"②。至于阿普尔则明确地表示，他的《文化政治与教育》本身就是"结合葛兰西主义理论、文化研究的学术资源以及后现代主义和后结构主义理论"而成。③ 在他写作这本重要的著作时，"后现代主义和后结构主义理论对文化研究以及批判教育研究的影响也日益扩大"。他自述道："我的朋友所称的'后'的方法中有许多有价值的成分，他们确有着深刻见解并需要我们密切地予以关注——尤其是他们关注如身份政治、权力多元及相互矛盾的关系、非还原分析（nonreductive analysis），以及把地方作为斗争的重要场景等。"当然，阿普尔是个善于兼收并蓄各种理论的学者，他反对对后现代主义和后结构主义"不加批判地搬用"。在他看来，那些鼓吹将学校推向市场、主张学校类型多样化，并给"消费者"更多的选择等观点就是所谓后现代主义及后结构主义观点在教育研究中的"搬用"。在运用后现代主义和后结构主义时，阿普尔认为要"避免过分地夸大"，要避免用一个宏大叙事去代替另一宏大叙事。他对待结构主义与后结构主义或后现代主义的态度是："与其费力地去小心于二者间的抵牾——有时彼此视为大敌——还不如把它们之间所存在的富有创造性的张力看成一件好事。"④

① SARDOC M. Rage and Hope：The Revolutionary Pedagogy of Peter McLaren：An Interview with Peter McLaren [J]. Educational Philosophy and Theory，2001（3-4）：412.

② 彼得·麦克拉伦，于伟. 学者对于正义的追寻——彼得·麦克拉伦（Peter McLaren）访谈录 [J]. 外国教育研究，2015（6）：11.

③ [美] 迈克尔·W. 阿普尔. 文化政治与教育 [M]. 阎光才，译. 北京：教育科学出版社，2005：中文版序 3.

④ [美] 迈克尔·W. 阿普尔. 文化政治与教育 [M]. 阎光才，译. 北京：教育科学出版社，2005：前言 1-6.

（六）杜威及社会改造主义教育思想的影响

批判教育学在西方各国的扎根与生长，与各国的政治经济文化及教育思想传统有很大关系。以美国为例，杜威及社会改造主义教育思想就是美国批判学的重要思想来源。例如，阿普尔说，他的著作《教育能改变社会吗?》，其标题就是来自社会改造主义教育的代表人物康茨（George Counts，1889—1974）著作的启示（具体参见后面相关章节）。鉴于杜威与社会改造主义思想的渊源及杜威的影响，这里着重谈下杜威民主教育思想与批判教育学的关系。①

在西方保守主义者看来，杜威是极具危害性的激进分子，他的著作《民主主义与教育》曾被美国杂志《人事》（Human Events）列为 19 世纪、20 世纪"最有害的十本书"之一。② 杜威的《民主主义与教育》集中反映了杜威的教育思想。这一思想的核心在于将教育与社会民主联系起来。在杜威看来，每一代人的民主都必须重新发展，而教育就是其发展的助力。因此，教育的重构必须在民主重构前发生，且其自身必须是民主的。

对杜威来说，教育是一个工具，并且这个工具一个很重要的特点就是要运用智力。而智力是认知中的辨别力。由此，智力必须是批判的。教育的中心目标之一就是促使人类的智慧、创造性民主和"民主作为一种生活方式"的生活的发展并使之成熟起来。不过，杜威所讲的智力，不是个人的，而是社会的。任何形式的智力都是社会性的。杜威的知识本质由此也是社会性的，这与批判教育学的知识观有共同的地方。因为批判教育学主张知识的社会建构性，与统治阶级的意识形态相关联，是统治权力运作的结果，或者就是一种意识形态或权力。

杜威虽然被称为工具主义者（instrumentalist），但他知道，知识不仅仅是工具。一个人不能理解知识就无法获取知识（不管它是什么或者意味着什么）。对杜威来说，理解是学习的先决条件，这一点批判教育学也如此认为。

由此，杜威的反对传统教学仅仅把教学作为知识（杜威更偏向"信息"一词），传输的观点与批判教育学就有异曲同工之妙：都主张发挥师生的主体性而对知识做批判性理解与运用。杜威虽然没有用"批判意识"（critical conscious-

① 关于杜威与批判教育学之间的关系，系统的论述不多。比较经典的论述可参见菲利普斯（D. C. Phillips.）主编的《教育哲学与理论百科全书》（Encyclopedia of Educational Philosophy and Theory. Washington：SAGE publications Inc.，2014）中由莱蒙斯（Lamons B.）所写的"Dewey and Critical Pedagogy"词条。

② ［美］迈克尔·W. 阿普尔. 教育的"正确"之路——市场、标准、上帝和不平等［M］. 黄忠敬，吴晋婷，译. 上海：华东师范大学出版社，2008：第二版序言 3-5.

ness）这个词语，但他所用的术语也是意识、觉悟和注意力（consciousness, awareness, and attentiveness）这类词。通过这些具有批判性意识的概念（尤其是他创立却没有使用的术语）的运用，在某种程度上可以使个体了解他们自己、他们的世界、他们和其他人的关系以及怎样通过改变自己来改变世界。

这样，杜威提出的教育的社会功能思想和批判教育学的思想有许多重合的观点。它们共享的价值有：民主、自由、学校教育、经验、沟通、社区、建构、解构、知识重构、意识形态、霸权（杜威可能会说"社会管控"）、社会组织的批判、社会风俗的批判和思维习惯以及变革。二者都认为社会是教育的功能，教育是社会的功能。此外，在每种情况下都能理解教育是政治的核心。

当然，杜威的思想有其时代特性和时代局限。批判教育学更多的是在精神上批判性继承了杜威的某些思想甚至概念。批判教育学者结合了时代主题，其借鉴的理论资源也更为丰富。所以，一些批判教育学者认为杜威还不够激进是可以理解的；批评他没有将更多的重点放在性别、种族、阶级、教育机会、压迫、经济地位以及教育和社会结构关系间的权力上来，这些观点也是很有见地的。甚至批判理论中的一些学者认为杜威的立场过于家长主义，这可能会使社会正义问题长期存在。尽管这种观点有些求全责备，但杜威的诸多局限性也由此可见一斑。

三、制度背景

所谓制度背景（Institutional Context）指的是弗莱雷后的批判教育学者基本上是大学体制内的知识分子，也就是高校的教师。他们都是体制内的知识分子。如果说政治及理论背景将批判教育学与作为其理论基础的批判理论（特别是法兰克福学派）区别开来的话，那么制度背景更是将批判教育学与弗莱雷的工作区分开来。进一步地讲，这个制度背景产生的差异最根本的区别是：弗莱雷及其同事是走到乡村与成人、文盲农夫一起工作，而批判教育学主要是在中等及高等学校里从事教研活动。①

就制度性背景对批判教育学者的影响问题，加利福尼亚大学教授特伦德（David Trend）与吉鲁曾有过一次著名的对话。特伦德说："最令人伤心的事情之一是物质压力的力量。你和我都了解那些人（指基层激进的教育学者们——笔者注），他们作为基层的激进主义者开始从事职业，却发现他们在生活中只有很少的选择、很少的支持。除了大学以外，很少有地方可去。只有大学是他们

---

① LAMPERT M. North American Critical Pedagogy. Encyclopedia of Educational Philosophy and Theory［Z］. Singapore：Springer，2017：1629-1634.

将去的地方，因为大学是唯一可以做他们想要做的事情的地方。但显而易见的是，你的行为只能被封闭在学院中。"也就是说，大学成了批判教育学者们唯一可以安身立命的场所，其生存选择的空间很小。批判教育学者们的活动也因此必然受到教职及其所依托的组织机构的规约，因为他们首先要在体制内讨生活，也就是特伦德所说的"物质压力的力量"。该观点是理解不少批判教育学者为何醉心于书斋式研究的钥匙。当然，从另一方面而言，这种背景也为批判教育学者们才华的施展提供了舞台。正如吉鲁就特伦德所言进行的回应："专业化和专门知识的概念如何在甚至是最激烈的语言中永久存在？我们如何在这些排外的形式中存在？战斗必须在学术部门打响，因为它拥有其他共同体实际上没有的资源。"①

制度性背景使得批判教育学者们把学校教育作为他们的主阵地。从学校教育出发来分析学校教育与社会不平等之间的关联成为批判教育学的一大特点。吉鲁说："学校是不做任何批判地服务和复制现存社会，还是对社会秩序提出挑战，以便发展并推进民主的法则？很显然，我倾向于后者。我认为学校是为公共生活而教育学生的主要机构。更为重要的是，我主张学校应当承担为学生提供知识、品格、道德见识的职能，它们是形成公民勇气的重要元素。"②

这种制度背景最直接的后果是很快将批判教育学卷入课程和学校改革的争论之中。20 世纪 80 年代，以美国为首的资本主义国家爆发的文化战争（Culture Wars）与批判教育学的最初的出现及发展几乎是同步的。尤为特别的是，二者都是在各大学里的教育与人文学科的院系里得以发展的。这样，批判教育学既因关于"标准"（canon）的论争而得以形成，也需要对"标准"有所贡献。

所谓"文化战争"，最初来自德语 Kulturkampf，该词由德国自由派领袖之一鲁道夫·菲尔绍（Rudolf Virchow）所创，具体指 1873—1887 年罗马天主教会与德国政府围绕教育和教职任命而展开的文化斗争，后来被美国人借用描述 20 世纪八九十年代进步派与正统派由于道德价值观念的差异而引发的争论。不过，作为一种特定的词语，自 1992 年帕特里克·布坎南（Patrick Buchanan）在共和党大会上做了相关主题的演讲后，"文化战争"这一词语在美国政治学中变得流行起来。尽管关于"世俗化 vs 宗教保守主义"这一社会问题的无休止的争论在美国历史上很早就出现过，但在美国和加拿大，"文化战争"这一术语用来指称

---

① ［美］亨利·A. 吉罗克斯. 跨越边界——文化工作者与教育政治学［M］. 刘惠珍，张弛，黄宇红，译. 上海：华东师范大学出版社，2002：196.

② ［美］亨利·A. 吉罗克斯. 跨越边界——文化工作者与教育政治学［M］. 刘惠珍，张弛，黄宇红，译. 上海：华东师范大学出版社，2002：10.

的是一种政治话语。这种政治话语围绕着那些表面上被人们所拥护的价值观的问题，而实际上这些问题普遍被工业、商业及财富积累和权力所侵蚀。尽管文化战争的问题被充满感情的价值观念所引导，但有些价值观还是受到经济的明显的影响。

这些论战的大部分是关于同性恋权利、堕胎、女性主义、色情文学、性革命、吸毒、多元文化主义、宗教在美国社会中的角色、校园祷告、枪支管制以及进化论的传授等。其他战争的来来去去取决于对流行什么的一种道德恐慌。帕特里克·布坎南使这一词语流行起来之前，这些论争持续达数十年之久。20世纪六七十年代，文化战争经常指反叛的年轻人与他们的更为保守的父母之间的"代沟"，其论争主要关于长发、摇滚乐、服兵役以及嬉皮士运动等。20世纪早期，对禁酒、宗教激进主义对抗宗教中的现代主义采取了无休止的论争形式，这被认为是对美国文化霸权的一种威胁，这种威胁来自罗马天主教移民、布尔什维克、劳工激进运动、节育、第一次世界大战之间的仇德情绪、传统规则（old standby）、进化论等。

美国文化战争实际上是文化保守派和文化自由派在各种文化问题上的论战。文化保守派认为美国从本质上讲是一个基督教国家，因此美国人有义务遵循上帝的旨意，按照传统的基督教道德标准规范人们的生活。而文化自由派则认为，社会应以人为本，弘扬人文主义精神，关怀人的个性，提倡自我价值，尊重人的选择。究其本质，文化战争主要是价值观的冲突，是两种不同道德体系间的较量。保守派和文化自由派对美国的社会现实有不同的理解，对道德评判标准有不同的主张，他们都希望通过文化战争确定美国文化价值体系，掌握诠释美国本质的话语权，确立自己的政治和社会地位。①

20世纪80年代保守主义的兴起引发的论争就是典型的文化战争。文化论争必然都反映在当时对课程与教学问题的探讨上。其一大成果就是阿普尔的"隐性课程"（hidden curriculum）观的确立，尽管他的这一观念来自1968年杰克逊（Philip W. Jackson）。隐性课程成为批判教育学之于课程论战的最奇异（novel）的贡献。隐性课程不仅指通过课程选择进行隐性传递的价值观（白种人、男性声音以及历史上的女性和弱小者的沉默及消声的潜在普遍化），也指通过学科的形式、环境及班级结构等传递的课程（lessons）。正如麦克拉伦指出，隐性课程是关于通常课程材料以及正式安排的课程之外的知识和行为得以建构的默认

---

① 王健. 文化战争——20世纪晚期美国社会文化领域的两极分化［D］. 上海：上海外国语大学，2010：摘要.

（tacit）的方式。他称此为"学校教育过程的意料外（unintended）的结果"。不过，阿普尔还补充说，历史地看，隐性课程根本就不隐晦，而很大程度上是作为职能机构的学校的很显然的功能。另外，作为一种将关注的焦点拓展至显性课程之外的方式，批判教育学的隐性课程是一种将"标准战争"（Canon Wars）置于更大的、体制背景之中的方式。

批判教育学在 20 世纪 80 年代至 90 年代的北美大学人文社科院系中的发展也有助于解释它为何转向法国理论（French Theory）。法国理论是批判教育学主要的理论来源之一。弗朗索瓦·科塞特（Francois Cusset）对此进行了历史的追踪，在历史上，一大批法国作者在"法国理论"的名头下逐渐被去背景化并重新群集在美国文学院系里。这既是一个文化征兆，也是文化战争中的主力，对法国理论的引用在过去的 20 世纪的几十年之中，是一种拥有激进和进步立场的信号：女性主义、反殖民主义、少数族群身份认同的发展与提升等。美国人文院系高度政治极端化的环境中，都对批判教育学者之于他们相互的敌人——保守主义和实证主义的斗争而言，法国理论是一个自然的同盟。不过，不是所有的解构主义者、福柯主义者及其他各色美国的"法国理论家"都对批判教育感兴趣。法国理论及文化研究的影响可以通过大多数北美批判教育学有影响的著作看到。吉鲁的作品《阅读吉鲁》（*The Giroux Reader*，2006）就是个完美的例子。该书收录了他 1983—2003 年之间的主要作品，其中有章节就论述了文化研究、流行文化及多元/文化主义，并力图引用法国主要的理论家。

体制性背景使得批判教育学者们习惯了艰涩语言的学术表达并致力于理论建构，不足的是，理论与实践日益脱节。虽然阿普尔等学者们极力表白自己："如果人们想要真正地读懂我的著作，他们就必须明白，我并非只会对教育问题口诛笔伐、横加批判，在批判的同时，我也在积极地思考探索解决这些问题的对策。因此，对于中国的读者而言，无论是学生、教师还是教育专家，他们都应该看到我的另一面，即活跃在教育前线的我。"① 但是，正如有学者批评的："在西方尤其是在美国，20 世纪 90 年代左翼批评经历了一个学院化、体制化与精英化的过程。左翼批评成为象牙塔内少数知识精英的密语和获取学术地位与资本的手段，离现实生活越来越远，偏离了其世俗关怀的初衷。"②

在制度性背景影响下，批判教育学日益理论化。这是批判教育学的又一

---

① 周文叶，兰璇. 批判教育学与教育改革——美国威斯康星大学阿普尔教授访谈 [J]. 全球教育展望，2010（1）：6-7.

② 刘康. 西方左翼知识分子的危机——从美国学术左翼的现状谈起 [J]. 文艺争鸣，2008（1）：1.

特色。

批判教育学在中等和大学机构内发展意味着它一直以来不得不处理弗莱雷所没有从事过的教育改革中的难题。弗莱雷和他的团队教农民阅读是作为一种将他们从奴役之中解放出来的方式来进行的。北美批判教育学主要聚焦于教育学生，而这些学生名义上已经得到解放并具有基本的知识。正如我们所看到的，这意味着批判教育学的焦点已经转移到批判的文化素养、隐性课程以及教育组织在复制社会关系的功能之上。不过，这一背景在将批判教育学拖到学校改革的论争之中有着重要的但是模糊的效果。在过去的几十年中，保守主义者将教育推向标准化的、高风险性考试（《不让一个孩子掉队法》《力争上游》等），攻击教师工会以及教学的去职业化，等等。很显然，每一件事都与批判教育学的立场决然对立。但在这种背景之中，很容易将弗莱雷的作品当作一套教学方法并作为学校改革相反的议程来捍卫。在没有训练成一套学生中心的教学方法而且去掉政治的内容的情况下，批判教育学能否提供一个国家学校改革的计划是非常值得怀疑的。当新自由主义者废除美国的公立教育时，任何称得上批判教育学的似乎都不能仅仅袖手旁观。因此，在当代教育背景之下，吉鲁以及其他许多人在他们的作品中大多是致力于表明他们批判教育学的立场。在他所做的《批判教育学：我们在哪儿》（*Critical Pedagogy*：*Where Are We Now*?）的导言中，他指出了保守主义对高等教育攻击的危险性以及勉励他的同行"为保护民主与教育学之间的组织化的关系而动员起来"①。这一关系是从他最早的作品中就把大学作为公共领域的形式来捍卫的。另外，吉鲁在他的再版于 2001 年的《教育中的理论与抵抗》（*Theory and Resistance in Education*：*Towards a Pedagogy for the Opposition*）的序言中展现了他所看到的当前教育及政治抵抗的新近问题，包括教师的集体组织（再组织）、清除美国大学的官僚体制、为提高学校管理中的学生及教职员工的权利而战斗。

也就是说，制度背景迫使批判教育学不得不介入社会与教育的现实。正如阿普尔所说的："我把我自己描述成一个公共的知识分子，有时候我会用学者型实践者来形容我自己。"② 批评现行的教育政策因此成为批判教育学的重要任务。这常常使得批判教育学者对自身角色难以把握："我发现自己处在一个非常矛盾的境地：一方面我是支持课程标准的，当然前提是这些标准具有灵活性，是

① MCLAREN P, KINCHELOE J L. Critical Pedagogy：Where Are We Now? [M]. New York：Peter Lang, 2007：1-5.

② 李慧敏. "愤怒"的使命与批判教育学的未来——迈克尔·阿普尔教授访谈 [J]. 全球教育展望, 2015（1）：8-9.

以民主的方式制定的，具备多样的评价形式，以及包括非常有创造力的课程；而另一方面，我又非常反对美国 20 世纪 80 年代以来进行的标准运动。"① 如何在批判的同时提出建设性的方案，是批判教育学者面临的一大难题。转化性知识分子也就成为批判教育学者自命的一种角色预期。寄希望于教师们进行角色转变，希冀教师成为公共知识分子也因此是批判教育学的又一特色了。因为在批判教育学者看来，"只有教师这个职业的首要职责才是培养具有批判精神的公民，而别的职业则不同……教育者所担负的公共责任，很自然地就会把它们引入为民主而斗争的行列中，这就使得教师这一职业成为独一无二的、强有力的公共资源"②。

第五节　批判教育学的发展历程

"批判教育学"这一概念是吉鲁于 1983 年提出的，也正因为如此，有人认为吉鲁是"批判教育学之父"。不过，吉鲁反对这种说法。他说，批判教育学来源于长期的系列的教育斗争，这一系列的斗争，既包括弗莱雷在巴西的工作，也包括他自己与西蒙（Roger Simon）、利文斯通（David Livingstone）以及后来的金奇洛（Joe L. Kincheloe）在 20 世纪 70 年代到 80 年代所进行的一系列的推进工作。在吉鲁看来，批判教育学是发生在许多社会结构（social formations）及社会场所之中的一种运动和一种持续的斗争。在他看来，那种认为批判教育学有个"批判教育学之父"的观点，恰恰贬低了那些形成批判教育学的集体的努力和斗争。西蒙更是认为，这种观点恰恰是一种没落的父权制的观点。③ 也正如阿普尔曾经指出的："在'批判教育学'一词被批判知识分子和活动家（如拉美的保罗·弗莱雷）提出之前，美国以及其他国家来自不同共同体的教育者们，就启动了一个指向'批判'的宏大工程。这些早期的批判教育学形式通常以挑战既存的社会关系和权力结构，培植种族、阶级和性别关系的批判精神，

---

① 周文叶，兰璇. 批判教育学视野中的美国教育政策——美国威斯康星大学阿普尔教授访谈 [J]. 全球教育展望，2009（12）：4-5.
② ［美］亨利·A. 吉罗克斯. 跨越边界——文化工作者与教育政治学 [M]. 刘惠珍，张弛，黄宇红，译. 上海：华东师范大学出版社，2002：17-18.
③ TRISTAN J M B. Henry Giroux：The Necessity of Critical Pedagogy in Dark Times [EB/OL]. TandfOnline，2020-09-17.

为彼时的教育提供激进的选择方案为己任。"① 而 "在美国，批判性课程研究有着悠久的历史，并且随着时代变迁而不断发展。一部分研究是在哥伦比亚大学师范学院完成的，还有一部分研究是在黑人学校里开展的，而后者的目的是解放受压迫的人民。在黑人学校里，批判课程、批判教育系统的传统由来已久。但在正统的教育机构，批判性课程研究始于 20 世纪 30 年代的大萧条时期，到60 年代末 70 年代初才初具雏形。事实上，我就是美国批判性课程研究的创建者之一"②。这实际上表明，在 "批判教育学" 产生之前，批判性的教育思想就已经存在，只是到 20 世纪六七十年代才 "初具雏形"。大体看，批判教育学经历过如下几个阶段：

一、奠基期（19 世纪中后期—20 世纪 30 年代）：建国纲领的诞生

批判教育诞生于西方的批判传统之中，与近代以来的资产阶级革命的政治信仰更有密切的关系。特别重要的是 1689 年英国的《权利法案》、1776 年美国的《独立宣言》、1789 年法国的《人权宣言》，奠定了西方世界民主观点的基础。例如，在美国，批判教育学有相当长的奠基期或酝酿期。一方面，1776 年的《独立宣言》作为当时美国资产阶级激进的政治主张，奠定了对人的自然权利的尊重及主权在民的思想基础。人人生而平等，生命权、自由权及追求幸福的权利神圣不可剥夺等观念自此成为美国社会发展的思想基础。作为美国左翼运动的重要思想构成，批判教育学秉持的就是美国自建国以来一直倡导的自由、平等的民主理念。阿普尔就曾说："在我看来，当一个国家和它的政府和主要机构并不履行诺言，也不忠于它们在教育和其他领域所奉献的一系列价值的话，当它们远离宽恕并破坏了国际伦理标准时，真实的批评是爱国的首要行动。这种批评表明 '我们并不得过且过。这是我们的国家和我们的制度，它们由无数的像我们这样的劳动者建造。我们珍视我们的建国文件中的价值，也要求你们这样做'。"③

另一方面，18、19 世纪就已经开始的美国的废奴运动、女权主义运动等初步表达了他们作为弱势群体对社会平等权利（包括教育发展权利）的诉求，为

---

① ［美］迈克尔·W. 阿普尔，韦恩·欧. 批判教育学中的政治、理论与现实（上）［J］.比较教育研究，2007（9）：2.

② 周文叶，兰璇. 批判教育学与教育改革——美国威斯康星大学阿普尔教授访谈［J］. 全球教育展望，2010（1）：4.

③ ［美］迈克尔·W. 阿普尔. 教育的 "正确" 之路——市场、标准、上帝和不平等［M］. 黄忠敬，吴晋婷，译. 上海：华东师范大学出版社，2008：第二版序言 1-3.

美国批判教育学创设了鲜明的研究主题。

正因为如此，我们就不难理解阿普尔所说的"在美国，批判性课程研究有着悠久的历史，并且随着时代变迁而不断发展。一部分研究是在哥伦比亚大学师范学院完成的，还有一部分研究是在黑人学校里开展的，而后者的目的是解放受压迫的人民"这句话的含意了。①

二、萌生期（20世纪30—50年代）：社会改造主义教育思想的参照

批判教育学思想起源有多种，其中最值得注意的是以杜威（John Dewey，1859—1952）为代表的进步主义教育思想和以康茨为代表的社会改造主义教育思想。

杜威相信，教育是社会进步及社会改革的基本方法②，教育担负着促进社会民主的重任。民主是一种生活方式。而"教师不是简单地从事于训练一个人，而是从事于适当的社会生活形成。每个教师应该认识到他的职业的尊严；他是社会的公仆，专门从事于维持正常的社会秩序并谋求正确的社会生长的事业"③。杜威对教育与民主关系的论述以及学校和教师担负着社会民主责任的有关论述等对批判教育学影响很大。

社会改造主义教育思想脱胎于进步主义教育思想，甚至可以称之为进步主义教育中的激进主义。社会改造主义宣称，进步主义需要改变方向，要少强调儿童中心、个人主义的教育，多强调社会中心、道德意识的教育。其主要代表人物有乔治·S.康茨、博伊德·E.博得（Boyd E. Body）、约翰·L.蔡尔兹（John L. Childs）、埃德蒙得·D.布鲁纳（Edmund·Des Brunner）、H.拉格、爱德华·C.林德梦（Edward C. Lindemum）、路易斯·H.米克（Lois Hayden Meek）、悉得利·胡克（Sidey Hook）、杜威和克伯屈。

社会改造主义教育思想主要分为五个方面：（1）教育应以改造社会为目标；（2）教育要重视培养社会一致精神；（3）强调行为科学对整个社会的教育指导意义；（4）教学上应该以社会问题为中心；（5）教师应该进行民主的劝说教育。

美国以杜威为首的进步主义教育运动及后来的社会改造主义教育运动为后

---

① 周文叶，兰璇. 批判教育学与教育改革——美国威斯康星大学阿普尔教授访谈［J］. 全球教育展望，2010（1）：4.

② 华东师范大学教育系，杭州大学教育系. 现代西方资产阶级教育思想流派论著选［C］. 北京：人民教育出版社，1983：12.

③ 华东师范大学教育系，杭州大学教育系. 现代西方资产阶级教育思想流派论著选［C］. 北京：人民教育出版社，1983：14.

来美国批判教育学的形成提供了必要的思想理论参照。其中特别值得一提的是，康茨于 1932 年写作的《学校敢于建立一种新的社会秩序吗？》对美国批判教育学产生了历史性影响。如阿普尔甚至写作了《教育能够改变社会吗？》一书，以示对康茨的敬意并对其教育思想的继承。阿普尔说："他的书《学校敢于建立一种新的社会秩序吗？》已经成为号召教育者旗帜鲜明地对资本主义的主要假设及其实施进程发起挑战的经典之作"，"康茨所做的挑战，以及他所写的那本书（指上书——笔者注），都已经成为特别重要的历史文献"，"距离康茨写作那本书（指上书——笔者注）的时间，尽管过去了已有八十个年头，但是，每当我在'意识形态与课程'的课堂上提到这本书，我都依然觉得，他的话语如水晶般的清澈"。①

康茨被美国学者称为美国教育社会学的鼻祖，到 20 世纪 40 年代中叶，康茨的理论基本定型，尽管随着时间的推移，康茨阐述的教育面临的挑战在不断变化，但教育工作者的社会责任问题和把教育学当作一门社会科学这两个主题一直贯穿着康茨的研究生涯。② 他提出的如民主教育主要的目标是发展民主的习惯、倾向和忠诚，让学生智慧地参与并获得民主社会中的知识与洞察力，学校应反映生活而不能脱离生活，教师应担负起加速社会改革的责任，教育应处于社会改革的最核心等思想奠定了美国批判教育学思想的基调。

正如阿普尔所追问的，难道学校教育就只是为了复制那些意识形态的目标和那些宰制群体的文化形式和内容吗？学校教育能够对现存社会提出一些具有危险性的问题吗？进一步而言，它能够被重新组织成为一种积极地参与社会重建过程的力量吗？在阿普尔看来，在美国提出这些问题的主流人物中，最负盛名的就是乔治·S. 康茨（1889—1974），当然，同时代的还有哈罗德·鲁格（Harold Rugg）、约翰·蔡尔兹以及西奥多·布拉梅尔德（Theodore Brameld）等。

三、形成时期（20 世纪六七十年代末）：民权运动的促进

首先，20 世纪六七十年代美国社会的民权运动进一步高涨，新左派运动风起云涌，形成了美国批判教育学赖以生存的社会背景。

贝尔（Daniel Bell，1919—2011）曾说，每一个年代都有它自己的标记，"20 世纪 60 年代的标记就是政治和文化的激进主义。二者当时被一种共同的叛

---

① ［美］迈克尔·W. 阿普尔. 教育能够改变社会吗？［M］. 王占魁，译. 上海：华东师范大学出版社，2017：67-68.

② ［美］E. 拉吉曼. 康茨及其教育社会学研究［J］. 禾子，译. 国外社会科学，1992（12）：44-48.

逆冲动联合起来，然而政治激进主义，归根结底，不仅是叛逆性的，而且是革命性的，它试图建立一种新的社会秩序以取代旧秩序。文化激进主义除了在风格和布局中的形式革命外，则基本上是叛逆性的，因为它的冲动来自愤怒；正因为如此，人们在60年代的文化情绪（sensibilities）中看到了文化现代主义的一个关键方面的枯竭"①。吉鲁曾认为，进入后现代主义时期是以权力、父权制、权威、身份和道德危机为标志的。② 从政治与文化上而言，这种危机的表征就是激进主义运动对旧有社会文化秩序的一种冲击。美国六七十年代兴起的激进主义运动层出不穷，主要有黑人权利运动、女权运动、反主流文化运动。这些运动在战前就一直存在，而到此时不仅仅有自身较完善的组织，更有自身的理论。以女权运动为例，1963年贝蒂·弗里丹（Betty Friedan，1921—2006）出版了著作《女性的奥秘》（the Feminine Mystique）。该书是一个"象征性的开端，它在发现了新的领导者和新的目标之后最终选择了更为激进的方向"③。该书的出版标志着美国女性主义进入第二阶段。④ 此后一系列代表女性发声的著作出现，代表性的有加特·米里特的《两性政治》（1969）、基曼茵·格里尔的《女性的弱点》（1970）、塞拉米斯·费尔斯顿的《两性的辩证法》（1970）和尤里特·米歇尔的《妇女的财产》（1979）。这些女权主义作者在其著作中，强烈谴责歧视妇女的传统和压抑妇女的文化以及其他不合理的社会现象，呼吁广大妇女冲破家庭的束缚，走向社会去争取平等权利，从理论上、思想上给妇女运动以指导。

---

① [美] 贝尔·D. 资本主义文化矛盾 [M]. 赵一丹，蒲隆，任晓晋，译. 北京：生活·读书·新知三联书店，1989：169.

② [美] 亨利·A. 吉罗克斯. 跨越边界——文化工作者与教育政治学 [M]. 上海：华东师范大学出版社，2002：46.

③ [美] 韦恩. 厄本，杰宁斯. 瓦格纳. 美国教育：一部历史档案 [M]. 周晟，谢爱磊，译. 北京：中国人民大学出版社，2009：425.

④ 女性主义第一次浪潮（the first-wave）是从19世纪中叶到20世纪20年代。这一阶段主要是争取与男子平等的政治权利、选举权利。争论的焦点是两性的平等，反对贵族特权、一夫多妻，强调男女在智力上和能力上是没有区别的。最重要的目标是要争取家庭劳动与社会劳动等价、政治权利同值，往往被称作"女权运动"。女性主义的第二次浪潮（the second-wave），为20世纪初至60年代。一般认为，第二次妇女解放运动最早也起源于美国。其基调是要强调两性间分工的自然性并消除男女同工不同酬的现象，要求忽略女性附属于男性的观点，等等。第二次女权主义运动带来的另外一个结果，就是对于性别的研究，女性主义的学术研究兴起。此后还有第三次浪潮（the third-wave）之说，一般认为产生于20世纪70—80年代，产生了与后现代主义思潮相应的女性主义各流派。这个时期，女性主义内部呈现多样化发展，如第三世界的女性主义、生态女性主义、后现代女性主义等。

其次，大量外来理论的传入为美国批判教育学的形成创设了理论背景。

20 世纪六七十年代外来理论的传入为美国批判教育学的生成提供了理论背景。

以马克思主义在美国高校的传播为例。根据美国波士顿大学教授、设在马萨诸塞州坎布里奇的马克思主义教育中心成员阿尔伯特·萨吉斯的研究，在美国，从 19 世纪 40 年代末到 20 世纪 30 年代，马克思主义与美国高等教育并没有什么联系。20 世纪 30 年代后，高校才有人开始教授和发展马克思主义。"二战"期间，有少数从欧洲流亡来的马克思主义学者保持着他们对文化和心理学的关注，大部分马克思主义者的学术成就主要集中在政治学和经济学。校园里的马克思主义者致力于分析资本主义经济萧条的原因和社会主义的解决之道，其中很多人运用当时唯一的社会主义模型苏联进行分析。他们也为研究国家和阶级关系做出了贡献。但此时马克思主义在高校里也只是有了立足点，而且大部分集中在美国东北部的城市校园里。20 世纪 50 年代末 60 年代初，受古巴和中国革命、民族解放运动，特别是越南战争和美国国内民权运动、反对核战争运动、反对贫穷运动等的激发，"新左派"学生运动开始兴起。在这种环境下，左派教师重新得以发表观点，他们不仅在教室内讲授激进的阶级分析方法，而且以此为工具组织校内外的社会变革。从 20 世纪 60 年代末到 70 年代初，马克思主义成为激进学术的主流。①

再以"法国理论"的传入为例。"二战"期间，大批法国知识分子和艺术家纷纷被流放到美国，其中大多数是犹太和左翼知识分子及艺术家。这些被流放到美国的法国大学教授和学者成了法美大学及研究机构之间合作的开拓者。有的此后定居美国，有的虽返回本土，但与美国学术界的交往日益频繁。而到了 20 世纪 60 年代，法国的后结构主义（解构主义）开始登陆美国并对美国学术界产生影响。一般认为，这一标志性的事件是 1966 年在约翰·霍普金斯大学召开的研讨会。此次会议上，巴特尔、德里达、拉康、勒内·吉拉德、希波利特、戈德曼、莫哈泽、普莱、托多洛夫，以及让·比埃尔·韦尔南等学术明星悉数到场。而德里达还在此次研讨会上宣读他的论文《人文科学中的符号、结构和话语的游戏》，在美国理论批评界引起了不小的反响。20 世纪 60 年代到 70 年代美国大量学术杂志诞生，充当了"法国理论"传入的媒介。值得注意的是，美国当年致力于引进"法国理论"的杂志，主要是一批左翼刊物，如《党派评论》（*Partisan Review*）和《泰劳斯》（*Telos*）等，这些杂志倾向于将"法国理论"

---

① 吴敏. 美国高校里的左派和马克思主义 [J]. 国外理论动态，2000（10）：19-20.

的干将们表述为一批非正统的法国马克思主义新作者。它们不遗余力地从欧洲引入新思想和新范式，德里达的去中心、福柯的社会控制、利奥塔的冲动装置，以及德勒兹与伽塔利的精神分裂等，一时成为常新不败的话题。①

再以法兰克福学派的批判理论为例。法兰克福社会研究所创建于 1923 年，希特勒上台后曾先后迁往日内瓦、巴黎，第二次世界大战爆发后迁往纽约。

法兰克福学派的批判理论直接影响了美国学术界。以美国新学院大学（The New School）为例。据统计，从 1933 年到 1945 年，共有 167 名欧洲学者、艺术家（连同他们的家庭）受到救助。这批学者后来构成了新学院大学的知识分子核心。自 20 世纪 30 年代以来，新学院大学就是法兰克福学派在美国发展的主要据点之一，该学院也是美国以批判理论为中心的西方新马克思主义研究重镇。据称，现仍有多位哲学、政治学、经济学、历史学、社会学等学科的批判理论学者在此任教。法兰克福学派的三代新马克思主义批判理论家都在新学院大学留下了他们的思想遗产和活动踪迹。

1950—1969 年被认为是法兰克福学派的昌盛期。20 世纪 60 年代起，该派成为西方哲学社会学重要流派之一，并在美国和西欧的知识青年中得到较为广泛的传播，对 1968 年的"五月风暴"起了先导作用。②

其他如巴西的弗莱雷等人的思想也基本是在 20 世纪六七十年代的美国学术界流传。

这样，美国批判教育学的主要理论背景得以形成。

最后，美国批判教育学开始初步形成了自己独特的研究思维和研究主题。

阿普尔曾对自己的学术生涯进行过回顾与反思。在他看来，他三十多年的学术研究坚持的一点就是："必须把教育看作一个政治行动。为此需要对教育进行关系性思考，也就是说，理解教育要求把教育放回到更大的社会不平等的权力关系中去，放回到由这些关系所产生的压迫与受压迫（和冲突）的关系之中去。理解教育不是简单地质问学生是否掌握了特殊的学科或在成绩测试中做得好，而是应当质问一些不同的问题。这些问题包括：这是谁的知识？它是如何变成'官方的'（official）？这些变成'官方的'知识与拥有社会政治、经济、文化资本的人的关系是什么？谁从这些知识中受益或没有受益？作为批判性教育者和活动分子在改变现存教育与社会不平等和建立社会的更加公正的课程与

---

① 陆扬. "法国理论"在美国 [J]. 文艺理论研究，2013（3）：172-178.

② 周穗明. 美国新学院大学的法兰克福学派批判理论传统 [J]. 世界哲学，2010（6）：117-126.

教学方面能够做些什么？"①

这种将教育与社会政治经济联系起来的关系性思考就是批判教育学的批判性思维，其目的在于揭示教育与社会关系中的不平等关系。

这种批判性的思维的具体表现就是美国批判教育学的"再生产"（Theory of Reproduction）研究主题的出现。

根据美国学者的分类，教育中"再生产"理论主要包括"经济再生产模式"（Economic Reproduction Model），以鲍尔斯和金蒂斯为代表；"文化再生产模式"（Cultural Reproduction Model），以布尔迪厄等人为代表；"霸权国家再生产模式（Hegmonic State Reproduction Model），以葛兰西（Gramsci Antonio，1891—1937）等人为代表。② 在美国，"再生产"理论的代表主要是鲍尔斯和金蒂斯以及阿普尔。当然，这只是出于叙述的方便所做的阶段性区分。事实上，这只是他们早期的批判思想特征，随着研究的深入，他们都表现出对早期批判思想的修正意向。③

鲍尔斯和金蒂斯则主要是基于传统马克思主义政治经济学分析维度，揭示了学校系统结构与资本主义社会劳动力市场分割结构、社会阶级结构间的对应关系，形成了他们带有传统马克思主义色彩的学校社会再生产理论。其代表作是《资本主义美国的学校教育》（*Schooling in Capitalist America：Educational Reform and dictions of Economic Life*，1976）。④

阿普尔是从葛兰西的霸权理论、阿尔都塞的结构主义、马克思主义，还有英国新教育社会学、布尔迪厄文化社会学角度，揭示了学校在资本主义社会中的学校文化再生产功能。阿普尔早期的代表作《意识形态与课程》（1979）就是这方面的代表。

《资本主义美国的学校教育》自 1976 年出版以来，引起了西方教育理论界的高度重视，在教育经济学、教育社会学和教育哲学领域产生了强烈的反响，

① ［美］迈克尔·W. 阿普尔. 教育的"正确"之路——市场、标准、上帝和不平等［M］. 黄忠敬，吴晋婷，译. 上海：华东师范大学出版社，2008：第二版序言 3.

② GIROUX H A. Theories of Reproduction and Resistance in the Sociology of Education：A Critical Analysis［J］. Harvard Educational Review，1983（3）. 也可参见杨昌勇. 新教育社会学：连续与断裂的学术历程［M］. 北京：中国社会科学出版社，2004：115.

③ 例如，鲍尔斯和金蒂斯后来写有"Schooling in Capitalist America Revisited"一文，对他们早期的观点进行了修正。具体参见 BOWLES S，GINTIS H. Schooling in Capitalist America Revisited［J］. Sociology of Education，2002，75（1）：1-18.

④ 其中译本名为《美国：经济生活与教育改革》，由王佩雄等译，上海教育出版社 1990 年出版.

有人评论这本书是 20 世纪六七十年代以来"为考察一切发达资本主义国家的教育提供了框架"的"最著名的新马克思主义"的代表作。① 可见其受评价之高。不过，从理论基础看，主要有两个方面：经典马克思主义理论、新马克思主义理论。

就经典马克思主义的影响而言，马克思的再生产概念成为"再生产"理论的核心概念。马克思在分析资本主义生产过程时曾指出，每一个社会生产过程，从经常的联系和它不断更新来看，同时也就是生产过程。他还指出，把资本主义生产过程联系起来考察，或作为再生产过程来考察，它不仅生产商品和生产剩余价值，还生产和再生产资本主义关系本身：一方面是资本家，另一方面是雇佣工人。

《资本主义美国的学校教育》一书正是运用这种再生产理论和阶级的概念，通过对资本主义学校教育及其变革的实质分析，揭示了资本主义经济结构与学校教育之间的客观联系：资本主义社会的学校不仅培养了资本主义经济扩张所需要的劳动力，还具有再生产资本主义生产关系和社会关系的职能；学校教育的社会化职能不仅在于使未来劳动者获得必要的知识技能，更重要的还在于习得统治阶级所需要的个性品质。

20 世纪 70 年代中后期被看作批判教育研究发展的关键时期，因为此时期在宏观社会、文化和经济结构与学校组织间联系的分析上取得了关键性的进展。该时期批判研究的中心是考察学校与文化再生产间的关系。其时英国的新教育社会学（Young，1971）才开始起步，美国的批判课程研究（Apple，1971）、法国的布尔迪厄和帕塞隆（Passeron）的研究（1977）也开始浮出水面。这些研究大多围绕鲍尔斯和金蒂斯的《资本主义美国中的学校教育》一书中的观点论争而展开。②

阿普尔早期的代表作《意识形态与课程》（1979）也是"再生产"理论的代表作。该书是西方第一部研究课程本质的著作，在课程史乃至教育史上具有划时代的意义。阿普尔在谈到他的《意识形态与课程》这本书的时候，说过这样一段话："一个领域的不断发展，尤其是像教育这样多变的领域，通常要依赖于认识论和概念性的'突破'。其中先前的传统被打破、被取代，并在新的问题领域下进行重组，这些突破往往改变了所提问题以及提问题的方式。《意识形态

---

① ［美］S. 鲍尔斯，H. 金蒂斯. 美国：经济生活与教育改革［M］. 王佩雄，等译. 上海：上海教育出版社，1990：代译序 1.

② ［美］迈克尔·W. 阿普尔，韦恩·欧. 批判教育学中的政治、理论与现实（上）［J］. 阎光才，译. 比较教育研究，2007（9）：5.

与课程》的突破集中体现在能使我们比以前更诚实地理解课程、教学与评估真正作用的一系列批判性理论工具和文化与政治分析的发展与使用，这些工具基于两个主要概念：意识形态与霸权。"①

该书促使了观察教育视角的转换，在继斯宾塞追问"什么知识最有价值"之后创造性地提出"谁的知识最有价值"这一问题。这一问题的提出，转换了人们对知识的本质乃至教育的本质的认识视角，由此开创了一个新的教育理论研究领域，对人们重新思考教育与社会的关系、思考教育之于社会及个体的意义有着新的方法论启示，也为人的最终解放指出了一条堪称"正确"之路。课程知识是一种意识形态，担负着社会再生产的职能，这种观念到现在仍深深地影响着教育理论与实践。

四、发展期（20 世纪八九十年代末）：群星涌现

这阶段也可以说是美国批判教育理论发展的黄金时期。其原因有如下几点。

其一，美国主要的批判教育学者于这一阶段登上学术舞台，代表性的著作也主要产生于这一时期。

鲍尔斯和金蒂斯依然活跃，而阿普尔、吉鲁、格林、卡诺伊、麦克拉伦等学者各领风骚。

批判教育学者基本上是多产作家，吉鲁等不少学者的学术论文甚至高达数百篇。但纵观美国批判教育学者的著述，称得上"经典之作"的基本产生于 20世纪八九十年代。

以美国批判教育学的重要代表人物阿普尔为例。他自 1970 年完成博士学位论文《关联与课程：现象学视野下的知识社会学研究》 （*Relevance and Curriculum：A Study in Phenomenological Sociology of Knowledge*）以后，一直笔耕不辍，共出版专著 8 本，主编、与他人合编、合著的著作 20 多部。其中 8 本专著分别为：1979 年《意识形态与课程》（*Ideology and Curriculum*）、1982 年《教育与权力》（*Education and Power*）、1986 年《教师与文本：阶级的政治经济和教育中的性别关系》（*Teachers and Texts：A Political Economy of Class and Gender Relations in Education*）、1993 年《官方知识：保守时代的民主教育》 （*Official knowledge：Democratic Education in a Conservative Age*）、1996 年《文化政治与教

---

① ［美］迈克尔·W. 阿普尔. 意识形态与课程 ［M］. 黄忠敬，译. 上海：华东师范大学
　　出版社，2001：中文版序.

育》（*Cultural Politics and Education*）、1999 年《权力、意义与身份认同：批判教育研究论文集》（*Power，Meaning，and Identity：Essays in Critical Educational Studies*）、2001 年《教育的"正确"之路——市场、标准、上帝和不平等》（*Educating the "Right" Way——Markets，Standards，God，and Inequality*）、2012 年《教育能够改变社会吗?》（*Can Education Change Society?*）；主编的代表性著作有：1988 年《课程：问题、政治和可能性》（*The Curriculum：Problems，Politics，and Possibilities*）、1995 年《民主学校：有效教育的启示》（*Democratic Schools：Lessons in Powerful Education*）、1998 年《教育、科技、权力：视资讯教育为一种教育实践》（*Education/ Technology/Power：Educational Computing as a Social Practice*）、1998 年《权力、知识、教育：忐忑时代民主教育的意义》（*Power/Knowledge/ Pedagogy：The Meaning of Democratic Education in Unsettling Times*）、2003 年《国家与知识政治》（*The State and the Politics of Knowledge*）、2005 年《全球化教育》（*Globalizing Education*）、2006 年《被压迫者的声音：课程、权力与教育斗争》（*The Subaltern Speak：Curriculum，Power，and Educational Struggles*）、2010 年《全球化危机、教育和社会的正义》（*Global，Educational，and Social Justice*）。

以上可以看出阿普尔的主要著作出版于 2000 年之前。

吉鲁是美国批判教育学的主要代表之一，活跃在多个研究领域，在文化政治学、青年研究、流行文化、社会理论、公共政治学和高等教育等方面都有建树。迄今为止，他出版了几十本著作、数百篇论文，并主编了不少丛书。其中，《意识形态、文化和学校教育过程》 （*Ideology，Culture and the Process of Schooling，*1981）、《教育在包围之中：保守主义、自由主义和激进主义对学校教育的辩论》（*Education under siege：The conservative，liberal，and radical debate over schooling，*1985）、《教育中的理论和抵制》（*Theory and Resistance in Education，*1983）、《教师作为知识分子：学习的批判教育学》（*Teachers as Intellectuals：Toward a Critical Pedagogy of Learning，*1988）和《学校教育和为公众生活而斗争：现代的批判教育学》（*Schooling and the Struggle for Public Life，*1988）五部著作被美国教育研究会（the American Educational Studies Association）评为教育出版物中最有影响的著作。① 其 20 世纪 90 年代的主要著作有《跨越边界：文化工作者和教育政治学》（*Border Crossings：Cultural Workers and the Politics of Education，*1992）等。虽然他的著述活动一直保持至今，但其对批判教育学最有影响的著

---

① 焦小峰. 吉鲁的抵制理论及批判［D］. 上海：华东师范大学，2003：3.

作主要产于 2000 年之前。

其二，批判教育学研究的主题进一步深化与多样化。

随着社会发展变化，"再生产"理论暴露出的理论缺陷是很明显的，其中一点就是，它对学校教育以及学校中的个体的能动性关注不够。用吉鲁的话说，这是一种悲观主义的表现，① 正因为如此，美国批判教育学开始在 20 世纪 80 年代初进入第二个发展阶段，即"抵制"理论（Theory of Resistance）阶段。以阿普尔的《教育与权力》（1982）以及吉鲁的《教育中的理论与抵制：一种反抗的教育学》（1983）为代表。

在吉鲁看来，抵制是专门解释学校与更广泛社会之间的关系的一个有价值的理论与意识形态建构。更重要的是，它为理解从属群体经历教育失败（educational failure）的复杂途径提供了新的方法，指出了新的思考问题的方式并重构了批判教育学范式。② 吉鲁认为，以前激进教育家们所使用的"抵制"一词，实际上表明了当时的教育家们缺乏思想活力（intellectual vigor），以及其理论过度混乱。因此，如何理性运用这一概念以发展一种批判教育学，需要明确指出什么是抵制之所是，什么是抵制之所非。在他看来，从一般的意义上讲，抵制必须建立在一种理论的基本理性（theoretical rationale）之上，这种基本理性为检验作为社会场所的学校提供了新的分析框架。在他看来，学校这个社会场所建构了从属群体的经验。换句话说，抵制的概念所表征的不只是一个批判教育学语言中的试探性的流行语，它表明了一种话语模式，这种话语模式拒绝对学校失败（school failure）以及抵抗行为（oppositional behavior）做传统的解释。它对抵抗行为的分析从功能主义以及主流教育心理学转向政治学和社会学。在这个意义上讲，抵制重新界定了抵抗行为产生的原因以及其意义，因为，抵制理论认为抵抗与异化以及学习无助没有什么关系，而与道德以及政治愤慨（moraland political indignation）有极大的关系。

除了改变了解释抵抗行为的理论基础，抵制理论还直指大量的假设以及关于传统观点和再生产的激进理论所忽视的学校教育。在吉鲁看来，抵制理论具有如下几方面的积极的意义。其一，它赞赏辩证的人类能动性（human agency）

① GIROUX H A. Theories of Reproduction and Resistance in the New Sociology of Education: A Critical Analysis [J]. Harvard education Review, 1983, 53 (3): 290.

② GIROUX H A. Theories of Reproduction and Resistance in the New Sociology of Education: A Critical Analysis [J]. Harvard education Review, 1983, 53 (3): 289.

的观点，这种观点恰恰将统治（domination）看作是既非静态的也非完整的过程。相应地，被压迫者在面对统治时不是被简单地视为被动的。抵制观认为需要更透彻地理解人们对他们自身的经验与统治和规限结构之间联系复杂的中介以及反应方式。抵制理论中的核心范畴是意向性（intentionality）、共识（consciousness）、常识的意义（the meaning of common sense）以及非散乱行为的本质和价值（nondiscursive behavior）。其二，抵制理论在如下观点方面有所深入，即权力在不同的语境中应用于人以及被人所运用，使统治与自主之间的交互关系结构化。这样，权力从来就不是线性的（一维的）；它不仅被当作统治的模式在运用，同时也被当作一种抵制行为在运用。其三，抵制的激进观念中，内含一种激进变革的希望。①

吉鲁认为，必须将抵制置于一种视角之中，即把解放作为它的"引导性的兴趣"（guiding interesting）。他认为抵制行为的意义与价值必须依据它所包含的可能性以加强赫伯特·马尔库塞所说的"对在所有领域中的主体性和客观性的感性、想象以及理性的解放的责任（commitment）"。解释任何一种抵制行为的核心因素必须考虑抵制行为或隐或显地强化这种责任的（highlight）强度，以及考虑对统治和屈从（submission）斗争的需要。换句话说，抵制概念必须具有揭示功能（revealing function），这种揭示功能包含对统治的批评和为自我反思以及为社会事业而斗争和寻求自我解放方面提供理论机遇。

这样看来，以"抵制"概念为话语模式的批判教育学，抛弃了再生产理论将社会与学校教育简单相对应起来的消极的看法，而以更复杂的、更结构化的立场看待学校教育与社会之间、主体与客体之间的关系。特别重要的是，它所包含的社会变革与自我解放的希望，蕴含着很强的理论勇气以及对改变不良统治的政治信心。

进入 20 世纪 80 年代中期后，美国批判教育学进入一个新的发展阶段，甚至有人称它是继"抵制理论"之后又一时髦的理论话语。② 此时期批判教育学的开山之作是阿罗诺维茨与吉鲁的《教育处于包围之中：保守主义、自由主义、和激进主义的关于学校教育的论争》（1985）；其后一系列有影响的著作相继出

---

① GIROUX H A. Theories of Reproduction and Resistance in the New Sociology of Education：A Critical Analysis［J］. Harvard education Review，1983，53（3）：290.

② 杨昌勇. 新教育社会学：连续与断裂的学术历程［M］. 北京：中国社会科学出版社，2004：116.

现，如吉鲁和麦克拉伦的《批判教育学：国家和文化战争》（*Critical pedogogy：state and culture struggle*，1989）、阿罗诺维茨与吉鲁《后现代教育：政治学、文化和社会批判主义》（*Postmodern education：politics，culture and social criticism*，1991）、吉鲁的《边界教育学》（*Border crossing：culture workers and the politics of education*，1992）等。虽然，迪恩·韦布（L. Dean Webb）在其所著的《美国教育史：一个伟大的美国实验》（*The History of American Education：A Great Ameircan Experiment*，2006）中认为，美国后现代主义教育思想从鲍尔斯和金蒂斯就开始了，但是美国批判教育学沾染上后现代主义主要应该是在 80 年代中后期。

从 20 世纪 80 年代中期开始，外来理论尤其是"法国理论"开始真正影响美国批判教育学者。有学者生动地描述了这种时髦理论对美国学术界的影响："进入 20 世纪八九十年代以后，福柯、巴特、德里达、德勒兹、拉康、利奥塔（Jean-Franois Lyotard）和克里斯特瓦等人已在美国大学的教学大纲里占据越来越重要的位置。同样地，在教学大纲里为他们保留位置的仍然不是哲学系，而是比较文学系、法国语言文学系和英美语言文学系。在这些系里，上面所提到的思想理论家被崇拜，他们的名字经常挂在大学教授和研究生的嘴边，成了学术圈里的'时髦'。谈起这些人来神采飞扬的人甚至会觉得自己高人一等，而对这些名字感到陌生的人会被人认为无知和落伍。"①

这一时期，美国主要的批判教育学形态如"解放教育学""非改革者的改革""边界教育学""革命的批判教育学""务实的批判教育学""批判生态教育学""三棱镜式批判教育学"② 已经形成。一些理论也开始与批判教育学融合，如女性主义、后殖民主义、全球化理论、生态主义等，产生了众多新的研究领域。

五、衰落与重振（21 世纪初至今）：左派衰落与重振

进入 21 世纪后，就整体环境而言，激进左派运动衰落得更为厉害。正如有国外学者所言："自从 2000 年布什当选（2004 年连任）、9·11 事件及 2003 年对伊拉克的入侵以及更多的人类引起的环境变化的迹象表明，人类社会和自然世界的危机明显加深。社会与自然的恶化需要更加深入、系统和激进的政治回

---

① 杨兆锭. 当代法国哲学的美利坚之旅［J］. 哲学分析，2015（2）：155.

② 卢朝佑，扈中平. 英美流派批判教育学的价值诉求和理论局限［J］. 外国教育研究，2014（10）：18.

应，然而，近数十年左派的反抗运动已经大大衰落，这与左派激进运动的重要性完全不相称。"①

在批判教育学发展的同时，20 世纪 80 年代以来，西方右翼势力也不断走向强势，"向右转"成为西方包括美国教育改革和发展的风向标。阿普尔曾将这一现象概括为"保守的现代化"（conservative modernization）或"保守的复兴"（conservative restoration），在他看来，这一现象是走向 21 世纪最重要的教育政策问题，② 他的著作《文化政治与教育》（*Culture Politics and Education*）与《教育的"正确"之路》（*Educating the "Right" Way*）对此现象有过详细的描述和分析。在阿普尔看来，"保守的现代化"在政策和实践方面重新界定了教育的目的及其实施，促使教育日益偏离了社会民主的立场，而被新保守主义、新自由主义、民粹主义和管理主义结成的同盟推向保守的方向。进入 21 世纪后，代表右翼立场的《不让一个孩子掉队法》教育政策出台并得以全面实施。美国"基于标准的教育改革"一路凯歌。从此，"标准""问责""绩效""市场"成为美国教育改革的流行话语。

根据阿普尔的分析，美国教育政策之所以出现右倾，最主要还是得益于右倾阵营成功地实现了广泛联盟；而这个联盟之所以获得胜利在一定程度上却得益于它对常识（common sense）的成功改造。事实上，它创造性地把不同的社会取向黏合在一起，然后在就社会福利、文化、经济以及本文所要揭示的教育问题的应对上达成联盟。③

与此相对照的是，作为民主左翼的批判教育学面对右翼在教育领域的攻势应对乏术。阿普尔甚至发出"批判教育学能够阻止右派政策吗？"的疑问。④ 此时批判教育学所凭借的资源——后现代主义也不断受到人们的质疑和责难。批判教育学也遭到多方面的批判。

在这种情况下，进入 21 世纪后，批判教育学者们也开始了对自身的反思及对理论走向的新的探索。正如麦克拉伦在他主编的一本书中所言："在 21 世纪，

① BEST S. Global Capitalism and the Demise of the Left: Renewing Radicalism Through Inclusive Democracy [J]. International Journal of Inclusive Democracy, 2009 (1): 11.

② APPLE M W. Educational and Curricular Restructuring and the Neo-liberal and Neo-conservative Agendas: Interview with Michael Apple [J]. Curriculo sem Fronteiras, 2001 (1): ii.

③ [美] 迈克尔·W. 阿普尔，谁改变了我们的常识？——美国教育保守主义运动与教育不平等 [J]. 罗燕，译. 清华大学教育研究，2006 (8): 2.

④ APPLE M W. Can Critical Pedagogies Interrupt Rightist Policies? [J]. Educational Theory, 2000 (2): 229-254.

当研究者们深入思考批判教育学自身进入下一个演进阶段的运动实质的时候，这一领域处于观念的十字路口，编辑《批判教育学：我们现在哪里》（*Critical Pedagogy：Where Are We Now？*）一书的目的是为尝试回答'我们在哪里'以及'我们将走向哪里'这些问题提供一些思考。"① 但总体看，随着美国左翼被边缘化，美国批判教育学也日益丧失了话语权。除了阿普尔及被逼出走加拿大的吉鲁等少数人有些新的力作面世外，其余的再无理论创新。

值得一提的是，进入 21 世纪后，批判教育理论也进一步分化，其中一支试图重新回到马克思主义理论，重提阶级斗争。② 其中以麦克拉伦为代表。麦克拉伦是稍晚于阿普尔、吉鲁的美国批判教育学者的杰出代表，也是坚定的革命的马克思主义教育学家群体的核心人物，其代表性的著作有《资本家与征服者》（*Capitalists and Conquerors*，Peter McLaren，et al，Lanham：Rowman and Littlefield，2005）、《为反对全球资本主义和新帝国主义而教》（*Teaching Against Global Capitalism and the New Imperialism*，Peter McLaren and Ramin Farahmandpur，Lanham：Rowman and Littlefield，2005）、《愤怒与希望：麦克拉伦谈战争、帝国主义及批判教育学》（*Rage and Hope：Interviews with Peter McLaren on War，Imperialism，and Critical Pedagogy*，Peter McLaren，New York：Peter Lang，2006）。这三本书均重新将阶级斗争置于关涉全球资本主义问题的中心，也就是试图在马克思主义—人文主义（Marxist-humanist）的理论框架内寻找其革命计划（revolutionary programme）的理论基础。但正如有人所评论的，虽然麦克拉伦是将马克思主义政治和文化理论与教育实践联系起来的重要的理论家和活动家，但其所构想的社会变革工程是无法完成的，③ 因此，批判教育学的这一传统能否在美国等发达国家继续，目前看，似乎前景暗淡。更致命的是，批判教育学后继乏人。除了 20 世纪八九十年代登上学术舞台的几个批判教育学者仍较为活跃外，其余的几乎没有什么学术影响。

不过，进入 21 世纪后，特别是 2008 年金融危机后，随着资本主义的危机加深，西方左派包括教育左派也一直在寻求复兴之路，近些年来的"回归马克思"的理论与实践探索可以看作批判教育学重振的努力之一。麦克拉伦在最近的著

---

① MCLAREN P，KINCHELOE J L. Critical Pedagogy Where Are We Now？ ［M］. New York：Peter Lang Publishing，Inc，2007：12.

② MCLAREN P. Critical Pedagogy and Class Struggle in the Age of Neoliberal Globalization：Notes from History's Underside ［J］. Democracy &Nature，2003（1）：65.

③ LEWIS T E. Review Articles ［J］. Historical Materialism，2019（17）：183-208.

作中表示："批判教育学因新自由主义、威权式民粹主义、极右势力以及批判教育学内部各群体之间的政治紧张关系所面临的挑战，均对其社会主义未来愿景的持续发展构成了难以克服的障碍。虽然不能保证批判教育学会占上风，但要实现可持续的社会主义未来，就必须继续为社会主义未来而奋斗。"① 当然，这种努力的前景如何，且看后面相关章节的分析，这里暂且不论。

---

① ［美］彼得·麦克拉伦，王雁．批判教育学面临的挑战及其可能的未来［J］．教育研究，2020（4）：24.

第四章

批判教育学的“家族相似”

家族相似（Family Resembalance）本是英国维特根斯坦（路德维希·约瑟夫·约翰·维特根斯坦，Ludwig Josef Johann Wittgenstein，1889—1951）后期用语。在后期的维特根斯坦看来，范畴的成员不必具有该范畴的所有属性，而是AB、BC、CD、DE式的家族相似关系，即一个成员与其他成员至少有一个或多个共同属性。范畴成员的特性不完全一样，他们是靠家族相似性来归属于同一范畴。而范畴没有固定的明确的边界，是随着社会的发展和人类认知能力的提高而不断形成和变化发展的。这点很适合对各色形态的批判教育学的描述，正是因为它们具有某些重叠的相似性，使得我们可以用“批判教育学”来冠名它们。

阿普尔曾说，“批判教育学”这一术语如“民主”的概念一样，也是一个游移不定的所指，常常被用于各种情境并指涉多种对象。因此，在这种情况下，批判教育学几乎可以意指发生于合作性教室中的任何事物，并被赋予更多的政治内涵。它关涉教育概念应该为什么目标而彻底重构，如何实现这一目标，我们应该教什么，以及应该赋权于什么人等众多议题。① 帕蒂·拉泽尔曾形象地把批判教育学比作一个“大帐篷”，表明批判教育学包含许多的变体（variants）和信念。仅在英美，其就有“解放教育学”“非改革者的改革”“边界教育学”“革命的批判教育学”“务实的批判教育学”“批判生态教育学”“三棱镜式批判教育学”等形形色色的形态。尽管如此，批判教育学还是有一个共同性的特征，即认为教育和社会具有内在的关联性，教育的基本目的在于追求社会正义（social justice）。②

---

① ［美］迈克尔·W. 阿普尔，韦恩·欧. 批判教育学中的政治、理论与现实（上）［J］. 比较教育研究，2007（9）：1.

② MCARTHUR J. Achieving Social Justice Within and through Higher Education：The Challenge for Critical Pedagogy ［J］. Teaching in Higher Education，2010（5）：493.

简单地说，批判研究和批判文化工作要坚守"为负面东西指证"的传统，它要重新唤起人们的反霸权教育学工作的集体记忆。

第一节 致力于"启蒙"与"解放"的价值追求

2005年9月，美国学者玛丽·布鲁宁（Mary Breuing）为了检验批判教育理论应用于大学（post-secondary）课堂教学的有效性，进行了一项质性研究。该项研究的目的之一就是想弄清楚人们如何理解批判教育学的目的。有17个自称是批判教育学者（critical pedagogue）的大学教师自愿接受了该项研究主持人的访谈，他们就"假如你想界定1—2个批判教育学的目的的话，那么这1~2个目的是什么"的问题进行了回答。这17位大学教师的理解可谓大异其趣。他们回答中出现的核心词语的频次依次如下："学生中心"／"建构主义"（42次）、"社会正义"（33次）、"民主"（27次）、"社会变革"（19次）、"批判性的回应者"（Critical Responders，18次）、"批判性思考"（12次）、"社会意识与行动主义"（Social Consciousness and Activism，5次）、"转型"（Transformation，3次）、"解放"（Emancipatory，2次）、"赋权"（1次）、"丰富的学习经验"（Profound Learning Experiences，1次）。①

由此可见，对批判教育学的目的是什么的理解并不一致，其侧重也是不一样的，如有的是从批判教育之于社会的意义这一角度进行概括，如"社会正义""民主""社会变革""转型""解放"，而有的则是从批判教育学之于个体的意义进行总结，如"学生中心"／"建构主义""批判性的回应者""批判性思考""社会意识与行动主义""赋权""丰富的学习经验"等。

中国有学者曾对批判教育学研究进行了大量的文本内容分析，认为批判教育学有两大主题，即"公民"与"解放"。也就是说，批判教育学试图"把学生培养成为具有批判性、民主性的'公民'，从而以个人的解放来实现社会的解放"②。也有学者认为："英美流派批判教育学以启蒙和解放为旨趣，通过霸权意识批判、建立后民主对话、构想教育即解放，追求从被压迫者的非人性化到自由的解放，把人类从各种压迫、异化与贬抑中解放出来，并致力于建立一个

① BREUING M. Problematizing Critical Pedagogy [J]. International Journal of Critical Pedagogy，2011（3）：2-23.

② 彭丽."公民"与"解放"——批判教育学两个重要主题的研究 [J]. 比较教育研究，2008（10）：41-45.

确保人的解放的社会。"①

毫无疑问，批判教育学不是仅仅关注教育世界之内的变革问题，而是始终把教育、学校当作变革社会的工具，致力于社会正义和民主自由的长远愿景的实现。批判教育学中的"民主理念首先源自法兰克福学派的批判理论，其次则是来自美国 20 世纪关于教育民主的理论、信仰、原则和实践等领域"②，它特别继承了杜威和康茨、杜·波依斯（William Edward Burghardt Du Bois, 1868—1963）和伍德森（Carter G. Woodson）等人的民主教育传统以推动社会民主变革。阿普尔就曾直言不讳地说："我认为我继承了进步教育的传统，我的工作是建立在前人工作基础之上的，是建立在长期批判性传统的基础之上。最重要的人是康茨。他写了一本小书《学校敢于建立一种新的社会秩序吗?》（*Dare the School Build a New Social Order*?）。而我的新书名字就是《教育能否改变社会?》，我要回答的就是康茨的问题。虽然已过了 80 年，康茨的这本书仍然很出名，我希望我的书能达到他的境界，能继承他的传统。"③ 他把"学校作为创造性地开展批判工作的场所"。他明确指出："我想寻求一种为人们所不懈追求的那种更具包容性的社会公正价值，与此同时，我也想寻求一种更能响应民众诉求和让人们获得更有尊严的社会。"④

美国批判教育学者贝瑞·康柏也说："批判教育学者共享着一个坚定信念：如果要把反思深植于经验当中，而且我们终极的目标是要把人类从压迫、异化与贬抑中解放出来，那么，作为批判教育学者，在面对一个长期以来依据社会效能意识形态所建构出来的社会体系时，至少在教育方面的论说，就要认真地担负起这份令人敬畏的挑战。"⑤

吉鲁则认为，批判教育学并非是一门学科或者知识体系，它指的是一种特殊的教育实践，一种质疑已为人们所接受的各种制度和假设的特殊态度。批判教育学有三个基本特征：一是它在本质上是跨学科的；二是它质疑所有学科的

---

① 卢朝佑，扈中平. 英美流派批判教育学的价值诉求和理论局限 [J]. 外国教育研究，2014（10）：15.

② 王小飞，张崇脉. 教育民主的理想——批判教育的民主理念评析 [J]. 湖南师范大学教育科学学报，2007（1）：38.

③ 洪志忠. 批判教育研究的原旨、演展和社会权力架构——美国威斯康星大学阿普尔教授访谈 [J]. 全球教育展望，2011（2）：18.

④ [美] 迈克尔·W. 阿普尔. 教育能改变社会吗? [M]. 王占魁. 译，上海：华东师范大学出版社，2017：13.

⑤ [美] 贝瑞·康柏. 批判教育学的议题与趋势 [M]. 彭秉权，译. 高雄：台湾丽文文化事业股份有限公司，2005：15.

基本范畴；三是它以使社会更加民主为己任。①

民主与解放的社会愿景需要唤醒人们的批判性意识。弗莱雷曾认为："教育学必须解决被压迫者的意识与压迫者的意识问题。"② 这一思想为美国批判教育学者们所继承与发展。例如，在吉鲁那里，这一问题就是赋权（empowerment），也就是培养"一种批判性的思维和行动的能力"。在吉鲁看来："这个概念具有双重指向，既对个人而言，也对社会而言。个人的自由和天赋能力必须得到最大限度的发展，但个人的能力又必须与民主紧密联系起来，这是因为社会改善一定是个人充分发展的必然结果。激进教育家把学校看作是社会形式，这些形式应当培养人们具有思考、行动、成为主体和能够理解其思想所承担义务的限制的能力……激进教育家相信，社会形式与人的社会能力之间是这样一种关系，即人的能力在社会形式中逐步受到培养，反过来又对这种形式提出疑问。而当今主流的教育哲学想要的却是教育人们去适应那种社会形式，而不是批判性地去质疑它们。"③ "学校是为公共生活而教育学生的主要机构。更为重要的是，我主张学校应当承担为学生提供知识、品格、道德见识的职能，它们是形成公民勇气的重要元素。"吉鲁所探讨的问题就是"我们怎样才能使这个国家成为真正的充满批判精神的民主社会"④。

这样，发展批判理性就成为批判教育学的直接目的。⑤ 在批判教育学者看来，批评不仅仅指涉教育内外部世界，更是一种指向自身的意识和行动的反思，因此，批判教育学之"批评"也是一种自我批评，它以个体的独立反思为核心，以批判的意识与批判的责任为构成要素，以终极价值为指向。阿普尔就曾说过："我倡导'批判教育研究'（critical educational studies）"，强调'批判'首先是'自我澄清'，养成批判意识的同时培育更具批判性的责任感，使人们从根本上改变对教育的常识性看法；所有参与教育实践的人都需要通过自己的实践，努力将那些庄严的价值、有机的文化和理想的生活付诸实践。能够独立思考、对

---

① ［美］亨利·A. 吉罗克斯. 跨越边界——文化工作者与教育政治学［M］. 刘惠珍，张弛，黄宇红，译. 上海：华东师范大学出版社，2002：10.

② ［巴西］保罗·弗莱雷. 被压迫者教育学［M］. 顾建新，译. 上海：华东师范大学出版社，2001：10.

③ ［美］亨利·A. 吉罗克斯. 跨越边界——文化工作者与教育政治学［M］. 刘惠珍，张弛，黄宇红，译. 上海：上海华东师范大学，2002：11.

④ ［美］亨利·A. 吉罗克斯. 跨越边界——文化工作者与教育政治学［M］. 刘惠珍，张弛，黄宇红，译. 上海：上海华东师范大学，2002：21.

⑤ WINCH C. Developing critical rationality as a pedagogical aim［J］. Journal of Philosophy of Education，2004（3）：467-484.

自己和社会负有责任的人必须捍卫民主教育、社会正义和平等，尽最大努力来维护社会受压制群体的话语权和利益。"①

第二节　基于社会弱势群体的学术立场

在阿普尔看来，批判教育学有两个核心问题：其一是关于教育的认识论和观念基础的根本变革问题——什么才是"官方的"（official）或者合法性的知识？谁拥有它？其二是源于对社会中维护剥削与统治间联系的多重动力机制的重要性认识。为了能够理解教育与外部广泛社会间的复杂联系，必须进行"立场转变"（repositioning），即必须以被剥夺者的视角来观察世界，并反抗再生产压制性条件的意识形态化和制度化的过程和形式。"我们每一个人都需要扪心自问：'你站在谁一边'。学者肩负的社会责任就是从道德和社会正义出发，站到那些遭受政治、经济、文化霸权和压迫的人一边，站在妇女、劳工、有色人种的一边。"②

另一位著名批判教育者彼得·麦克拉伦更是直截了当地说："我们现在讲'与穷人一起'（speak with）而不是'为穷人'（speak for）。'speak with'和'speak for'的不同在于，后者的意涵是我站在我的位置上，研究你们（穷人）的情况，然后为你们的利益说话；而前者的意涵是，我跟你站在一起，与你们一起与不公正和不平等作斗争。前者是后者的一个更加深入的层次，我不再是一个武断的观察者和报告员，而是跟穷人站在一个战壕的战友。"③

阿普尔所标举的民主的目的是："民主是要为那些弱势群体来呐喊，帮助弱势群体比强势群体发出的声音更多一点。这意味着任何受到政策影响的人都有权利在政策制定时发出自己的声音。这既是自下而上的民主，也是自上而下的民主。这是全员参加的民主（full-participate democracy）。"④

弱势群体涉及无产阶级（产业工人）、女性（甚至同性恋者）、有色人种

---

① 杨跃. 教师教育：一个充满斗争的政治场域——迈克·阿普尔教授访谈录［J］. 全球教育展望，2014（9）：12.

② 杨跃. 教师教育：一个充满斗争的政治场域——迈克·阿普尔教授访谈录［J］. 全球教育展望，2014（9）：12.

③ ［美］彼得·麦克拉伦，于伟. 学者对于正义的追寻——彼得·麦克拉伦（Peter McLaren）访谈录［J］. 外国教育研究，2015（6）：3-13.

④ 洪志忠. 批判教育研究的原旨、演展和社会权力架构——美国威斯康星大学阿普尔教授访谈［J］. 全球教育展望，2011（2）：16.

（尤其黑人）等。所以阿普尔说："传统上讲，批判性的工作是关于阶级的。虽然美国不怎么讨论阶级问题。在美国至少有三种机能：阶级、性别和种族，影响着意识形态和社会实践。当你从阶级的角度考虑的时候，你应该考虑到性别；在你从性别的角度考虑问题的时候，你必须考虑到种族。因此，我们的工作就是必须把这三方面都放在一起，从文化与统治的角度进行考虑，考虑它们之间的交集与冲突。"①

为了关怀社会中的弱者，阿普尔要求重新定义"研究"。"研究"充当的是那些正在从事挑战现存不平等权力关系或"非改良主义者的改革"（non-reformist reform）的群体及社会运动的"秘书"（secretaries，有的翻译成"书记员"——笔者注）。

吉鲁则声称："我也想超越阶级去拓展学校教育和社会之间的关系，重提解放的问题，尤其是民主问题。民主作为一种声音能表达阶级、种族和性别这些问题，但是以大众生活更广泛关注的方式进行的。我希望将抵制的概念不仅同批判的语言联系起来，而且要和可能性的语言联系起来，即一种深化公众民主生活的可能性的语言联系起来。"②

这里就涉及批判教育学者的立场转换（repositioning）问题。这种立场就是必须从那些拥有最小权力的人的立场来理解任何制度、政策和实践，反对任何形式的霸权，批判性研究要求"你看世界的时候，不仅仅自上往下，而且要从下面看。这就要求你观察到谁是社会中的被压迫者"③。

美国批判教育学扎根于美国左派的社会民权运动的历史之中或者说本身就是美国左派的社会民权运动历史的重要组成。这些民权运动有非裔美国人等有色人种掀起的反种族主义运动、女权主义运动和无产阶级追求自身解放的运动等，这些运动都是社会弱势或弱小群体发出的民主诉求。美国批判教育学始终基于弱势群体的立场为寻求社会民主化而进行教育变革，因此很容易获得世界上广大深受资本主义不良影响者的欢迎。

---

① 洪志忠. 批判教育研究的原旨、演展和社会权力架构——美国威斯康星大学阿普尔教授访谈［J］. 全球教育展望，2011（2）：15-16.
② ［美］卡洛斯·阿尔伯特·托里斯. 教育、权力与个人经历：当代西方批判教育家访谈录［M］. 原青林，王云，译，济南：山东教育出版社，2013：98.
③ 洪志忠. 批判教育研究的原旨、演展和社会权力架构——美国威斯康星大学阿普尔教授访谈［J］. 全球教育展望，2011（2）：15.

第三节 着眼于对知识与权力关系的揭示

知识是什么？在相当长的时间里，哲学领域里的知识研究主要把知识看作是一种认识现象，习惯从认识论的角度去思考这个问题。19 世纪中叶，随着知识在社会上的作用日益增强、知识的专门化及综合化程度日益提高，专门研究知识问题的知识社会学出现了。知识社会学主要研究知识与社会之间关系。孔德（Auguste Comte, 1798—1857）、马克思、迪尔凯姆（Emile Durkheim, 1857—1917）、马克斯·韦伯（Max Weber, 1864—1920）、舍勒（Max Scheler, 1874—1928）、卡尔·曼哈姆（Katl Manheim, 1897—1947）、默顿（Robert King Merton, 1910—2003）等人的思想为美国批判教育学者思考知识（课程）与意识形态或权力关系提供了宝贵的思想资源。20 世纪 50 年代特别是从六七十年代起，随着科学技术的社会化发展，科学、技术与社会的关系更加突出，西方社会的民主平等诉求更加强烈，各种理论特别是福柯的关于知识、话语与权力之间关系的论述为英语国家的新教育社会学包括美国批判教育学的产生创造了条件，英国的麦克·F. D. 扬的《知识与控制——教育社会学新探》（1971）、阿普尔的《课程与意识形态》（1979）就是在这种背景下产生的。知识不是价值中立的、知识是一种社会建构、知识是一种意识形态或权力等观点成为批判教育学的主流观点，致力于知识与权力关系的揭示成为批判教育学研究不变的主题。可以说，批判教育学的很多问题只不过是这个问题的派生物。

以阿普尔为例。

有人曾问阿普尔："阿普尔教授，很多著名学者的思想都是有变化的，您在教育学领域已经研究了如此长的时间，倾注了很多的心血，形成了自己的理论，您的理论有什么变化吗？如果有，变化在哪里？"阿普尔回答说："是的，有变化。但是根本的问题还是没有变。我很失望那些问题还是没有变得比以前好一点。同样的问题还存在，谁从这个社会上受益？谁的知识在被传授？谁的知识被淹没？为什么？知识与权力之间的关系是什么？这些问题是追问的开始，但是这些问题还依然存在，没有解决。但是如何回答这些问题却需要新的理论。"①

在阿普尔看来，他 30 多年的学术研究坚持的一点就是："必须把教育看作

---

① 李慧敏."愤怒"的使命与批判教育学的未来——迈克尔·阿普尔教授访谈 [J]. 全球教育展望, 2015（1）: 12.

是一个政治行动。为此需要对教育进行关系性思考，也就是说，理解教育要求把教育放回到更大的社会不平等的权力关系中去，放回到由这些关系所产生的压迫与受压迫（和冲突）的关系之中去。理解教育不是简单地质问学生是否掌握了特殊的学科或在成绩测试中做得好，而是应当质问一些不同的问题。这些问题包括：这是谁的知识？它是如何变成'官方的'（official）？这些变成'官方的'知识与拥有社会政治、经济、文化资本的人的关系是什么？谁从这些知识中受益或没有受益？作为批判性教育者和活动分子在改变现存教育与社会不平等和建立社会的更加公正的课程与教学方面能够做些什么？"①

知识与权力或意识形态的关系问题实际上是教育的认识论转向问题。巴西教育家弗莱雷曾用"认识论的焦虑"（epistemological curiosity）这一概念来说明这种转向的必要性。正如批判教育学者们所言："认识论的焦虑"虽然是一个很简单的概念，但是，在媒体和学校教育中，在知识政治学和教育政治学的应用中却意义深刻而复杂。当拥有这个焦虑的时候，我们就会对我们所学习的目标及目标本身是不满意的。因为我们不得不追问，这些知识信息为谁服务？知识信息是如何生产的？其存在的合理性何在？理解这种"认识论焦虑"以及追求这些问题会永远地改变我们与知识的关系以及我们思考学校教育的方式。②

正是沿着这种认识论转向的发展思路，批判教育学者们对课程、隐性课程、教科书等进行了大量的政治学或社会学的研究，目的在于揭示权力（霸权）或意识形态在教育（课程）中的运作机制，为社会弱势群体在教育（课程）中的发声（voice）提供某种可能。批判教育学把课程理解为政治文本，课程目标强调学生批判意识的培养，课程设计以社会和社会问题为中心，课程实施强调教师的参与和学生的主动建构，课程评价关注课程活动背后的社会意义，它们为全方位思考教育与课程改革提供新的视角和启示。③

阿普尔说，越来越清楚的是，学校课程已经变成了一个战场。这在很大程度上是受到新自由主义"经济上无用的"知识的抱怨、新保守主义对所谓的学科的丧失和"真正知识"缺乏的痛惜以及宗教威权民粹主义对学校丧失上帝所赋予的"传统"的无情的攻击等的刺激。如今，对什么应当在学校被教授以及

---

① ［美］迈克尔·W. 阿普尔. 教育的"正确"之路——市场、标准、上帝和不平等［M］. 黄忠敬，吴晋婷，译. 上海：华东师范大学出版社，2008：第二版序言3.

② KINCHELOE J L. Knowledge and Critical Pedagogy：An Introduction. Preface［M］. New York：Springer，2008：viii-viii.

③ 傅敏，邱芳婷. 美国批判教育学的课程思想：解读与启示［J］. 西北师大学报（社会科学版），2015（5）：102.

如何教的讨论与历史的任何时期一样都存在争议。① 从这句话可以看出，特殊时代的背景使得学校领域成了意识形态争夺的领域。

第四节　对知识分子角色的认同与预期

"知识分子"这一概念在美国批判教育学中具有特别的意义。它源于西方知识分子理论特别是西方马克思主义知识分子理论的启发，如葛兰西的有机知识分子理论、霍克海默的批判性知识分子理论、马尔库塞的新阶层知识分子理论以及哈贝马斯的公共知识分子理论。② 另外，它受福柯的"特殊知识分子"理论、赛义德（Edward Wadie Said，1935—2003）独立知识分子理论的影响也相当明显。

西方近现代理论界对知识分子的社会角色与作用进行过多元解读。如康德曾经认为，所谓知识分子，是自觉地将人类进步的责任和道义扛在肩上的人。叔本华则认为，启蒙与自我启蒙是知识分子的本质追求。胡塞尔（Edmund Gustav Albrecht Husserl，1859—1938）认为，知识分子追求超验事物，解决人与世界的重大问题。曼海姆（Karl Mannheim，1893—1947）更将知识分子视为"漆黑长夜"的守更者。韦伯认为知识分子具有清教徒式的传奇道德，他们的精神化的人格引领着现代性进程。

西方近现代知识分子的谱系是从法国的批判性开始的，它形成了独特而坚定的传统，非常注重抗议精神，即坚决跟政府保持距离，不直接合作，它的自我责任就是永远的批判者。③ 西方在近代社会通过知识分子这个阶层强烈地发展了一种"批判的建设性"，即对社会的贡献通过批判的建设来体现。

西方马克思主义对知识分子角色的研究和预期包含了近现代知识分子的精神特质，即知识分子总是批判性地介入现实，倡导机会均等，为少数人群和弱势群体抗争，致力于消除社会歧视和不公而进行反霸权的斗争。他们始终保持着社会良心与道义上的责任感，显示出一种超越式的人类的现实文化的政治关

---

① APPLE M W. Can Critical Education Interrupt the Right？［J］. Discourse：Studies in the Cultural Politics of Education，2009（3）：242.
② 李庆霞，顾博. 西方马克思主义知识分子理论的学理演绎［J］. 北方论丛，2012（5）：108-112.
③ 黄万胜. 西方知识分子的困境与理论［J］. 开放时代，2008（6）：125.

怀。① 主张知识分子回归公共领域，在广阔的公众领域从事反对霸权的社会和政治批评，反对、消解专业和局部领域的权力话语和压制性机制，并将之视为与社会变革实践相结合的社会行为。同时，"向权力说出真理"。这些都是西方马克思主义对知识分子角色的预期。②

而在美国，知识分子素有追求公平与正义的心理取向。例如，早在 19 世纪末 20 世纪初，美国知识分子就充当了社会改革的谋士、牛牛。在美国工业化的非常时期，社会财富分配不均以及劳资冲突愈演愈烈，震撼着知识分子的社会良知与社会安全意识，促使他们产生了有所作为的内在冲动，他们率而改革，匡扶正义，革除社会弊端，成为一支举足轻重的社会力量，③ 他们在黑幕揭发运动（Muckraking Movement）④、社会服务处运动⑤、内政（政府）改革运动⑥、

---

① 于文秀. "文化研究" 学派的知识分子理论研究［J］. 学术界，2005（3）：57-68.

② 于文秀. "文化研究" 学派的知识分子理论研究［J］. 学术界，2005（3）：63-66.

③ 李颜伟. 美国知识分子社会改革行为的心理动因（1865—1914）［J］. 天津大学学报（社会科学版），2006（1）：41.

④ 黑幕揭发运动，是在 19 世纪末 20 世纪初由一批新闻记者和文学家等知识分子发动的专门以揭露社会弊端为主的运动。黑幕揭发者们不仅发现了问题并督促政府解决了相当一部分问题，同时还对当时的社会价值转型和社会良知的觉醒起到了一定的催化作用，所以黑幕揭发运动实质上是 20 世纪初美国掀起的一场新文化运动。

⑤ 社会服务处，是指当时美国的一些宗教人士和女大学毕业生们设立在城市贫民区中的一种民间社区福利机构，当时达 400 家之多，其中以 1888 年女大学毕业生简·亚当斯在芝加哥开办的赫尔会所最为著名。这一运动以改善社区居民生活环境，加强邻里合作和促进 "分裂阶级间的友好关系" 融合为宗旨，主要为城市贫民提供生活救济、文化教育和卫生服务。参见：李颜伟. 从美国进步主义运动的领导主体看运动的特性［J］. 天津大学学报（社会科学版），2008（6）：530.

⑥ 内政改革运动，也称 "政府改革运动"，指 19 世纪末 20 世纪初美国上至联邦下到各州、各市的行政机构中，开展了轰轰烈烈的政府改革运动，为推进各项社会改革、打击政党核心集团、建立高效廉洁的各级政府做出了贡献。特别是在州一级政府中，出现了威斯康星州州长罗伯特·拉福莱特，在联邦一级政府中先后涌现出西奥多·罗斯福和伍德罗·威尔逊两位总统。他们通过控制关税、管制托拉斯、加强福利立法和劳工立法等政府改革举措，有效调整了美国政治、经济秩序，缓和了日益加剧的劳资冲突和其他社会矛盾，为美国资本主义制度的迅速发展起到了保驾护航的作用。参见：李颜伟. 从美国进步主义运动的领导主体看运动的特性［J］. 天津大学学报（社会科学版），2008（6）：530.

社会福音运动（Social Gospel Movement）①、反垄断运动（Anti‑monopolization Movement）② 和进步主义教育运动中充当急先锋。

　　以上这些，不论是在理论、理念上，还是在社会实践上，都被美国批判教育学者提倡，知识分子也成为其自身的一种角色认同。原因在于，美国批判教育学者们几乎都自奉为民主左翼。正如布尔迪厄所言，"左翼"与"知识分子"之间有着天然的联系。关于"左翼"，知识分子喜欢把自己设想成为解放者，代表着进步的力量，或者至少是保持中立的，自在优哉，在美国更是如此。因而，对于知识分子而言，"左翼"几乎就是个天然的褒义词。③ 这样，美国批判教育学者们都认为他们所从事的工作是具有追求民主正义的进步性的事业。阿普尔就是典型。他说："在我的整个学术生涯里，我一直都致力于完成这样一项二元工程：其一是，理解学校内外的教育，究竟是以怎样一种复杂的方式，参与到广大社会中宰制与从属关系的再生产过程之中的；其二是，通过聚焦那些有可能而且也确实能够对广大社会中的不平等问题发挥干预作用的冲突、可能与现实，挑战这个社会中的宰制与从属关系。"④ 因此，他把自己描述成一个公共的知识分子，有时候用"学者型实践者"来形容他自己。⑤

　　美国批判教育学者对知识分子角色的认同还与美国（甚至整个西方世界）20 世纪 60 年代末以来的激进政治走向"学术"政治的发展趋势有关。20 世纪

---

① 社会福音运动是，19 世纪末到 20 世纪 30 年代由基督教人士发起的西方基督教社会运动的一部分，在欧美社会有着各种不同的思想流派，其影响在美国更是显著。该运动以奉行社会主义及和平主义为宗旨，根据社会的发展形势，重新阐释了基督教的福音理论，将教会和教徒的使命从拯救个人灵魂，扩展为拯救社会与社会中的人，以期通过社会秩序的全面"基督教化"，来解决当时美国社会以及教会本身所面临的种种严重问题。

② 19 世纪末 20 世纪初，面对垄断资本主义带来的一系列社会问题和社会矛盾，美国联邦政府相继通过一系列反垄断法律，首次进行了大规模的反垄断实践。这些反垄断法律的通过和司法实践，开创了世界上反托拉斯垄断的先河，强化了联邦政府的社会经济调控功能，从立法和司法实践上奠定了现代美国的基础，而且体现了公平与效率，在一定程度上保护了中小资产阶级和消费者的利益，缓和了由垄断引起的社会矛盾，稳定了美国资产阶级的统治，促进了美国社会的进步。具体参见：徐国林. 论 19 世纪末 20 世纪初美国联邦政府反垄断运动［J］. 北京工商大学学报（社会科学版），2006（1）：104.

③ 许纪霖. 公共性与知识分子［G］. 南京：江苏人民出版社，2003：286.

④ ［美］迈克尔·W. 阿普尔. 教育能改变社会吗？［M］. 王占魁，译，上海：华东师范大学出版社，2017：5.

⑤ 李慧敏. "愤怒"的使命与批判教育学的未来——迈克尔·阿普尔教授访谈［J］. 全球教育展望，2015（1）：8.

60 年代末，西方（包括美国）新左翼运动消沉之后，激进的青年师生返回校园，形成了学院左翼。这些校园新左翼知识分子不再依附于政治活动和集体信仰，也没有共同的权威和标准，但是他们思想接近，在松散之中有共同的追求——自觉追求曾经强烈鼓舞过他们的那种宏大的人类解放的境界与进步的使命。他们将往日的政治激情化为一种"学术政治"，以校园为阵地，以左翼思想阐释世界，放弃行动，埋首于文化批评。①

这样，他们始终把教育（学校）当作公共领域，提倡教育工作者也成为知识分子。典型的是吉鲁，他还为此写过一本名为《教师作为知识分子——迈向批判教育学》（*Teachers as intellectuals toward a critical pedagogy of learning*）的著作。他说，《教师作为知识分子——迈向批判教育学》"试图把从贺拉斯·曼到W. E. B. 杜波依斯（W. E. B.）再到约翰·杜威的深厚民主传统的能量凝聚起来。它不仅考察了在学校所发生的为民主而斗争的悠久的传统，而且证明了有必要把公共教育和高等教育作为仅存的为数不多的公共空间来维护，在这里实际地教民主，体验民主，以及保卫民主"。他甚至认为，《教师作为知识分子——迈向批判教育学》在今天比当初写作时（该书写于 1988 年——笔者注）更有意义："因为它的持续的企图就是发展一种民主的政治和教育，把社会公正、平等、自由和权力的遗产与对历史、空间、多样性、权力、话语、身份、道德和未来的民主关注结合起来。"② 他提出的转化型知识分子（transformative intellectual）的概念集中体现了美国批判教育学的知识分子概念的内涵。

菲施曼（Gustavo E. Fischman）和麦克拉伦认为，由于批判教育学把教育与政治之间、社会政治（sociopolitical）关系与教育实践之间、日常社会生活领域中的权力等级和特权与课堂和学校中的权力等级和特权之间的再生产等关系性问题作为必须解决的问题，因此，批判教育学实际上是在为教育转型（educational transformation）提出议程（agenda）。这个议程要求教育工作者（educator）必须理解教育性行动（educative act）的社会背景以及在教育领域和更广阔的社会结构之中的激进民主化的重要性。在这一过程中，教育工作者要通过适应、抵制以及挑战课程、学校政策、各种教育哲学及教育传统来担当起知

---

① 王予霞. 从激进政治走向"学术"政治——论美国当代学院左翼的文艺批评 [J]. 文艺理论与批评，2014（1）：59.

② ［美］亨利·A. 吉鲁. 教师作为知识分子——迈向批判教育学 [M]. 朱红文，译. 北京：教育科学出版社，2008：中文版序 2-3.

识分子的角色。①

当然，由于批判教育学者都是学院型知识分子，其批判属于一种体制内的抗争，这使得他们的批判理论容易与社会实践脱节。在阿普尔看来："重要的是实践，是把理论和反思与学校实践结合起来，因此民主学校应该是什么样子的对我来说很重要。批判性教育必须回归教育生活。不然的话，理论就变成阳台上的生活。我对一个专家学者所应该做的事情，有一个清晰的自我认识，那就是当一个秘书。"② 这种个体的认识改变不了当代不少批判教育学者们所受到的体制化的影响："现在，实际情况是，批判教育学使得从事这个工作的人觉得安全了，学生们从各种考试中学习，比如全国性考试，比如入学考试等，教师资格考试等，这是批判教育学的一种胜利，说明它被广泛接受，但同时也是一种失败，使其变得如同其他学科一样，例如皮亚杰的教育心理学，还有其他学科一样。我不确定这是一个好的事情，这是一种学术上的政治化（academicsizing political）。这样使得批判教育学变得很安全，但是批判教育学应该是批判性的，不是安全的，批判意味着精神上的打破和介入。"③批判教育学成了批判教育学者的"行话"或"密语"，脱离大众也为人所诟病。

第五节　坚持批判的激进风格

阿普尔说："批判教育学的两个关键词，批判和教育学。教育学意味着在实践上、理论上要睿智，要理解不同的权力关系，同时要和生活保持联系。批判性的部分也很重要。现在一个危机是，如何变得具有批判性。"④

虽然从哲学层面上看，批判最基本的含义是指向学术场域的基于理性的质疑、审视、反思等类似批评的活动，它首先意味着商讨、考察、澄清，而绝非

① FISCHMAN G E, MCLAREN P. Rethinking Critical Pedagogy and The Gramscian and Freirean Legacies: From Organic to Committed Intellectuals or Critical Pedagogy, Commitment, and Praxis [J]. Cultural Studies Critical Methodologies, 2005 (4): 425.

② 洪志忠. 批判教育研究的原旨、演展和社会权力架构——美国威斯康星大学阿普尔教授访谈 [J]. 全球教育展望, 2011 (2): 19.

③ 李慧敏. "愤怒"的使命与批判教育学的未来——迈克尔·阿普尔教授访谈 [J]. 全球教育展望, 2015 (1): 12.

④ 杨跃. 教师教育：一个充满斗争的政治场域——迈克尔·阿普尔教授访谈录 [J]. 全球教育展望, 2014 (9): 19.

简单地以一种判断反对另一种判断。① 但是，由于批判教育学诞生于西方特定的历史时期，它蕴含着西方哲学的批判精神之传统。从批判教育理论吸纳的学术资源看，有正统的马克思主义、葛兰西的霸权理论、文化研究（Cultural Studies）、女权主义和后殖民主义及福柯等人的后结构主义，等等。这些理论都具有批判性的精神气质。因此批判教育学具有激进的甚至革命性的风格。

从根本上而言，批判教育学这种激进性来源于对权力不平等的社会、教育关系的一种揭示。这种关系性思考教育问题的方法论大致是沿着从"再生产"到"抵制"理论的发展线路行进的，这使得关于教育与社会尤其是与权力的关系性思考从最初的还原论或本质论的线性思维转变到后来的复杂的关系性思维，而且其关注的问题也日趋复杂："大部分的争论都是因阶级而起，这是关键的，但又是不充分的。我认为，至少有三种机能：阶级、性别和种族，影响着意识形态和社会实践。当你从阶级的角度考虑的时候，你应该考虑到性别；在你从性别的角度考虑问题的时候，你必须考虑到种族。因此，我们的工作就是必须把这三方面都放在一起，从文化与统治的角度进行考虑，考虑它们之间的交集与冲突，而不仅仅是从经济的角度。"②

这样，批判教育学就被赋予了更多的政治内涵，它关涉教育观念应该为什么样的目标而被彻底重构以及如何实现这一目标的问题，在实现这一目标过程中教育应该教什么，以及应该赋权（empower）于什么人等众多议题。③

批判教育学力图使教育政治化、政治教育化，以期改变不平等的社会现实，实现社会正义（social just）。用阿普尔的一本著作的标题来说，批判教育学一直在努力探究的是"教育能改变社会吗"的问题，这与 20 世纪 30 年代乔治·S.康茨提出的"教育敢于建立一种新的社会秩序吗？"（Dare the School Build a New Social Order ?）的精神实质是一脉相承的。

批判教育学的激进还与他们的理论立场有关，那就是为弱势群体代言。这与批判教育学者们大多出身于社会底层有关，其人生经历对批判教育学的构建有举足轻重的影响。④ 出身穷苦，对不平等的社会现实自然有着异样的敏感和

---

① 王占魁. 批判教育的使命与教育批判的方法论 [J]. 教育学报，2013（1）：56.

② 洪志忠. 批判教育研究的原旨、演展和社会权力架构——美国威斯康星大学阿普尔教授访谈 [J]. 全球教育展望，2011（2）：15.

③ [美] 迈克尔·W. 阿普尔，韦恩·欧. 批判教育学中的政治、理论与现实 [J]. 比较教育研究，2007（9）：1.

④ [美] 卡洛斯·阿尔伯托·托里斯. 教育、权力与个人经历：当代西方批判教育家访谈录 [M]. 济南：山东教育出版社，2013：导言.

天然的愤怒，因此，批判教育学的批判有着特殊的情感动力，这就是"愤怒"（rage）与"希望"（hope）。在阿普尔看来，"'愤怒'是对我们被压迫所应该具有的唯一正确的情感"①，他说，他的理论起点就是"愤怒"。这句话可以说集中表达了批判教育学的情感动力和言行风格。

也正因为如此，批判教育学者们大多表现出对资本主义社会及教育不平等现实的批判的不妥协性、激进性，引起了保守主义者的不满，压制、孤立、污名化批判教育学者成为保守主义的一贯手段。例如，保守主义杂志《人事》（*Human Events*）曾邀请一个"专家小组"，列举 19 世纪和 20 世纪"最有害的书"，其中就有批判教育学著作。对此，阿普尔曾一针见血地指出，通过被压迫者的眼光来理解世界，对阶级、性别和种族压迫进行批判性分析和采取行动是"坏的"，就是保守主义者的取舍标准。

至于麦克拉伦，他一直尝试着把新自由主义帝国主义时代的阶级斗争论和革命斗争的可能性引入讨论，更习惯使用"革命的批判教育学"（revolutionary critical pedagogy）这一术语来指称他的理论，所以其方法具有更激烈的批判性，以致他在课堂上的讲课都受到保守主义分子的监听。

阿普尔前面说，从事批判教育学研究是危险的，凸显了批判教育学者们的生存境遇，直接地说，这与他们的激进风格有关。

---

① 李慧敏."愤怒"的使命与批判教育学的未来——迈克尔·阿普尔教授访谈 [J]. 全球教育展望，2015（1）：4.

第五章

批判的种族教育学：致力于种族平等

阿普尔曾深刻地指出："在美国，种族出现在每个制度、每个关系、每个个体之中。无论对社会组织的方式——在成层化的空间和文化等方面——还是对个体经验的感知和理解来说，都是这样……不管劝告是真诚还是虚伪的，成为'色盲'是不可能的，也是不太令人满意的。"① 在种族问题上，一些心理学家曾竭力证明种族优劣差别的存在并认为教育天生就是不平等的，如桑代克（E. L. Thorndike）就是典型。一直到20世纪90年代仍有人试图为种族主义进行论证。因此，在教育领域，什么被看作"官方知识"一直带有紧张、斗争和妥协的痕迹，在那里种族发挥了一个实质性的作用。② 而斯蒂芬·塞尔顿（Steven Selden）曾对美国优生学的历史进行了回顾并对美国的教育政策和实践进行了分析。在他看来，美国教育实践中的主流，如标准化、测验、课程计划的系统化模式、天才教育等都有关注"种族优化"、担心他者等这样的病灶。③ 正因如此，种族问题成为批判教育学的核心问题之一。阿普尔甚至这样认为："如果不把种族问题作为分析的核心因素，就不可能理解一大批国家中教育政策的历史、当前地位和多样化的结果。"④ 批判教育学与种族理论结合就发展出批判的种族教育学。

批判的种族教育理论（Critical Race Theory of Education，即批判的种族教育学——笔者注）是一套基本概念、方法和教学的建构，其目的有二：其一是审

---

① ［美］迈克尔·W. 阿普尔. 教育的"正确"之路［M］. 黄忠敬，吴晋婷，译. 上海：华东师范大学出版社，2008：267.

② ［美］迈克尔·W. 阿普尔. 教育的"正确"之路［M］. 黄忠敬，吴晋婷，译. 上海：华东师范大学出版社，2008：273.

③ SELDEN S. Inheriting Shame［M］. New York：Teachers College Press，1999：100-104.

④ ［美］迈克尔·W. 阿普尔. 教育的"正确"之路［M］. 黄忠敬，吴晋婷，译. 上海：华东师范大学出版社，2008：268.

视、分析并改变各种对黑人、拉丁裔和亚裔学生不利的教育活动（包括边缘化、次等化等），也探究学校的功能、课程教学过程及学校体制结构等是如何造成种族、民族和性别不平等的；其二是试图建立一套教学、课程和研究体系，努力消除学校教育中的种族问题，进而消除教育领域中各种形式的压迫。①

种族问题是批判教育学关注的重要的理论与实践问题之一。作为批判教育学的一个分支，这一领域的研究相对比较迟。一般认为，教育中的批判种族理论诞生于20世纪90年代早中期。1993年，泰特（W. Tate）发表《倡导对经济学：提议全国数学评价的一种批判的种族分析》（*Advocacy versus economics: a critical race analysis of the proposed national assessment in mathematics*）一文，可以算作是批判的种族教育理论之始。1995年，威斯康星大学的格罗娅·兰德勋·贝林（Gloria Ladson-Billings）和泰特（William F. Tate）联合发表一篇重要论文《走向一种教育的批判种族理论》（*Toward a critical race theory of education*），系统地对有关问题进行了论述。作者认为，作为一个学术探究的主题，美国社会中的种族问题研究尽管成绩斐然，但仍没有理论化。作者写作此文的目的在于，力争用批判的种族理论视角观察教育。他们认为，通过发展三个论点，这种对教育的观察可与法学领域中的种族理论媲美，这三个观点包括：其一，在美国社会，种族在继续发挥作用；其二，美国社会是建立在财产权而不是人权的基础之上的；其三，将种族与财产结合起来，可以为理解不平等创造一种分析的工具。②

不过，批判的种族教育理论之源，实际可以追溯到杜·波依斯。早在30年代他就激烈批判种族排外，并解释了种族身份在政治身份中的作用。③ 杜·波依斯是美国全国有色人种促进会的创办会员，美国著名的黑人学者、编辑及非裔美国人中的激进主义者（activist）。他著述丰富，共有17本著作，广泛涉及种族关系、历史和政治等议题。他还主编过4种期刊。杜·波依斯终其一生都在全力对抗差别待遇及种族歧视，在重新塑造美国境内的黑白关系上扮演了一个关键的角色。正如费希蒂（John C. Fischetti）所言，杜·波依斯是后来詹姆斯·班克斯（James Banks）发展的多元文化之祖（grandparents of multicultural

---

① 也有人翻译为"教育批判种族理论"，参见徐玲. 美国教育批判种族理论的研究综述[J]. 民族教育研究，2013（2）.

② LADSON - BILLINGS G，TATE W F. Toward a Critical Race Theory of Education[J]. Teachers College Record，1995（1）：48.

③ LEONARDO Z. Critical Pedagogy and Race[M]. Malden：Blackwell Publishing Ltd，2005：53.

education），也是后来的格罗娅·兰德勋·贝林等学者发展出的批判的种族理论之祖。多元文化及批判种族理论是一种致力于寻求平等和社会正义的学科领域，它为那些因奴隶制的奴役、选举权的丧失以及因种族、阶级及性别的鸿沟等原因而导致"落后"（Left behind）的人的代言。

"批判的种族理论"这个术语对美国之外的读者、教育哲学家和理论家可能比较陌生。它起源于美国的民权运动，或至少在那里——特别是在学校废除种族隔离诉讼（指"布朗诉教育委员会"——笔者注）以及反歧视法中可以找到它的早期的知识分子先行者。批判的种族理论可以追溯到美国有色人种促进会的律师德里克·贝尔（Derrick Bell）以及艾伦·弗里曼早期的作品。艾伦·弗里曼在20世纪70年代中期关注过种族改革的缓慢进程（slow pace）以及60年代民权成果正被毁坏的事实。贝尔和其他批判的种族理论的创立者脱离了批判的法律研究运动，因为，它是不分种族的并过于执着于渐进变革的观念，而人权自由制度的特征是确信有一个更好的未来。贝尔和其他人如理查德·德尔加多（Richard Delgado）、玛里·马特苏达（Mari Matsuda，夏威夷大学法学教授）、金博莉·克伦肖（Kimberlé Crenshaw，哥伦比亚大学法学教授）及帕特里夏·威廉姆斯（Patricia Williams）通过将讲故事引入法学研究及其方法论之中，在某种程度上挑战了自由主义的共同信念（liberal consensus），讲故事有力地显示了种族主义作为黑人和拉丁美洲公民日常生活的一部分的存在方式。①

第一节　批判的种族教育学产生的背景

批判的种族教育学的产生很显然与种族问题及其解决有关。同样，移民问题是西方发达国家尤其是美国社会面临的重大的社会问题之一。这一问题自移民现象出现之始即存在。而在美国，甚至可以说，移民问题自建国之始乃至在美国建国之前到现在一直存在，有些历史时期种族问题甚至相当严重，引起严重的社会骚乱。因为美国是个典型的移民国家，被称作"种族大熔炉"。多种族及其文化的多样性是其特色，而文化的多样性存在必然带来文化差异及其冲突，可以说这是批判的种族教育理论产生的社会背景。教育中种族问题研究的"批判"方法至少来自四个领域的理论启发：多元文化教育、"白人之白"研究

---

① LEONARDO Z. Critical Pedagogy and Race. Editorial ［M］. Malden：Blackwell Publishing Ltd, 2005：Ⅶ.

（whiteness studies）、英国的文化研究以及批判的种族研究。①

一、化解种族冲突的现实动因

二战以后，西方发达国家作为国际移民主要迁入国，由移民现象产生的一系列问题引起了各国和社会的关注。一般而言，移民与当地居民之间会经历从冲突到融合的过程，② 所谓融合，指移民通过与迁入地社会的接触、互动、沟通，彼此渗透、相互接纳，并最终实现经济整合、文化适应、社会融入及身份认同等目标的社会过程。

种族冲突历来存在。以美国为例，经过近四百年的移民，美国形成了独特的人口结构，白人盎格鲁-撒克逊族群（White Anglo-Saxon Protestant）是支配性族群，其他的包括非洲裔美国人、③ 西班牙语裔美国人、亚裔美国人、美国原住民以及白人三大少数族群——爱尔兰裔、意大利裔和犹太裔美国人。所有这些族群，都可以再细分为两个及以上的亚群体。

早在英领殖民地时代初始时，英国人就成了占优势的文化集团并且控制了这个国家大部分的社会经济和政治机构。学校的基本目的是使移民们美国化（这意味着英国化），并帮助他们学到在美国的文化和制度中顺利发展所需要的语言、价值观念和行为规范。

而在20世纪初期（1901—1910年），种族冲突突出地表现为南欧、中欧和东欧移民的大量涌入以及意欲阻止欧洲人群流入的排外主义运动的兴起，因为在早先进入的英国人看来，他们会破坏盎格鲁-撒克逊的文化和文明。他们对这些南欧、中欧和东欧的新移民迁入表现出某种程度的惊恐；而从宗教观念看，大部分新来的移民是天主教徒，与信奉新教的老移民们有极大的差异，更重要的是，老移民们此时已把他们自己看作本土美国人了。

---

① GOTTESMAN L. The Critical Turn in Education：From Marxist Critique to Poststructuralist Feminism to Critical Theories of Race［M］. New York and London：Routledge，2016：118.

② 在英文文献中与此相关的概念包括：assimilation，adaptation，acculturation，inclusion，incorporation，integration。中文文献中常出现的概念也包括：同化、适应、吸纳、接纳、并入、融合等。这些概念的内涵存在一定程度的差异，但是，更多的时候这些概念是被互换使用的。在国外研究文献中，美国更常用的是"assimilation"，而加拿大和欧洲的研究者则更青睐"integration"一词。如果要对这些概念进行严格意义的区分，integration 和 assimilation 等词往往意指移民接近迁入地文化的程度较高，而 adaptation 和 acculturation 等词则更为强调移民对自身传统文化的保持。具体参见：刘程. 西方移民融合理论的发展轨迹与新动态［J］. 河海大学学报（哲学社会科学版），2015（2）：33.

③ 按照美国人口普查局的做法，不区分"黑人"与"非洲裔美国人"这两个概念。

在种族冲突中，黑白文化冲突是最激烈的，也最具代表性。特别是 60 年代爆发的大规模的黑人权利运动，持续时间之长，影响至今。

也正因为如此，美国的移民政策一直处于变动之中。据研究，美国移民政策经历了从来者不拒到实行配额制，到家庭团聚、有所选择几个阶段。具体而言，包括如下几个阶段：1776—1881 年为来者不拒时期，1882—1920 年为种族歧视时期，1921—1951 年为实施配额限制时期，1952 年至今为鼓励技术移民时期。① 尽管如此，美国依然是移民大国，甚至是许多人的梦想之地。2000 年，美国人口调查局（the U. S. Census Bureau）估计，有色人种占全美人口的 28%。他们还预测，到 2025 年，有色人种的数量将达到 38%。2004 年 3 月，美国人口调查局进行了新的估算，到 2050 年，有色人种的数量实际上可能会达到总人口的 50%。

当有色人种的数量继续增加的时候，校园里的种族的多样性也在增加，教育历来被视为化解种族冲突、促进民族融合的关键性因素。当前及过去的关于美国不断增长的种族多样性的数据强调了一个事实，即过去及未来有必要提升和鼓励所有的学生批判性理解文化和种族的多样性。②

早在 20 世纪 60 年代末，蔓延全美的黑人学生和教职工及社区成员参与了在大学课程中为黑人历史、经验及声音争取一席之地的斗争。校园中的黑色革命急剧地改变了当时的人文社会科学及高等教育政治学，不久即出现了黑人研究计划，其他民族研究计划如墨西哥原居民研究（Chicana/o Studies）也开始出现。③ 可见，批判的种族教育学产生与种族问题解决的现实需要是分不开的。不过，批判教育学者真正关心种族问题主要还是在 20 世纪 90 年代，引人注目的是吉鲁，他加入关于培育白色反种族主义主体的可能性的论争，他赞成改变对白人之白的认同，而不是完全消除它。④

二、文化多元主义教育的偏失

理论总是对现实的一种系统反思。面对多样性种族存在的事实，理论界产

---

① 林珏. 美国移民政策演变及评述［EB/OL］. 中国社会科学网，2019-09-17.

② BRADLEY A. A Time to Intervene: A Historical Overview of Pedagogical Responses to an Unjust Society［J］. The Vermont Connection，2007（28）：70.

③ GOTTESMAN I. The Critical turn in Education: From Marxist Critique to Poststructuralist Feminism to Critical Theories of Race［M］. New York and London: Routledge，2016：118.

④ LEONARDO Z. Critical Pedagogy and Race［M］. Malden: Blackwell Publishing Ltd，2005：54.

生了"强调市场导向的经济理性选择理论、注重政治内涵的文明冲突理论、强调文化趋向的跨国主义论",且新的理论层出不穷。① 自民族国家产生以来,各国追求国家一体化的努力一直没停止。以美国为例,它自新中国成立以来,历届政府都在为美国化而努力,"熔炉论"就是这种美国化的典型的隐喻。这一"熔炉论"被麦克拉伦评价为是一个暴力的隐喻,一个支配者的隐喻,同时还是一个霸权的隐喻。② 学校教育尤其是公立学校教育在消除种族差异、冲突方面被寄予厚望。理论家们也为消除种族歧视、追求社会公正民主而建构了不少理论。这些理论具有一定的历史传承性。这就是从最初的熔炉论,发展到后来的多元文化主义,③ 再到当前的批判种族理论。

历史上,面对社会的不公,不同阶段的教育学对此做出了相应的回应,布拉德利(Akirah Bradley)认为,在过去的 70 多年间,教育学对社会不公的回应大致经历过如下几个阶段:文化间的教育运动(Intercultural Education Movement,1924—1941)、社群之间的教育运动(Intergroup Education Movement,1940s—1950s)、合法化"变革"运动(Legislating "Change" Movement;1950s—1960s)、族群研究运动(Ethnic Studies Movement,1960s—1970s)、多元文化运动(Multiculturalism Movement,1980s—1990s)。④

多元文化主义(pluralism)是指 20 世纪 50—60 年代民权运动的结果之一,它主要讨论不同种族、族群、移民、原住民之间的相处方式与伦理关系,并反省现代社会的主流价值,强调文化民主,各群体保持自己的文化,强调差异性与相互尊重的必要性。多元文化主义有不同的称谓,如不同文化间教育(intercultural education)、多族裔教育(multiethnic education)、多语教育(multilingual education)、多元主义文化教育(pluralism education)、双文化教育(bicultural education)、跨文化教育(cross cultural education)等。在美国最常用的是多元文化教育和多族裔教育。据悉,目前美国教师教育院校协会(American Association of Colleges for Teacher Education)倾向于使用"多元主义文化教育"。迄今为止,多元文化主义教育思想在其发展中大致经历了萌芽、产生和演化发

---

① 李明欢. 当代西方国际移民理论再探讨 [J]. 厦门大学学报(哲学社会科学版),2010(2):5-12.

② 郑蕾. 批判教育学视野下的美国多元文化教育——访美国加州大学洛杉矶分校 Peter Mclaren 教授 [J]. 全球展望,2012(3):7.

③ 韩家炳. 美国的人口移民潮与多元文化主义的兴起 [J]. 科学社会主义,2014(5):115.

④ BRADLEY A. A Time to Intervene: A Historical Overview of Pedagogical Responses to an Unjust Society [J]. The Vermont Connection,2007(28):70.

展三个重要阶段。

但是，经过几十年的发展，多元文化模式日益表现出严重的不足。格罗娅·兰德勋·贝林（Gloria Ladson-Billings）和泰特（William F. Tate）认为，当前的多元文化模式以一种类似于民权法的方式在发挥作用，而不是创造一个以确保公正的新的激进模式。多元文化改革毫无例外地被吸收进体制之内（"sucked back into the system"），正如传统的民权法是建立在人权的基础之上一样，当前的多元文化范式陷入自由主义的意识形态，在当前的秩序中，这种自由主义的意识形态无法提供激进的变革方案。而教育中的批判的种族理论，就像先前的法学中的批判种族理论一样，是一种对现状及所意欲进行的改革（the purported reforms）的激进批判。

三、种族批判法学的启迪

种族批判法学是反种族歧视运动在法律观念形态上的一种反映。在 70 年代批判法律研究运动产生之初，就有一些学者将批判的矛头指向种族结构领域。随着种族冲突的加剧，种族问题受到越来越多批判学者的关注。1987 年批判法学年会的主题是"无声的呐喊：种族主义和法律"，这标志着种族批判法学已成为独立的理论派别。[1] 1989 年批判种族理论第一次年会在美国威斯康星大学举行，30 多名与会学者提议将这一学派命名为"Critical Race Theory"或"New Race Theory"，标志着这一理论流派的产生。代表人物是德尔加多。他不仅被称作批判的种族理论的奠基人，而且还是一个著述丰富、影响广泛的法学学者。[2]

何为种族法学？约翰·卡尔摩尔（John. O. Calmore）认为，反对以白人的经验和视角作为评判有色人种的依据是种族批判法学理论的确定特征，而丹尼尔·法伯（Daniel A. Farber）认为，该理论要求要从少数人团体的角度，而不是从白人的角度来看待种族问题。

根据我国学者的总结，理查德·德尔加多、玛丽·马特苏达、查理斯·劳伦斯（Charles R. Lawrence）和凯伯尔·W. 克琳萧（Kiberle Williams Crenshaw）等人关于种族批判法学的定义较具代表性。[3]

其一，种族主义是美国人民生活中的一种特有现象。

其二，对现行法律的原则，如法律的中立性、客观性、无差别地对待有色

---

[1] 吕世伦，孙文恺. 美国种族批判法学述评 [J]. 中国社会科学，1998（4）：130.

[2] SUBORTNIK D. Contesting a Contestation of Testing of Texting：A Reply to Richard Delgado [J]. Mass Law Review，2014（9）：296.

[3] 种族批判法学 [EB/OL]. 豆丁文库，2019-11-22.

人种等问题，种族批判法学表示怀疑。

其三，种族批判法学对法学研究中的非历史主义提出挑战，它坚持对法律进行历史的考察，或把种族问题与法律的关系结合在一起进行分析。

其四，种族批判法学强调，在分析法律和社会时，注意对有色人种和原始种族团体的经验知识的认识。因为，这种知识源自对种族生活的体认以及为消除种族主义而进行政治斗争的一种批评性反馈。

其五，种族批判法学是一种学科际的、从其他学科中取得素材的学科。它从政治学、历史学、哲学等学科的自由主义、女权主义、马克思主义、后结构主义、实用主义、国家主义的传统以及法律社会学、批判法学中汲取了许多养分。

其六，种族批判法学的目的，是消除作为所有压迫形式之一部分的种族压迫现象。

第二节　批判的种族教育学的主要观点

将批判的种族理论与教育结合起来的研究在国外的历史并不长，至于在中国，其研究几近空白，仅个别学者发表相关论文介绍其对美国法学界与教育学界的影响。① 但从目前国外的研究看，相关成果还是比较丰富的，所涉及的议题也相当丰富。例如，我国有学者通过美国大学图书馆检索系统，用关键词"批判种族理论"搜索，发现学者们以《教育中的平等与优异》(*Equity & Excellence in Education*)、《多元文化教育国际杂志》(*International journal of multicultural education*)、《城市教育展望》(*Perspectives on Urban Education*) 等期刊为主阵地，近15年来发表相关论文近300篇，专著达数十本之多，研究主题涉及教育领域的方方面面，如学生（特别是黑人、拉丁裔、亚裔学生）、教师、教育政策、课程、教学、经费、各级各类学校、初级与中高等教育、职业与成人教育等。②

批判的种族教育理论的主旨是通过受压迫学生所叙述的经验知识，解构压迫者的社会现实观、霸权及其意识形态，最终消除种族歧视与压迫。我国有学者将批判的种族主义教育思想概括为五个方面，即"揭露与批判教育中的种族

① 武斌. 种族批判理论的起源、内涵与局限 [J]. 民族研究，2015 (3)：107.

② 徐玲. 美国教育批判种族理论的研究综述 [J]. 民族教育研究，2013 (2)：92.

主义""挑战传统的意识形态""促进教育公平的实现""强调经验知识的重要性""综合运用跨学科领域的方法"等,① 这里对此做进一步的论述。

一、价值追求：种族平等

在美国、加拿大、英国，反种族主义教育者主要分布在大学中的教育学院、英语研究及文化研究、妇女研究等教研机构及咨询部门。他们通过专业学会、期刊、新闻通讯和互联网等渠道，研讨反种族主义及教育问题、传播反种族主义及教育的信息，形成了一个反种族主义教育的网络。这些反种族主义教育者采取了很多的方式开展他们的行动，如训练反种族主义的未来教育工作者、编制相关课程、充当公平咨询机构中的服务人员等。正如前面所言，反种族主义教育因不满于多元文化教育而出现，也不同于多元文化教育。在他们看来，多元文化教育强调文化意识是实现种族和谐的手段。反种族主义教育者则将多元文化教育描述为一种去种族化的话语（a deracialized discourse），这种话语只是从表面上创造和延续种族主义的过程。不论是自由派还是保守派教育家对它的占有，都阻碍了它的解放的潜力，且保留了白人的特权。从这种意义上讲，反种族教育是多元主义文化教育的一种对立面。反种族主义教育者宣称，反种族主义教育通过解构白人意味着什么而宣称自己才是一个根除种族主义的解放工程。因此揭露与批判教育中的种族主义是批判的种族教育学的一个重要的任务。一般来说，人们都将反种族主义教育理解为集教学、课程和组织的策略为一体的，并且希望通过身份认同，消除白人特权进而促进种族平等。反种族教育受到弗莱雷的启发，采用的是一种批评性的语言。据反种族主义教育者们宣称，其优点之一就是，为了批判性地检视制度结构如何在政治、经济、文化等方面支持种族主义实践，超越了那种把偏见与歧视仅作为个人应该改正的问题。大多数支持者将反种族主义教育定义为针对特定目标并通过集体行动实现的政治工程。②

反种族主义教育者称，种族主义构成了西方社会尤其是美国社会生活的基础。在解释获得不同的社会经济地位时，反种族主义教育者认为种族比社会阶级重要得多。作为一种因果结构（causal construct），它从根本上巩固了一切身份、话语和制度结构，决定了人们如何相互对待，哪些群体可以获得社会的物

---

① 徐玲. 美国教育批判种族理论的研究综述［J］. 民族教育研究，2013（2）：92.

② NIEMONEN J. Antiracist Education in Theory and Practice：A Critical Assessment ［J］. Am Soc，2007（38）：159 - 177.

质回馈，以及如何去协商获得这些回报。种族主义是一种普遍的、永久的且"经常不受挑战"的现象，具有多种含义和表现形式。今天种族主义与过去的种族主义在形式上有很大区别，它微妙而具有不可见性。它的不可见性就在于它的理所当然性（normality）。难以认识到这一事实的根源在于自我扭曲的理解观念及歧视性行为。另外，当今的种族问题与其他压迫的因素混合在一起，包括性别、阶级、移民者地位、语言音调等，所以在分析教育上的压迫与歧视问题时，反种族主义教育者多参考其他压迫因素来思考教育中的种族主义。其原因也正如阿普尔所言，保守主义恢复已经取得成功。它一直能够参与教育内外的政治，在那里对种族化他者的担心联结着对国家、文化、控制和衰落的担心，而且联结着个人对处于经济危机中的孩子未来的极大担心。所有这些用紧张但具创造性和复杂的方式结合在一起。因此那些致力于反对种族主义教育政策和实践以及那些致力于证明现存的和新教育"改革"实际功能的人们应当明智地引导我们的注意力不仅限于市场与标准的种族层面的结果，更要注意到这些政策创造性的方式。简单地说，种族的压迫与各种因素混杂在一起，我们在分析右翼政策时应该具有复杂性思维。①

二、根除种族歧视与压迫之道：解构白人之白（whiteness）②

在追求种族平等中，反种族主义者将矛头指向了现实中的白人特权。在反种族主义教育者看来，种族主义是一种意识形态的实践，目的在于进行所谓的优劣区分。作为一系列嵌入制度中的排他性实践，它们创造并再现社会经济地位获得的差异性，这也包括学校中的分流和招工中的歧视。它创造差异然后使之自然化。种族主义也是一种认识论，它赋予欧洲中心的价值观、信仰和实践以特权。正是这个规范性结构（normative framework）将"白人之白"界定为评估他人的一种标准。

"白人之白"在反种族主义教育者看来，具有多方面的含义。其一，它是一种存在状态，这种状态是由否认历史上白人对少数群体造成的伤害构成的；其二，它是等级社会中的一种财富、标识或地位，权力和特权依附其上并施加影响；其三，它是白人评价、诋毁他者身份和话语的一种立场（standpoint）；其

①　［美］迈克尔·W. 阿普尔. 教育的"正确"之路［M］. 黄忠敬，吴晋婷，译. 上海：华东师范大学出版社，2008：274.
②　关于 whiteness 的翻译比较有代表性的有如下几种，其一为"白人之白"；其二为"白人性"；其三为"白人特权"。当然还有更多的是根据语境直接翻译成"白人"。这里取其一。

四，它是一组未命名的、被视为是普遍的、中立的或规范的文化实践；其五，它既是一种允许白人垄断物质和文化资源的一种结构性定位（a structural location），也是一种策略；其六，它是一种资本形式，无论其人社会地位或生活地位如何，都可以从中获得利益。另外，它还是保护特权的一种方式，白人因此抵制"改变"及和解。①

如何认识白人之白并解构这种白人之白？反种族主义教育者借用的实际上是后现代主义的假设，这种假设认为，西方认识论是一种不应享有其特权地位的霸权形式，体现在社会科学实践中的西方认识论，对由什么构成知识一开始就进行了限制，充满了主观性和价值偏好性的问题，因而它不具备客观的、事实上的或普遍性的优先权。在极端的解释中，西方认识论仅仅代表欧洲中心的白人男性统治。反种族主义教育者声称，白人决定了什么可以作为知识。有时候它被比喻为扭曲的社会思维、不健全的社会意识或社会癌症。在这里，种族主义就不是一种根源于物质力量和生产关系的结构性现象，而是一种关涉品质性的定义。

批判的种族教育理论旨在揭露统治者（白人）如何在教育体系中获得利益并维护既得利益，期望能够消除教育中的种族、阶级和性别的压迫，从而实现教育公平或种族正义。在反种族主义教育者们看来，白人之白是定义"他者"的文化标志。因为拥有"白人之白"会产生不劳而获的好处，如果要纠正普遍存在的不平等，就必须使"白人之白"成为问题。为此该理论不遗余力地批判大中小学里存在的精英主义的（meritocracy）、无肤色歧视的（色盲，color-blindness）或种族中立的机会均等的假象。

三、揭露白人霸权的教育策略：基于日常经验知识

如何意识到白人之白形成的种族歧视与压迫性的问题呢？批判教育学者认为，"在保守主义的时代，我们最好以我们教师或学生的身份和经历作为起点"②。在反种族主义教育者看来，一个人的身份、特权和经历总会影响一个人的思考和感知方式，也会影响到他知道什么以及不知道什么。由此，在反种族主义的实践中，采取的是一种基于学生生活经验知识的理解策略。也就是说，一些教育者常常鼓励学生在课堂上讨论他们所见所闻的种族主义事件以批判白

① PRAMUK C. Strange Fruit：Black Suffering/White Revelation [J]. Theological Studies，2006 (2)：345－377.

② ［美］迈克尔·W. 阿普尔. 教育与权力 ［M］. 曲图图，刘明堂，译. 上海：华东师范大学出版社，2004：1995 年版前言 1.

人的种族主义与霸权。他们常用的方法主要有多元的叙事方法，包括说故事、家庭历史、自传、叙述情节、寓言、年表等。在这些教育者们看来，无视教育中的种族歧视所犯的错误不仅仅是教育上的问题，更是道德上的问题。当然，他们不仅分析种族主义事件，同时也非常重视对种族主义问题的干预。下面是一个典型的案例：①

1999 年 9 月 17 日，6 名非洲裔美国学生在伊利诺伊州迪凯特（Decatur, IL）的一场高中足球比赛中卷入了一场混战。那次事件后，迪凯特学校董事会给了他们开除两年的处分。自这一事件发生以来，围绕着学校暴力、种族、社会阶级以及学区学生行为和纪律规则的执行等问题爆发了一场激烈的争论。当这一事件发生在 1999 年秋季学期时，在批判种族理论课上，一些学生讨论了对这一行动的某种回应，支持迪凯特的非裔美国居民和年轻人抗议迪凯特学校董事会的"零容忍"（zero-tolerance）暴力政策行动。当师生阅读种族的理论时，学生们决定结合这个批判性的种族理论采取行动。在理论课上，师生不仅阅读了金伯利·克伦肖、理查德·德尔加多、德里克·贝尔（Derrick Bell）和其他批判种族理论的创始人的著作，还批判性地从批判种族理论的这些立场和他们自己的种族主义个人经历中提出了一些问题，追问为什么在我们自己的地区看到如此高比例的针对非裔美国青年的纪律处分。例如，迪凯特附近三个邻近城镇 1998—1999 年的数据说明了学校纪律处分中非裔美国人比例过高的问题。在尚佩恩区（Champaign district），白人入学率为 63%，白人暂停学业率为 36%，而非裔美国人入学率为 31%，同一地区的非裔美国人的停学率为 62%。在厄巴纳区（Urbana district），白人入学率为 62%，而白人暂停学业率为 47%；厄巴纳的非裔美国人入学率为 28%，但他们的暂停学业率为 49%。在丹维尔区（Danville district），白人入学率为 61%，而暂停学业率为 47%，但非裔美国人的可比数字分别为 33% 和 49%（布切，2000 年）。

从课堂上对批判的种族理论的讨论以及根据这些叙述所进行的述说，从课堂上一些学生在学校中遭遇的种族主义的个人经历以及他们自己应对种族主义的努力来看，学生们决定参与游行和抗议，因为他们认为这不是一个地方性的问题，而是一个更广泛的公民权利问题，需要加以解决，这个问题对非裔美国学生产生了不同的影响。这些学生认为，他们有责任通过参加游行，努力支持抗议活动，将理论（即教育中种族政治的课堂阅读）付诸行动。学生们在各种

---

① PARKER L, STOVALL D O. Stovall. Actions Following Words: Critical Race Theory Connects to Critical Pedagogy [J]. Educational Philosophy and Theory, 2004 (2): 167-168.

游行之后的正式班级会议上，以及他们自己举行的非正式会议和焦点问题小组会议上，讨论了他们对迪凯特事件所涉及的问题的想法和感受。他们中的一些人还组织并参加了自己的校园游行和守夜活动，并向伊利诺伊州厄巴纳联邦地区法院（The Urbana, IL, Federal District court）提起诉讼，声称学校董事会侵犯了六名非裔美国迪凯特学生的正当权利。针对这一现象，有些教师认为，"学生应该来上课，准备好做研讨会的工作和布置"。但是，在迪凯特事件研讨会上引发了师生们的"兴趣趋同"现象，因为种族理论与学生的抗议联系在一起，这无疑对迪凯特和香槟厄巴纳学校的学校纪律政策中的种族主义和非裔美国人整体上的公平提出了挑战。当然，这种挑战也无疑针对的是伊利诺伊州迪凯特事件中的学生。

四、种族问题研究的跨学科视域

批判的种族教育理论具有批判教育学的学科特点，即跨学科性。它结合了妇女研究、社会学、历史学、法学、心理学、电影、戏剧、小说、诗歌等其他相关领域，把种族与种族主义置于历史与现代的情境中进行脉络式分析，以使其研究的内涵更丰富、更深入、更贴近真实。

第三节 批判的种族教育学的方法论特色

故事法是批判的种族教育的主要方法。海曼（R. L. Hayman）认为讲故事的方法有如下优点：

其一，故事的确切性（the Determinacy of Story）。不是说故事能更精准地反映真相（truth），而是故事对真相的反映更为精准。换句话说，用叙事的方法，我们的认知更为真实。共同的认识是，讲故事能传递真理，能准确描述文化传统或习俗。当然，在统一及确定性的意义上讲，一些故事不能指望能反映真相，除非是那些能够提供经验性知识的直接性的故事。讲故事不是宣示事情的最终的真相，而是鼓励质疑，鼓励改变认知框架（perceptional framework），鼓励我们从不同的文化、伦理、经济、种族以及个人的角度去看问题。

其二，故事的客观性（the Objectivity of Story）。故事情节（storyline）为创造事件（events）的意义提供了框架，因为它将各种事实置于一个情景之中。当事人、证人、事实的发现者们通过故事的形式将事实和证据组织起来理解这些事实和证据。因为将事件作为更广泛的社会结构的一部分来理解，所以，讲故事的方法能使我们理解情景化的意义。

其三，故事的公正性（the Impartiality of Story）。虽然有些人批评叙事的方式过于强调特殊性及其在经验与理论的一般性之间不完全的沟通（imperfectly mediating），但是叙事却使个人叙事与一般理论之间的边界不再那么明显。如果我们开始不是将故事作为虚构的或私人的故事，而把它看作是引导我们走向公共领域的通道，那么这些叙事的特殊性就成了我们解释、确定一般性的或理论上的观点的一个途径。表面看，在描述事实或事件中，讲故事会加大与真相的距离，也就是说，叙事的形式极有可能使作者陷入偏向性的解释或论述，但是，偏见的存在即使在传统的教条式的分析中也同样存在。故事全面或复杂或多或少，取决于作者提供的特殊性的程度、细节的丰富性及探索性对话的类型。①

的确，讲故事的方法在教育研究中的运用也有成功案例。如阿曼达（Amanda）对巴尔的摩市的八个以白人精英学生为主的公立学校里的黑人学生的研究、② 佛南德兹（Fernandez）对芝加哥一所拉丁裔学生为主的中学生的研究、③寺西（Teranishi）对美国加州的菲律宾裔中学生的研究④、索罗扎诺（Solorzano）对三所顶尖大学的黑人学生与教师的研究⑤等，这些故事法较深刻地反映了有色人种学生们对现实中的教育情景的认知所反映出的种族经验。

总体看，批判的种族教育学促使了批判教育学向"种族"问题研究的位移，为解决种族问题提供了一些有效策略，相关的教育者（包括教育理论工作者和实践工作者）甚至介入了为争取种族解放和平等的实践斗争并取得了一定的成果。不过，有人对90年代以来160篇相关研究文献进行分析后认为，虽然作为集教学、课程以及组织策略于一体的反种族主义教育被认为是当今理解种族关系最进步的一种形式，但它是由对"白色之白"的研究及对"色盲"的批判所

---

① HAYMAN R L. The Tales of White Folk：Doctrine，Narrative and the Reconstruction of Racial Reality［J］. California Law Review，1996（84）：420-430.

② AMANDA D，COOPER R. Peer Networks of African American Students in Independent Schools— Affrming Academic success and Racial Indentity［C］//Foundation of Critical Race Theory in Education. New York：Routledge，2009：131-147.

③ FERMANDZ L. Telling Stories About School：Using Critical Race Theory and Latino Critical Theories to Document Latiba /latino education and resistance［J］. Qualitative Inquiry，2002（8）.

④ TERANISHI R. Asina Pacific Americans and Critical Race Theory：An Examination of School Racial Climate［J］. Equity and Excellence in Education，2002（35）.

⑤ 具体参见：SOLORZANO D G. Critical Race Theory，Race，and Gender Microaggressions，and Experience of Chicana and Chicano Scholars［J］. International Journal of Qualitative Studies in Education，1998（11）.

构成的。它不是奠基于社会学之上的而对美国社会中的种族意义进行以经验为基础的描述，相反，它是一种以道德为基础的教育改革运动，体现了福音派新教中常见的忏悔和救赎模式。无论反种族主义教育是否获得了更广泛的接受，其本身存在的问题都会引起争议。① 孰是孰非，目前也争议不断。

批判的种族教育学是在批判多元文化主义教育的基础上发展起来的，对教育中种族平等、社会正义的推动有一定的作用，但也因其过于注重揭露批判而缺乏建设性的方案而受到学者们的批评。其研究方法也因过于重视质性方法，特别是讲故事（story telling，也有的翻译为"经历叙述"② ——笔者注）的方法而表现出一定的研究偏失，影响其解释力和说服力。

---

① NIEMONEN J. Antiracist Education in Theory and Practice：A Critical Assessment [J]. Am Soc，2007（38）：159.
② 吕世伦，孙文恺. 美国种族批判法学述评 [J]. 中国社会科学，1998（4）：131.

第六章

批判的女性主义教育学：追求性别正义

性别问题是批判教育学观照的主要问题之一。不过，一开始批判教育学并没有关注到性别问题，随着女性主义的兴起，批判教育学者开始关注性别（女性）问题并有意识地吸纳了女性主义的有关思想。而女性主义也在追求女性解放的运动中看到了批判理论（包括批判教育学）的理论价值，所以，批判的女性主义教育学（也称女性主义批判教育学，feminist critical pedagogy），实际上是女性主义与批判理论对教育问题观照时进行融合而发展出的一种理论，或者说就是女性主义教育思想与批判教育思想融合而成，也可以说是批判教育学在性别问题上的一种应用。根据凯瑟琳·韦勒（Kathleen Weiler）的观点，女性主义教育学在美国的发展，是批判教育学在实践中的一个例子。[①] 当然，在某种意义上讲，批判的女性主义教育学也是女性主义教育学针对批判教育学的缺点而形成的，因为"批判教育学中影响较大的学者都是男性，缺乏女性经历及知识结构，其对社会父权制的批判流于表面"[②]。

"女性主义批判教育学"和批判教育学一样，关注的是课堂上的权力、公平和权威问题，但它也将性别作为一个关键因素加入了其中。[③] 以色列学者哈齐·戈尔·齐夫（Haggith Gor Ziv）在《幼儿教育中的女性主义教育学》（*Feminist pedagogy in early childhood teacher's education*）中明确提出了女性主义批判教育学的概念：批判教育学试图研究资本主义下教育创造和实施阶级分裂的方式。此外，女性主义批判教育学还试图探索性别不平等是如何通过教育系统持续存在的，并提供了努力创造社会变革的解放的、教育的替代品（Shor 和 Freire，1990）。

---

① GUR-ZE'EV I. Feminist Critical Pedagogy and Critical Theory Today [J]. Journal of Thought, 2005, 40 (2): 55-72.

② 辛治洋. 批判教育学的困境与出路 [J]. 比较教育研究, 2004 (9): 8.

③ KIRSCH G E. Review: Feminist Critical Pedagogy and Composition [J]. College English, 1995 (6): 723-729.

女性主义为我们提供了一个视角，让我们通过认识父权制下性别的层次性来分析和理解社会世界中的现象。女性主义批判教育学力图通过教育促进社会不同群体之间的平等，揭示教育中边缘化某些群体的机制。如性别偏见的课程、给学生的隐性和显性信息、教学风格对男孩和女孩的影响。①

女性主义批判理论，代表人物包括艾利斯·马里恩·扬（Iris Marion Young）、塞拉·本哈比（Seyla Benhabib）、南希·弗雷泽（Nancy Fraser）等。而女性主义批判教育学者，包括伊丽莎白·埃尔斯沃斯（Elizabeth Ellsworth）、詹妮弗·戈尔（Jennifer Gore）、卡门·卢克（Carmen Luke）、帕蒂·拉泽尔、贝尔·胡克斯、凯瑟琳·韦勒等。

从保罗·弗莱雷对批判教育学的奠基到阿普尔、吉鲁、麦克拉伦等对批判教育学的丰富以及后现代主义的影响，都可以看到女性主义与批判教育学之间的交融。

第一节　女性主义的演进

西方女性主义的发展可以大致分为三个阶段：第一阶段第一代女性主义（19 世纪下半叶到 20 世纪初），第二阶段现代女性主义（20 世纪初到 20 世纪 60 年代），第三阶段后现代女性主义（仍然在发展中且与多种理论或社会运动联系起来）。不过，女性主义真正兴起还是在 20 世纪六七十年代，该时期也是其理论产生的重要时期。

早期的女性主义运动只在浅层面接受性别、种族、阶级影响甚至决定女性命运的事实，却无法从更深层次理解这三者是如何形成女性主义理论及影响女性主义实践的。20 世纪 60 年代初的女性主义运动宛若浮萍，没有更深的理论根基。发展到 60 年代中后期，妇女解放团体在美国各地兴起，如 1966 年弗里丹联合创立的美国国家妇女组织（National Organization for Women，NOW），该组织的创建促进了男女两性平等、增加了就读大学和研究生院及从事专业工作的女性人数、维护女性堕胎和获得生殖健康权、维护女同性恋权益、推进多样性消除种族主义及性别歧视，同时美国国家妇女组织也是最早将黑人妇女的关注纳

---

① ZIV H G. Feminist Pedagogy in Early Childhood Teachers' Education [J]. Journal of Education and Training Studies，2015（6）：198.

入其努力的妇女组织之一。①

20世纪70年代，激进女性主义理论流派登台，受批判教育学尤其是保罗·弗莱雷解放教育中受压制者的教育思想影响，父权制（patriarchy）成为其主要批判对象。这时候的女性主义批判教育学关注以性别、种族、阶级与年龄等联结而成的压制与特权系统，其分析与评论集中于学校和社会中性别差异产生和维护的途径，包括教育、教育研究、知识观等几方面的派生影响。课程中知识如何产生、由谁决定也是其质疑和关注的问题。如女性主义批判教育学者贝尔·胡克斯就利用教师权威让学生检视存在于教室中因性别、种族、阶级所产生的不平等权力关系。② 贝尔·胡克斯的批判性课程观及参与式教学（engaged pedagogy）也是女性主义批判教育学的重要成果。

20世纪80年代中后期到90年代，女性主义出现后现代转向。法国的后现代女性主义代表人物有：克里斯蒂瓦（Julia Kristeva）、塞克瑟斯（Helene Cixous）、伊丽加莱（Luce Irigaray）等。她们将后现代理论导向对父权文化和生殖器中心话语的女性主义的批判。这一思潮从1968年开始出现在女性主义之中。美国的代表人物主要有朱迪斯·巴特勒（Judith Butler）等人。她们通过公开质疑批判教育学关于"权力""赋权""理性"等观点，这时候的女性主义批判教育学者的理论更趋近于米歇尔·福柯及让·利奥塔等人的观点。这种后现代的女性主义批判教育学具体化了激进多元文化主义的弱点，也对批判教育学的核心要素进行了合理而尖锐的批判，并在批判教育学框架内提出了自己的重要见解。

20世纪90年代至今，女性主义批判教育学的研究主题进一步扩展，批判生态女性主义探究批判性动物研究、植物研究、可持续性研究、环境正义、气候变化与气候正义男性气概和性行为等众多议题。1993年，在题为《生态女性主义：迈向全球正义和星球健康》（*Ecofeminism: Toward Global Justice and Planetary Health*）的文章中，批判生态女性主义代表人物格雷塔·加德（Greta Gaard）和洛瑞·格鲁恩（Lori Gruen）提出了"生态女性主义框架"，认为家长制的兴起、性别等级制的建立、自我和其他二元论的权力伦理统治等是我们星球疾病的

---

① SCHNEIR M. Feminism in Our Time: The Essential Writings, World War II to the Present [G]. New York: Vintage Book, 1994: 98.

② HOOKS B. Talking back: Thinking Feminist, Think Black [M]. Boston, MA: South End Press, 1989: 28.

根源。①

第二节　不同的女性主义教育观

女性主义（feminism，也翻译为"女权主义"，不过女权主义更多的是争取男女平等权的一种实践运动——笔者注）就是基于天赋人权而产生的、以男女平权或男女平等为核心的思想和理论。它指导了实践（女权运动），又在实践中得到检验、批判和发展，并最终成为世界性的政治社会文化思潮。发展到当代，女性主义理论流派众多，其中影响较大的不同的思想流派有三个：② 自由主义女性主义（liberal feminism）、社会主义女性主义（Socialist feminism）、激进主义女性主义（radical feminism）。自由女性主义与功能主义、人力资本和现代化理论联系在一起；社会主义女性主义与冲突理论和马克思主义理论有关，而激进的女性主义与则与解放的理论有关。就其倾向看，自由女性主义强调经济力量，激进主义女性主义强调意识形态的力量，而社会主义女性主义则联结这二者。女性主义与当代的社会理论和社会运动紧密联系在一起，还可从不同的角度概括出"后现代女性主义"（Postmodern Feminism）、"生态女性主义"（ecofeminism、ecological feminism），等等。

一、自由主义女性主义

自由主义女性主义是最古老而常见（conventional）的一种流派。根据美国学者的研究，西方 19 世纪的女权主义（也就是第一次浪潮）并不是真正意义上的女权主义的第一次浪潮。它最早可以追溯到 15、16、17 世纪。因为那时的妇

---

① GAARD G，GRUEN L. Ecofeminism：Toward Global Justice and Planetary Health ［J］. Society and Nature，1993（2）：1-35.

② 这里需要说明的是，学者关于女性主义思想流派的划分意见不一。有五分法：如认为女性主义可以分为自由女性主义、马克思主义女性主义、社会主义女性主义、激进女性主义、第三世界女性主义和黑人女性主义；也有四分法：认为女性主义可以分为自由女性主义、马克思主义女性主义、社会主义女性主义、激进女性主义；还有三分法：认为女性主义可以分为自由女性主义、社会主义女性主义、激进女性主义。鉴于马克思主义女性主义与社会主义女性主义极大相似，加上第三世界女性主义和黑人女性主义思想与其他女性主义思想有交叉的地方，因此这里采用三分法。

女就已经提出,她们作为有理性的、有尊严的主体应当得到合理的教育和尊重。① 最早比较系统地表明女性追求平等的思想的应该是朱迪思·萨金特·玛丽(Judith Sargent Murray),她在 1790 年发表了《论两性的平等》。

自由主义女性主义以自由主义哲学和政治理论为基础。其产生的背景是法国革命和西欧的启蒙运动。其思想发展脉络源于 16、17 世纪的社会契约理论。② 这一理论的依据是,人们具有同等的理性潜能这一假设,主张人人生而平等。在自由主义的思想传统中,平等主要被解释为机会均等。这样,自由主义女性主义实际就是起源于那种女人必须在社会中获得与男人一样的机会和权利的观念。

具体来说,自由主义女性主义主要信奉如下基本信条:③

(1)信仰理性。在美国女社会改革家弗兰西斯·赖特(Frances Wright,1795—1852)看来,理性是真理的来源,作为个人的良知,它远比任何既定的制度和传统更可靠。

(2)坚信女人拥有和男人一样的灵魂和理智;换句话说,在本体论上,女人与男人是完全相同的。

(3)相信教育——特别是在批判思维方面的训练——是影响社会变迁乃至改造社会最有效的工具。

(4)认为每个人都是孤立的个体,独自寻找真理,是一位理智、独立的行动者,其尊严取决于这种独立性。

(5)启蒙时期的理论家都赞同天赋人权说,尽管最重要的理论家并没有把他们的要求局限于政治权利,但 19 世纪的妇女运动的主流则坚持妇女的政治权利,特别是选举权。

早在美国独立前的一百多年间,欧洲启蒙思想就开始在北美传播,在欧洲启蒙思想的熏陶下,北美殖民地也产生了自己的启蒙思想家,代表人物是本杰明·富兰克林(1706—1790)和托马斯·杰斐逊(1743—1826),他们反对奴隶制,主张人民享有自由、平等的权利。《独立宣言》所强调的人人生而平等的天赋人权思想为美国女权运动奠定了思想基础,由此也产生了一大批自由主义女性主义者。代表性人物有弗兰西斯·赖特、萨拉·格里姆凯(Sarah Grimke,

---

① [美]约瑟芬·多诺万. 女权主义的知识分子传统 [M]. 赵育春,译. 南京:江苏人民出版社,2003:第三版前言 1.
② 李银河. 女性权力的崛起 [M]. 北京:中国社会科学出版社,1997:97.
③ [美]约瑟芬·多诺万. 女权主义的知识分子传统 [M]. 赵育春,译. 南京:江苏人民出版社,2003:12.

1792—1873）、索杰纳·特鲁斯（Sojourner Truth，1797—1883）、苏珊·安东尼（Susan Anthony，1820—1906）、伊丽莎白·凯蒂·斯坦顿（Elizabeth Cady Stanton，1815—1902）、弗里德里克·道格拉斯（Frederick Douglass，1817—1895）、哈里特·泰勒（Harriet Taylor）等。

自由主义女性主义者关注的是那些拒绝了女性个人利益和选择的不公正的法律与教育体制，因此他们特别强调女性受教育的权利。在他们看来，女性之所以显得智力低下，是因为她们没有得到与男性相同的受教育机会。这让他们非常注意教育机会的追求。在他们看来，刻板印象（stereotyping）和性别歧视（discrimination）形成了女人较少的受教育的机会、就业机会以及在其他方面机会也相对少的境地。自由主义女性主义要求更好的资源分配以便女性能获得公平的教育机会。自由主义女性主义三个最主要的观点是：（1）平等的机会；（2）社会化和刻板印象；（3）性别歧视。

自由主义女性主义吸取了功能主义的观念，即学校教育是精英教育，它的成功主要依赖于个体的动机和智能。自由主义女性主义不强调改变社会，相反旨在在现有的西方工业社会制度框架内改善女性的处境。学校和教育被认为是积极的和良好的，对它们的改进应该在既存的制度内进行。其策略包括尝试扩大入学机会、推行一些"好的做法"，这些"好的做法"包括建立机会平等委员会以及通过培训来改变师生的性别歧视态度等。自由主义女性主义建立在这种假设之上，即学校教育是积极的和改进女性的福利。社会进化是假定的，政府被设想为一个乐善好施者，它为了人民的利益而提供服务和商品。

自由主义女性主义者认为，教育不平等的现状是国家通过立法和教育政策和实践来维持的。因此，其关注的社会焦点就在于制定平等的教育法律和政策以改变教育实践。自由主义女性主义因忽视父权制、权力以及妇女的制度性从属（systematic subordination）以及忽视种族和阶级的影响而受到批评。社会主义女性主义提出了这些问题。

二、社会主义女性主义

社会主义女性主义致力于理解由资本主义父权制派生的权力体系。"资本主义父权制"这个词强调的是资本主义的阶级结构和性等级结构之间的辩证的、相互作用的关系。理解资本主义和父权制之间的相互依存对社会主义女性主义的政治分析至关重要。尽管父权制（及大男子主义）在资本主义以前就存在，并在资本主义的社会里得到延续，但如果要改变这个压迫结构，我们要弄明白它们现存的关系。在这个意义上，社会主义女性主义超越了孤立的激进主义的女性主义理论。①

　　社会主义女性主义借用了马克思主义的有关理论。如马克思主义的唯物主义决定论（以及意识形态和阶级意识的形成）、劳动和资本主义理论（特别是异化劳动）、实践和经济价值决定论等。不过，它所揭示的不是纯粹的马克思主义，而是（主要）被激进的女权主义改造了的马克思主义。实际上就是新马克思主义。② 在批判性地运用马克思主义的认识论、方法论和范畴的基础上，社会主义女性主义者们结合激进女权主义、精神分析学等对妇女生活和性别制度进行了富于启发性的分析，大大促进了人们对性别与政治、经济之间关系的理解。

　　一般认为，社会主义女性主义的主要论域包括：（1）确定家庭在资本主义社会中的作用，其大量的分子主要是围绕家务劳动问题以及它对资本主义的贡献；（2）靠工资为生的妇女她们与生产方式之间的直接关系是怎样的；（3）妇女和阶级的关系；（4）家庭在意识形态社会化过程中的作用；（5）马克思主义的范畴，如实践的思想、意识形态以及意识的本质。

　　人们认为，到了90年代，七八十年代的社会主义女性主义的缺陷就暴露无遗了，其主要缺点在于：（1）总是渴望用一因或几因去解释妇女的从属地位，忽略了现实生活的复杂性；而且往往认为其中最重要的原因是物质生产关系，其他的原因也由物质生产而起，所以七八十年代的社会主义女性主义者总想把女性主义与马克思主义嫁接。（2）在这种追根溯源中，将妇女本质化为受害者，且彼此之间没有差异。虽然有的女性主义者也会提到要注意不同阶级、种族妇女的不同情况，但这些对差异的关注往往被寻找普遍性根源的努力和策略上的本质化、一体化所淹没。③

　　社会主义女性主义讨论社会与权力问题以及自由主义女性主义没有提出的一些问题。国家被视为一种"联合行动并与将妇女置于从属地位的经济利益密切相关的"机构。与自由主义女性主义不同的是，社会主义女性主义并不认为教育是积极的。相反，学校再生产了当前不公平的情形。教育被认为是一种退步而不是进步的有机体，它哺育了性别歧视性文化（sexist culture）。根据社会主义女性主义的观点，学校课程体现了性别假设，有性别歧视的劳动分工成为

① 王政. 女性的崛起：当代美国的女权运动 ［M］. 北京：当代中国出版社，1995：148.
② ［美］约瑟芬·多诺万. 女权主义的知识分子传统 ［M］. 赵育春，译. 南京：江苏人民出版社，2003：93.
③ 王向贤. 社会主义女权主义的流变及发展 ［J］. 山西师大学报（社会科学版），2002（3）：100.

教育的语境。另外，性别歧视是"特殊学科的理论与方法的突出的因素"。鲍威尔和金蒂斯曾认为，学校没有提供一元化的制度，其目的在于生产两大社会阶级：资产阶级和工人阶级。在社会性别语境中，学校的作用就在于保持性别不平等。将性别问题与阶级斗争一并分析提供了一个分析的理论框架。

社会主义女性主义的分析框架的长处在于体现了其他不平等的因素。种族与阶级被视为与教育中的社会性别相互作用，彼此难分。一些批评者对社会主义女性主义的研究方法提出了批评，认为他们没有必要直接讨论这个问题。尽管社会主义女性主义话语有宏观社会学的本质特性，但它的大多数实验数据却是来自基于学校观察的微观社会学层面。经验分析的缺乏也是为人诟病的来源之一。大多研究教育的社会主义女性主义强调理论论据、历史研究和政策分析，相对而言，很少运用实证分析的方法；也因为重理论而轻实践遭到批评。

三、激进主义女性主义

激进主义女性主义关涉的是文化和知识的男性垄断以及学校日常生活中的性别政治。它将教育问题的重心放在课程、学校的女教师、女孩进入管理和决策等方面。激进女性主义认同这一点，即教育是将女性从从属地位中解放出来的工具。但是现有的正规学校教育不能服务于这一目的。正因为如此，激进女性主义支持选择非正规的教育形式。

在对待学校和教育的作用这点上，激进女性主义与社会女性主义有相似之处。国家通过强有力的保护作为社会核心单位的家庭而维护妇女从属地位的核心的代理人而行动。这种理论观点来自拉丁美洲的解放理论。解放理论的目的在于变革社会。它认为正规的学校教育不是社会变革的核心代理机构，尽管社会变革本身也是一种教育过程（Shor，Freire，1987）。现存的学校制度因维护一种"储蓄的教育观"而遭到指责。这种观点主张学生储存来自教师的知识。

激进女性主义着力于父权制和权力问题。它将重点放在父权制和权力的问题上有助于解释在学校和在更广泛社会中妇女受压迫的问题。在微观层面上，它讨论学校中的性和性骚扰问题，这是其他女性主义谈得比较少的问题。

女孩不仅接受较少的教学，而且她们的课堂表现常常招致口头或非口头的嘲讽。在宏观层面，过高的妇女文盲率，主要是因为国家依赖于女性的生物性的再生产，这种生物性的再生产只需要最低限度的知识和技能，对受教育没有很大的需求。

当自由主义女性主义指向改进现有的学校制度时，社会主义女性主义与激进主义女性主义则指向基础性的变革。它们不相信现有的正规教育能满足女性的需要。

在女性主义思想中，最近出现了某种合流，在解释女性从属地位方面将意识形态与物质因素结合起来。这使得社会主义女性主义与激进主义女性主义比以往更接近。这些女性主义发现在改善女性状况方面，国家的能力极其有限，而国家之外的团体，尤其是妇女经营的组织在维护女性利益方面成为重大教育变革、社会变革的可能性的资源。

在这三个流派中，激进主义女性主义因为最缺乏清晰性而遭到批评。其研究方法也因采用许多被认为是"非常规"的方法遭到质疑。它的生成（generalization）也因很少关注种族问题而遭到非议。

不同的女性主义流派有不同的教育观，见表 6-1 的比较：①

表 6-1　不同的女性主义流派的教育观

女性主义理论	自由主义女性主义	社会主义女性主义	激进主义女性主义
相关社会理论	功能主义理论；人力资本理论；现代化理论	新马克思主义理论；冲突理论	解放理论
关键概念	机会平等；社会化和性别刻板印象；性别歧视	性别和社会分工；再生产	父权制；男性的文化知识垄断；学校的性别政治学
权力	经济权	意识形态和经济权的联合	意识形态的权力
国家被视为	乐善好施者	使妇女处于从属地位的经济利益密切相关的集体行动者	维护妇女从属地位的代理人
学校被视为	社会迁移的中介	再生产和维护现有社会阶级的中介	对某类人实施不正义和压迫，如性骚扰的地方
取向	实践取向	理论取向	描述的和现实的取向
可能的介入 a. 倾向	基于现存学校；数字的（量化的）取向	基于现有学校；教育内容取向	教育形式的选择；单性学校
可能性的介入 b. 方法	资源的更好分配；提高女性机会	课程的修改；意识的提升	意识；意识化；优先妇女利益

① YOKOZEKI Y. Gender in Education and Development ［J］. Journal of International Cooperation in Education, 1998, 1（1）: 50.

第三节　批判的女性主义教育学的主要观点

正如有人指出，"在 20 世纪中后期妇女解放运动、黑人权利运动、民主教育运动等政治社会运动的交互影响下产生的西方女性主义教学论（即女性主义教育学——笔者注），它以女性主义思维重构了课堂场域中的权力关系，改变了传统的知识生产模式，展现了'不守规矩的知识'的创造性、民主性魅力，跨越国界成为世界教育改革的重要组成部分"。它是"在汲取现代教育教学理论与实践精华的基础上形成了基于女性经验创造新知识、以学生为主体公正参与合作学习的新特色，颠覆了传统课堂场域的知识生产模式和权力关系，建构民主活泼的课堂新秩序"。① 因此，批判的女性主义教育学有其独特的魅力和价值。

一、教育目的观：实现性别正义

批判的女性主义教育学的终极目的与女性主义的终极目的密切相关。从女性主义发展的历史看，其目的就是为女性争取解放与平权而达致一个性别正义或公正的社会，这与批判教育学追求社会正义的终极目的也是一致的。不过，西方女性主义运动后来的发展不仅仅限于性别问题，阶级、种族、生态、性取向等问题也是其中心议题。1977 年全美妇女联合会宣言就明确表示，为推动和维持"能够突破现有意识和知识系统的教育策略"，从而达到改变个人、制度以及人与人之间的关系，并最终改变整个社会的目标，全美妇女联合会提出的改革目标是"创造一个没有性别、种族、阶级、年龄、性取向等歧视的世界，远离所有为了一部分人的利益，而自觉不自觉地压迫和剥削另外一部分人的意识形态和社会机制"②。当然，这些议题的分析总是基于女性的视角。所以性别关系问题始终是女性主义教育学关注的核心问题。

由于启蒙运动、新教发展以及个人主义的影响，早期自由主义女性主义教育学主要关注女性的自然权利、公平和民主，追求的是男女性别的平等。进入20 世纪 60 年代后，女性主义受到民权运动、新左翼运动和反越战等社会运动的

---

① 张小宝，詹欣．超越与限制：西方女性主义教学论新探［J］．广西社会科学，2019（5）：176.

② 余宁平，杜芳琴．妇女学的全球与区域视界：不守规矩的知识［M］．天津：天津人民出版社，2003．50.

影响而趋于激进，但也开始了其理论建构，为后来的女性主义教育学的发展奠定了理论基础。这主要表现在三个方面：首先，女性主义提出了"父权制"（patriarchy）这一重要思想，继而成为女性主义研究妇女受压迫的基本理论；其次，提出了"女性受压迫的普遍性"假设；最后，提出了"培养女性意识"的主张。① 不过，进入 20 世纪 80 年代后受后现代主义强调多元、关注差异等思想的影响，女性主义开始主张性别间性，即突出男女之间差异的绝对性和相同的相对性，主张两性之间的和谐共存关系。在当代，女性主义者将主体间性思想引入性别正义的理论，代表性的有苏哈克（Marjorie Suchocki）所强调的两性之间的互依性和开放性关系以及伊利格瑞（Luce Irigaray）所重视的男女之间"爱"的交互主体性。甚至主张由"I love to you"替代"I love you"。"to"的加入不是对语法结构的破坏，而是对"我"与"你"关系的重建，试图改变"我把你（他/她）视为我的对象/客体"这种非平等的关系格局。②

对性别公平或正义的论述更具有批判色彩的当属南茜·弗雷泽（Nancy Fraser），她可以作为批判女性主义理论的代表。其性别正义体现了批判女性主义教育学的终极价值追求。南茜·弗雷泽是当代美国著名的政治哲学家，是第三代批判理论在北美的重要代表人物。作为一位女性社会批判理论家，关注并致力于实现性别正义是其理论工作的核心任务，也是其建构的正义理论所追求的目标价值之一。她对性别正义问题的研究主要采取的是批判性解读与重构的方法。在经验层面上坚持社会批判的研究思维，从关注女性遭受压迫的社会现实出发，对家庭、公共领域存在的性别非正义模式和根源进行了批判性反思。在规范层面上，探讨了分配正义理论、承认理论的局限与不足，提出了性别正义应以参与平等为基础，包含承认、再分配和政治代表权三重维度的理论观点，对实现性别正义的理论进行了重构。③

由于批判的女性主义教育学的核心在于摆脱父权制文化下的女性从属地位，终结女性不平等命运，所以女性主义天然具有批判色彩，也因此与批判教育学具有内在的一致性。

就具体目标而言，批判的女性主义教育学要求超越个人发展及全纳问题而

① 勾月. 女性主义教育学的演进及其特征 [J]. 沈阳师范大学学报（社会科学版），2017（1）：110.

② 张再林，申丽娟. 由对立走向"男女间性"的性别正义——女性主义政治哲学的范式转型 [J]. 人文杂志，2012（4）：31.

③ 许德强，李琳，洪晓楠. 重塑性别正义——略论南茜·弗雷泽对性别正义的解读与重构 [J]. 大连理工大学学报（社会科学版），2014（2）：74-75.

趋向于社会变革。批判的女性主义教育学有一些基本原则。①

其一，发展社会分析。女性主义教育学主张，教育应超越建立安全、支持性的空间，而走向更具批判性的参与教育，在实践上更经常地进行社会分析与批判。

其二，支持女性领导。女性主义教育学认为教与学的目的之一就是通过女性并为女性培养领导。

其三，建立组织。也就是将工作的组织变为社会分析与批判的地方，所有参与者一起学习的地方。

其四，创造社会变革。从培养公民社会层面入手，致力于社会变革。

当然，女性主义及其教育学的目的的实现，至今任重道远。

二、课程知识观：对男性中心主义的纠偏

（一）知识观

女性主义学者的课程知识观是建立在他们对男性中心主义的批判的基础之上的，主要回答：知识的本质是什么？谁是认识的主体？谁在建构已有的知识（包括教育制度中的课程）？知识（课程）是怎样传递和复制的？② 女性主义认为，长期以来，人类的知识系统是一种社会建制，是一个高度分层的社会体制和结构。西方男性白人精英的经验与观点常被视为全人类的经验；其他族群（包括女性、有色人种、工人阶级等）的历史与经验常被视为是次一等的，甚至是偏离正轨的。在人类现有的知识系统及现有的教育教学内容中，反映被压迫女性的实践和经验是不够的，女性的声音，如同其他被压迫阶层和群体的一样，是被忽略了的。

一些女性主义评论家通过对各学科的审视得出以下结论：（1）这些学科的研究方法遮盖了某类信息；（2）忽略或轻视与女性相关的整个研究领域；（3）对两性的归纳概括只是以对男性的研究为基础；（4）研究本身虽然宣称客观性，但仍有明显的价值取向；（5）知识被作为外在于人类意识的东西来对待；（6）由现存知识和探究模式所产生的知识与我们已经接受的知识，与方法论本身相一致，这加剧了引介新观念的困难；（7）知识被当作男性的知识而不是人类的知识来揭示；（8）在所有的学科中，女性的价值都被降低；（9）许多研究以二元

---

① ENGLISH L M, IRVING C J. Feminism in Community: Adult Education for Transformation [M]. Boston: Sense Publisher, 2015: 104-105.

② 郑新蓉. 性别与教育 [M]. 北京：教育科学出版社，2005：233.

论为视角，以高度理性和技术化为取向。① 女性主义知识论的目标是将女性独有的认知方式也纳入知识论中，从而矫正男性中心主义的知识论，最终实现一种男女认知方式和价值都同样受重视的知识论。

重新认识情感在知识构成中的作用是凸显女性认知价值的一个重要维度。女性主义知识论重视情感的表达以及价值因素在知识中的地位和作用，强调知识的情境性、多元性和局部性，使人们对知识的理解更加完整全面。女性主义知识论认为知识首先是情境的，具体表现在认知者的社会情境性以及社会处境对知识生产的影响。在女性主义者看来，任何知识都是在社会情境中产生的，是建立在具体的、历史的、特殊的人类生活经验之上的，人类的认识都是不同的个人或不同的群体的实践和经验的产物，这种经验和实践是与每个人在社会生产和再生产中所处的地位、拥有的利益和机会相联系的。作为被压迫人群和边缘人群（基于阶级、性别和种族等原因）与压迫者和社会精英集团相比，在人类知识的建构上，一方面具有被排除、被剥夺的处境，另一方面也具有认识上的优越性。女性主义还认为，知识是个性化的，同时又是有局限的，没有一种公允的、纯客观的知识可以替代个体的和个性化的人的知识。因此，女性主义教育学不是传播公认的、权威的、既定的和正统的人类知识，而是要批判建筑在这种以男权为中心的认识论上的关于学科、学理和课程的观念。在学科或科学的建设上，女性主义的一个比较主要的观点就是以女性及其他边缘人群的生活经验为背景和来源，建立消除包括性别歧视在内的一切压迫性和不平等的新知识。

（二）课程

女性主义以独特的性别视角，对课程领域进行了全面审视和批判。传统课程结构中的父权制、科层制，主流课程文化中的男性霸权、男性话语与性别歧视，课程实践中性别化教育模式、性别定式，是女性主义分析和批判的主要对象。② 总体来说，不同流派的女性主义在课程上的观点并不一致，有的还相去甚远。从总体来看，女性主义课程观有这样两个特点：一是特别关注课程中的性别不平等问题；二是主张建构服务于妇女解放的课程。③

---

① ［美］派纳. 理解课程［M］. 张华，等译. 北京：教育科学出版社，2003：385.
② 姚文峰. 女性主义课程的性别批判［J］. 外国教育研究，2011（6）：7.
③ 胡振京，杨昌勇. 女性主义课程观述评［J］. 比较教育研究，2003（11）：7.

1. 对课程中性别不平等问题的特殊关注

女性主义对课程中性别不平等问题的特殊关注主要表现在揭露和批判课程中存在的性别偏见、性别刻板印象、性别再生等问题。凯利对学校教科书中的插图、语言、主题选择等一系列问题进行了研究，发现教科书使用的是男性化语言，教科书中的插图、主题选择大多是男性形象，女子形象较为缺乏。① 女性主义认为，在教科书中男性往往被赋予受人尊敬的品质，如理智、客观性、独立性等；女性则较多地被分配给一些带有侮辱性质的品质，如情绪化、不理智、依赖性等。对学生来说，教科书是他（她）们学习的重要材料，正在成长中的男孩、女孩可能正是从教科书中的这些性别形象中获得自己效仿和学习的样板的。在女性主义看来，这些带有性别偏见的课程内容是导致女子在教育中处于不利地位的根源之一。正是因为某些学科缺乏女子形象、忽视女子的知识和经验，增加了女子学习这些学科的难度；同时，某些学科女子形象的缺乏也导致女子疏远这些学科，如女子在选择学科时往往倾向于家庭经济、艺术等，而把数学、物理、化学等排除在外。女性主义认为，课程中的性别偏见、性别刻板印象等反映了官方的性别角色意识形态，它对男性和女性不同的性别期望正是通过带有性别歧视的课程被合法化的。②

2. 建构女性主义课程

女性主义课程观则是女性主义教育的重中之重，其核心是关注两性平等，要求在课程的编制、设计、实施等环节进行改善，使社会性别公平意识融入课程之中，主张建构服务于妇女解放的课程。女性主义者从女性的角度和立场出发，力求解构现代西方国家的主流课程，批判传统学校教育中课程设置忽视、歪曲妇女和社会性别这个问题，揭露在课程中妇女及其知识、经验被边缘化的状况，批判课程控制中的男性霸权。女性主义认为应当对现存的课程进行改革，并提出了一系列旨在消除隐藏于课程之中的性别歧视的主张。这些主张包括：课程改革应致力于揭露父权家长制控制课程的机制；关注女性关心的问题和有关女子的科目，如学术科目中的男性中心问题、学校在男权再生产中的作用及女性的历史等；课程应采取不同的编排和呈现方式，以改变男性经验被视为标准的状况；课程中的性别角色应保持男性和女性平等，等等。③ 总之，女性主义教育理论通过将原来被男性中心主义排除在外的内容重新包容进来，潜在地

---

①　SEE D G. Feminist Approach to the Curriculum ［M］//SAHA L J. International Encyclopedia of the Sciology of Education. New York：Pergamon，1997：130.

②　胡振京，杨昌勇. 女性主义课程观述评 ［J］. 比较教育研究，2003（11）：8.

③　徐辉. 现代西方教育理论 ［M］. 重庆：重庆出版社，2006（9）：51.

改变传统知识和学科。它主张应该重新进行课程规划，在课程观上关注女性，强调女性的知识、经验和情感，反对性别歧视，反对把男性经验世界的知识整体地推演到女性经验世界，主张课程应由教师和学生协商决定。

在课程设计与实施层面，女性主义课程主要分成两大类：一类是关于女性研究和社会性别研究的课程；另一类是与性别研究相关的课程。目前，美国高校已经把第一类课程作为一门学科固定下来，美国大多数的本科院校开设了一些女性研究和社会性别研究课程。另外，许多大学也开设了第二类课程，两类课程共同促进了高校的性别研究与性别教育的开展。这些课程以强烈的渗透性直接打入主流学科，在学科力量中进行整合，它们的触角纵横驰骋，几乎覆盖了整个人文和社会科学学科，并体现在一些自然科学学科中。这些课程从理论、现实和政策层面全方位展开，深入学科的历史、现实和未来，从最基本的概念和理论开始审视，颠覆传统、更新思路、识别新问题，建构新的理论体系。①

三、教学即赋权

1. 课堂

20 世纪 70 年代的女性主义运动把女性主义带入教育环境，人们试图将课堂设在一个非正式的场景中，师生之间没有明显的界线，每个人都能在一个和谐的氛围中畅谈自己的个人经历，并且将课堂学习的知识和女性主义运动的实际需要相结合。女性主义教育理论认为，课堂应该营造一个自由氛围，每个师生都是课堂教学的主体。自由课堂形成的关键，是身处其中的每个成员都要对差异（包括种族、阶级、文化、性别等差异）持接受和尊重的态度，这根源于女性主义的基本教育理念。② 首先，女性主义教育者要求"赋权"给每个学生，放松对学生的监控，把学生置于与教师同等的地位，鼓励学生以积极学习者的身份参与课堂，勇敢地提出问题和质疑，包括对教师的质疑。其次，女性主义学者提出知识的权力偏向性、质疑知识的客观性和权威性，自然会对教师在制造和传播主流文化中的作用以及教师的权威性提出挑战。女性主义者鼓励教师与学生共同探索，鼓励学生参与自己的班级和学校工作，希望教学能够展现出一个民主的过程，解除权力的中心化，教师和学生能够共同分享领导权，改变传统的上下级关系式的师生关系。女性主义者旨在打破传统上下级式的师生关系，在尊重每位学生经验和知识的基础上，建立民主、平等和互动的师生友好

---

① 陈蓉. 基于社会公平的女性主义课程 [J]. 世界教育信息，2010（12）：60.
② 徐辉. 现代西方教育理论 [M]. 重庆：重庆出版社，2006：52.

合作关系，通过课堂在师生间建立相互沟通的桥梁。

2. 赋权

权力以及赋权是女性主义教育学的核心理念，它包括对传统学校教育中权力内涵，以及体现着控制关系的权力传统含义的局限的重新认识和批判。女性主义在"赋权"过程中所讲的"权"，是使学生发挥能量、能力和潜能，而不是教师和控制权力。在女性主义教育学的视野中，权力是获得自主性和选择性以及实现目的的途径，它能使学生参与到自主的合作性学习中。"赋权"策略帮助学生发出自己的声音，正视、包容丰富多彩的差异性，使传统教育的教师权力更多地转向学生权利，由权力的控制机制转变为"赋权"对人自由的解放能力。教师的知识和学生的经验同时被认可、运用，提升所有人的合法权利。

为使所有的人能够通过教学赋权，女性主义教育学采用了下面的课堂策略：①

(1) 提高学生的自主和合作学习能力；

(2) 发展学生作为学习者的独立性（相对于正式的教师而言）；

(3) 提高每个人对课堂成功与否的作用，并且明确班级中的所有成员对所有人的学习都要负责任；

(4) 发展谋划、协商、评估与决策的技巧；

(5) 通过使班级成员间接地意识到其有足够的资格在课程发展中发挥作用，并且能成为使之产生转变的人来提高或强化他/她们的自尊心。

3. 经验分享

女性主义教育学强调教学是平等分享、交流个体化和个性化的知识和经验的过程，特别重视在传统的教学中被忽略了的群体和阶层的声音和经验。长期以来，传统教学内容的所谓真理性、权威性和客观性，忽略和挫伤了许多类群（包括个体）的知识和经验。女性主义教育学的任务就是使被压迫的女性发出不同声音来，谈出女性独特的视角、经验、感受和体会，即使是零星的、只言片语的，因为被压抑了经验和认识的表达也是需要勇气和鼓励的，女性主义的课堂是为无言者立言的场所。因此，在学校和课堂上，女性主义教育学特别重视女性学生和教师的经验和感受。女性主义试图建构一种纳入女性主义视角、尊重女性声音、富有创见性的知识观和知识系统，对原有男性专制性知识系统进行有力的补充与修正。

女性主义者贝尔·胡克斯（Bell Hooks，1994）在采取以"个人经验"为重点的教学策略时谈到，学院从来不曾欢迎弱势团体学生的声音，教学就特别关

---

① 转引自：郑新蓉. 性别与教育［M］. 北京：教育科学出版社，2005：236.

切这类学生的经验，以他/他们的经验作为"自我肯定的发声"（asserting voice），并认定每一个人带进课堂的经验性知识（experiential knowledge）都可以增进大家的学习经验。①

4. 参与式学习

参与式学习指学生积极主动地参与学习过程并积极发挥自身的作用。一些女性主义者，相信人是有潜能的，个人的经验是独特的、有价值的；但又看到了教学参与者经验和角度的局限性，所以强调所有教学参与者的互动性，要求他们互相倾听、互相接纳，从多角度看问题并进行换位思考。参与式学习假定课堂能够也应该是一种允许学生的观点、知识进行充分、开放讨论的支持性共同体。女性主义认为，打破学术等级和传统教学中教师的权威性，就是为了赋予不同学生的不同经验以合法性的知识地位，而参与就是最重要的途径。②

在一个相互尊重、相互支持的氛围中鼓励学生去思考现实，将正式课程内容与现实相联系，从而实现个体经验的合法和信心的培养。这种努力的潜层是一种信仰：相信个体经历和学术探究均为知识的合法来源，二者相辅相成。在具体的教学方法方面，女性主义比较重视日志和小组讨论，作业（如日志）和班级讨论常常会刺激两种知识源的融合。学生经验作为一种证据和权威的合法形式的价值能提高学生自尊、自信，而且使学生摆脱了预设的性别刻板化的自我界定对自己的束缚。在女性主义看来，当知识是共享、由所有参与者主动建构而不是灌输时，教师的主要作用就不是教导，而是合作与协调。③

5. 批判性思维和开放性思想

女性主义教学论的中心议程是赋权于学生，使其成为具有批判性、反思性思维和创造性、开放性思维的学习者。它认为在培养批判性和创造性思维的过程中，鼓励学生充分自由参与学科论述以及对学科知识背后观念的审视，较少依赖教师的权威是非常重要的，即学生应该被训练为独立的思考者，能用批判的眼光看待专家们的思想和观点。④ 与此相关的，女性主义教学论还致力于使学生获得女性主义者所指称的"关联性"知识，即一种把"专家"的观点和声

---

① 郑新蓉. 性别与教育 [M]. 北京：教育科学出版社，2005：237.

② STAKE J E, HOFFMANN F L. Putting Femminist Pedagogy to the Test [J]. Psychology of Women Quarterly, 2000 (1)：30-38.

③ 郑新蓉. 性别与教育 [M]. 北京：教育科学出版社，2005：237.

④ 王俊. 审思与重构：解读高等教育的性别符码 [M]. 武汉：华中师范大学出版社，2017：257.

音同自己的以及和其他人的经验和声音进行对话的能力。① 为了获得这种能力，就需要批判性的思维技巧，也就是一种对来自多种资源和观点的根据进行评估的能力，一种面对新根据能适时变化的开放态度。从批判性思维来看，这意味着训练学生学会运用认识论的思想，而这又要求学生尽量避免思维含糊，有移情的能力，在珂雷的术语中指"辩证的"和"问答式的"和其他不同思想进行交锋。从反思性思维来看，主要指教师要经常反思自己在课堂上的所作所为，检视自己的所思所言，从而避免形成新的知识霸权。有了这样的理念，教师才可能在课堂上真正与学生进行平等对话和有效的互动，这样的学习才不会是一个被动吸收的过程，而是一个主动创造知识的过程。②

四、教育主体：教师、学生

（一）教师：转化型的知识分子

女性主义认为，传统教育下的教师是课程的忠实执行者、传递者，把教材中的所有内容都视为是理所当然的，甚至选用与主流社会意识形态相符合的各种材料来满足政治社会的需要。女性主义认为，教师在教学中的作用不能只是传播公认的、权威的、既定的和正统的知识，而是要批判这种建构在男权中心之上的知识观。在课程的实施过程中，教师不仅是教科书知识的传递者，而且是一个主动的参与者、建构者，他应参与到课程的实施过程中，将教材的内容问题化，采用讨论、批判式的教学法，消解课程和知识的话语霸权，使学生知识的获得成为有意义的建构，并且最终朝向性别平等的目标迈进。③ 因此，女性主义提出，在女性主义的教育中，教师应该是一种转化型的知识分子。

所谓转化，它不同于传递和复制，而是一种在批判基础上的改变。教师作为转化型知识分子，首先就是要以自身所处的社会群体、情境、生态作为认识和教学的起点，关注课堂中长期受到忽视的群体的经验，特别是女性的经验，建立知识的标准，确定转化的目标，然后展开富有批判性的教学，与学生共同创造新知识、建构新价值，从而切断父权制思想和传统性别刻板印象的再生产机制，逐渐改变社会的结构。概而言之，女性主义强调教师为转化型的知识分

---

① BELENKY M, CLINCHY B, GOLDBERG N. Women's Way of Knowing: The Development of Self, Voice, and Mind [M]. New York: Basic Books, 1986: 101-103.

② 王俊. 审思与重构：解读高等教育的性别符码 [M]. 武汉：华中师范大学出版社，2017：258.

③ 杨浩强，贺艳洁. 试论女性主义的教师观 [J]. 沈阳教育学院学报，2011 (6)：10.

子，使教师角色有了一个新的定位，即知识的创造者、价值的建构者、社会结构的转化者。①

（二）学生：发出自己的声音

女性主义教育学认为，学生不是被人塑造和控制、供人驱使和利用的工具，而是有其内在价值和独特存在，是有潜能、有知识的，是能发出自己声音的独特个体。因此，女性主义者提倡把知识和个人经验结合起来，让学生作为主体去学习，最大限度地发挥自己的潜能；认为教学过程是给予学生发出"声音"的权利、指导学生重新发挥内在潜能的过程，在这个过程中，学生把知识与自身真实的经验、感受、认知有机结合起来，用批判的眼光看待专家们的思想和观点。

女性主义教育学强调学生主动积极参与学习过程并积极发挥自身的作用，强调在师生交往中培养学生的批判性思维和开放性思想，重视培养学生的社会理解力和行动积极性，提出让学生理解课程内容以及所包含的社会背景，要求师生都反思自己的"位置"，即了解自己和他人如何在一个社会结构中（包括在教育场所中）被定位，反思自己在建构知识过程中如何受到社会与政治力量的影响，其目的是"希望学生能够权衡多方信息，以获得对复杂社会、文化、政治问题的全面理解力"②，最终使学生通过对社会的了解和洞察，成为推动社会变革的力量。

（三）师生关系：民主平等、相互关心

女性主义教育理论认为，在传统的师生关系中，教师拥有被认定是客观真理的专业知识，在课堂教学中明确地控制学生所要学习的内容和教学进度，在与学生相处中用的都是教师的话语。因而教师就获得了权力，教师的角色被定义为领导者与资源占有者，教师的权威来自诠释知识的角色。师生关系是领导与被领导的关系，是不平等的、需要改变的。因此，女性主义者认为应在课堂上建立民主、平等的师生关系，课堂上的权力结构不应是教师领导和控制学生的关系，而在于师生能量的聚集，能力和潜力的培养和发挥。在女性主义的课堂上，教师的角色是知识的创造者、价值的建构者、社会结构的转化者，同时也是与学生对话中的协调者，师生之间既是一种"相互了解、意见激荡、经验分享的民主关系"，又是一种"同时共创、共享沟通、创造文化的参与关系"。③

---

① 杨浩强，贺艳洁. 试论女性主义的教师观［J］. 沈阳教育学院学报，2011（6）：10.
② 郑新蓉. 性别与教育［M］. 北京：教育科学出版社，2005：238.
③ 杨浩强，贺艳洁. 试论女性主义的教师观［J］. 沈阳教育学院学报，2011（12）：19.

　　女性主义学者诺丁斯从关怀伦理出发，主张维系和协调教师与学生的新型人际关系应该是关心关系，教师是关心者，学生是被关心者，用关心来连接教师与学生。诺丁斯要求教师将学生视为自己的孩子，相信每个孩子都是一个完整的个体，全心全意地关心、帮助他们。在讨论师生关系时，教师不仅需要建立一种关心关系，同时也有责任培养学生的关心意识，帮助学生发展关心能力，学生也应以积极的反应来促成师生间关心关系的形成，并在这一过程中学会关心。师生之间维持这种关心关系的关心者和被关心者的地位和角色并不是固定不变的，在不同的情境下也可能发生位置的互换。师生双方之间，总是一方付出关心，另一方接受关心，其中任何一方出现了问题，关心关系就会遭到破坏。

　　需要说明的是，由于借鉴了批判教育学的开放性特征，或者说由于女性主义教育学与批判教育学的相互借鉴，彼此对社会的涉入日益深入，其关注的社会主题也日益多样且研究话题日趋一致，如批判的女性主义对种族、性取向、生态问题等的日益关注就是典型。只不过他们始终基于女性主义的视角而已。

第七章

批判的生态教育学：为生态正义而教育

环境与生态问题是批判教育学关心的主题之一。不过，在相当长的时间内，正如包华士（Bowers C. A.）等人所批评的，源自巴西的保罗·弗莱雷，并由亨利·吉鲁、彼得·麦克拉伦、多那·休斯顿（Donna Houston）等人所倡导的批判教育学缺少关注生态维度的意识，其最大的缺陷就是忽略了正义的生态维度，忽视了生态危机潜在的文化根源，因而加剧了生态污染。① 不过，如果进行历史考察，我们会发现，早在 20 世纪 90 年代弗莱雷就注意到生态问题，而随着生态环境问题及环境教育的问题日益突出，批判教育学家们也积极参与到生态环境问题的研究之中，并发展出批判的生态教育学理论。最早提出生态教育学概念的是葛热尼迈尔（Gronemeyer M.）。1987 年，他写作《生态教育是一个失败的实践吗抑或生态运动是一个教育运动吗》（*Ecological Education a Failing Practice? or: Is the Ecological Movement an Educational Movement?*）一文。他将其描述为环境政治或成人教育的交叉学科。弗莱雷的好友伊凡·伊里奇在 1988 年也发明了这个词，初步表明生态教育学的政治性。②

美国学者卡恩（Richard Kahn）认为生态教育学是批判教育学的衍生物。③ 而有的学者则明确指出，生态教育学是一种将环境问题与社会问题联系起来的批判的教与学的进路（approach）。④ 所以，在更为宽泛一点儿的意义上讲，生

---

① 徐湘荷，赵占强. 社会正义抑或生态正义——批判教育学和生态正义教育学之争 [J]. 比较教育研究，2011（4）：73.

② ［美］KAHN R. 批判教育学、生态扫盲与全球危机：生态教育学运动 [M]. 张亦默，李博，译. 北京：高等教育出版社，2013：26.

③ ［美］KAHN R. 批判教育学、生态扫盲与全球危机：生态教育学运动 [M]. 张亦默，李博，译. 北京：高等教育出版社，2013：132.

④ MISIASZEK G W. Ecopedagogy and Citizenship in the Age of Globalization: Connections between Environmental and Global Citizenship Education to Save the Planet [J]. European Journal of Education，2015（3）：280.

态教育学就是批判的生态教育学，也就是批判教育学。

第一节　批判的生态教育学诞生的背景

批判的生态教育学的诞生与生态环境的日益恶化及由此引发的社会政治运动有关，也与人文社科绿色化的学术背景有关。

一、生态正义运动的促动

生态正义运动有时候也可称环境正义运动①或生态环境正义运动，属于生态环境运动②或生态社会运动③、绿色政治运动④等诸多运动之一部分。该运动兴起是生态环境的恶化，即人口剧增、能源短缺、全球变暖、臭氧层破坏、大气污染、水资源匮乏、森林锐减、土地沙化、水土流失、物种丧失等生态危机都是人类不合理的价值观、制度及活动造成的，人类自身生存处境日益危险。正因为如此，有人用"危机四伏"来描述人类生存的真实状况。⑤ 的确，人类为对自然环境的不当利用与破坏已经付出了沉重的代价，马斯河谷烟雾事件⑥、洛杉矶光化学

---

① 参见：高国荣. 美国环境正义运动的缘起、发展及其影响［J］. 史学月刊，2011（11）；刘卫先. 美国环境正义理论的发展历程、目标演进及其困境［J］. 国外社会科学，2017（3）；王向红. 美国的环境正义运动及其影响［J］. 福建师范大学学报（哲学社会科学版），2007（4）.

② 康瑞华. 发达国家的工人运动与生态运动［J］. 史学理论研究，2006（2）：11.

③ 叶海涛. 生态社会运动的政治学分析——兼论绿色政治诸原则的型塑［J］. 江苏行政学院学报，2016（5）：83.

④ 徐彬，阮云婷. 西方绿色政治运动的生态主义指向：批判与借鉴［J］. 学习论坛，2017（7）：51.

⑤ 薛勇民，张建辉. 环境正义的局限与生态正义的超越及其实现［J］. 自然辩证法研究，2015（12）：103.

⑥ 马斯河谷烟雾事件（Massey valley smoke events）：1930 年 12 月 1—5 日发生在比利时马斯河谷工作区。在逆温层和大雾的作用下，马斯河谷工业区内 13 个工厂排放的大量烟雾弥漫在河谷上空无法扩散，有害气体在大气层中越积越厚，其积存量接近危害健康的极限。一周内共死亡 63 人。这是 20 世纪最早记录下的大气污染惨案。

烟雾事件①、多诺拉烟雾事件②、伦敦烟雾事件③、水俣病事件④、骨痛病事件⑤、日本米糠油事件⑥、印度博帕尔事件⑦、切尔诺贝利核泄漏事件⑧、剧毒物污染莱茵河事件⑨等重大环境污染事件成为人们可怕的集体记忆。对生存环境的担忧与恐惧，促使人们从不同角度去认识、去反思生态环境危机产生的根源。而从社会政治的角度认识与反思生态环境问题成为理论与实践的常态并蔚然成为一种社会运动，其运动之一就是生态环境正义运动。

---

① 洛杉矶光化学烟雾事件：美国洛杉矶光化学烟雾事件是世界有名的公害事件之一，1943年发生在美国洛杉矶市。在1952年12月的一次光化学烟雾事件中，洛杉矶市65岁以上的老人死亡400多人。1955年9月，由于大气污染和高温，短短两天之内，65岁以上的老人又死亡400余人，许多人出现眼睛痛、头痛、呼吸困难等症状甚至死亡。这次事件的起因是大量聚集的汽车尾气中的碳氢化合物在阳光作用下，与空气中其他成分发生化学作用而产生有毒气体。

② 多诺拉烟雾事件（Donora smog incident）：1948年10月26—31日，位于美国宾夕法尼亚州的多诺拉小镇，由于小镇上的工厂排放的含有二氧化硫等有毒有害物质的气体及金属微粒在气候反常的情况下聚集在山谷中积存不散，这些毒害物质附在悬浮颗粒物上，严重污染了大气。人们在短时间内大量吸入这些有害的气体，引起各种症状，全城14000人中有6000人眼痛、喉咙痛、头痛胸闷、呕吐、腹泻，20多人死亡。

③ 伦敦烟雾事件：是1952年12月5—9日发生在伦敦的一次严重大气污染事件。仅仅4天时间，死亡人数就达4000多人。在此后两个月内，又有近8000人死于呼吸系统疾病。起因是伦敦上空受高压系统控制，大量工厂生产和居民燃煤取暖排出的废气难以扩散。

④ 水俣病事件（Japan minamata disease events）：在1956年日本水俣（yǔ）湾出现的一种奇怪的病。这种"怪病"是日后轰动世界的"水俣病"，是最早出现的由于工业废水排放污染造成的公害病。起因是工业废水排放污染。

⑤ 骨痛病事件：指1955年至1972年发生在日本富山县神通川流域的公害事件。起因是含镉废水排放。

⑥ 日本米糠油事件：1968年3月，日本的九州、四国等地区的几十万只鸡突然死亡。经调查，发现是饲料中毒。由于被污染了的米糠油中的黑油被用作了饲料，还造成数十万只家禽的死亡。

⑦ 印度博帕尔事件：1984年12月3日凌晨，印度中央邦的博帕尔市的美国联合碳化物属下的联合碳化物（印度）有限公司设于贫民区附近的一所农药厂发生氰化物泄漏，引发了严重的后果。造成了2.5万人直接致死，55万人间接致死，另外有20多万人永久残废的人间惨剧。

⑧ 切尔诺贝利核泄漏事件：1986年4月26日凌晨1时23分（UTC+3），乌克兰普里皮亚季邻近的切尔诺贝利核电厂的第四号反应堆发生了爆炸。这场灾难总共造成约两千亿美元（已计算通货膨胀）的损失，是近代历史中代价最"昂贵"的灾难事件。

⑨ 剧毒物污染莱茵河事件：1986年11月1日，瑞士巴塞市桑多兹化工厂仓库失火，近30吨剧毒的硫化物、磷化物与含有水银的化工产品随灭火剂和水流入莱茵河。顺流而下150千米内，60多万条鱼被毒死，500千米以内河岸两侧的井水不能饮用，靠近河边的自来水厂关闭，啤酒厂停产。有毒物沉积在河底，使莱茵河因此而"死亡"20年。

所谓生态或环境正义运动（Ecology or Environmental Justice Movement）是20世纪80年代初主要发端于美国的一种社会政治运动，具体表现为受到环境污染危害的黑人和贫民社区反对环境保护中的不平等待遇，反对环境种族主义的斗争，是民权运动的延续和扩展。环境正义运动是在反对环境种族主义的斗争中兴起的，在组织领导、斗争策略、理论武器等诸多方面都借鉴了民权运动。① 这里的环境种族主义（Environmental Racism）是指环境污染物与低收入或少数族裔社区间存在地理上的联系。1979年，被称为"环境正义之父"的罗伯特·布拉德（Robert Bullard）首次发现种族与环境污染的地理分布有关，而1983年基督联合教（United Church of Christ）对有毒物与种族之间的关系展开了调查，进一步确立了种族与环境污染物接近性的证据。② 简单地说，潜在的污染源及其对健康的影响，在穷人和少数族裔等特定人群中集中分布，表现出环境的不平等性、不公平性。由此，要求所有人，不论其种族、民族收入、原始国籍或教育程度，在环境法律、法规和政策的制定、适用和执行方面，都应得到公平对待并有效参与成为社会的一种强烈诉求。1990年前后，美国国家环保局、国会都采用"环境平等"这一术语表达，而在1992年以后则被更具包容性的"环境正义"一词所替代。甚至有不少学者认为生态正义是对环境正义的一种超越，③ 不过，一般"环境正义"与"生态正义"或"生态环境正义"混用的现象也并不鲜见，其内涵是一样的。这里也是如此。

环境正义，有狭义和广义的两种。狭义的环境正义是指美国的民权运动思想在环保领域的延续和扩展；广义的环境正义则是指围绕环保问题，国内外反对不平等保护、不平等责任分担、损人利己、损公肥私的思想和主张，特别是反对发达国家不愿承担与其对环境的污染相一致的环保责任，并向第三世界国家输出污染的生态帝国主义行为。由于利益冲突和政治意识形态的对立，不同社会政治群体对这一问题持不同态度。④ 环境正义属于环保中的公平正义，与阶级、种族和收入差距直接相关。简单地说，环境正义是指在环境问题面前所有的人，不论其性别、种族、阶级、收入以及受教育程度等社会状况如何，都

---

① 高国荣. 美国环境正义运动的缘起、发展及其影响［J］. 史学月刊，2011（11）：101.

② 王积龙. 美国环境种族主义的特征、对华影响及其应对［J］. 中国地质大学学报（社会科学版），2013（5）：64.

③ 薛勇民，张建辉. 环境正义的局限与生态正义的超越及其实现［J］. 自然辩证法研究，2015（12）：98-103.

④ 张纯厚. 环境正义与生态帝国主义：基于美国利益集团政治和全球南北对立的分析［J］. 当代亚太，2011（3）：59.

能享受环境权利与义务的平等，而不应遭受任何形式的环境歧视与环境伤害。①

与此相对的一个概念就是环境非正义。环境非正义体现为不同群体、不同地区及不同代际在资源占有与责任分担方面的不一致。当然，仅从权利与义务相一致的角度分析环境正义问题有一定合理性，但它忽视了生态系统本身的承载力前提与其本身的有机性、整体性等特征，从而导致对环境正义理解的不完整。所以有学者认为，只有在环境可承载力前提下，遵循环境本身系统性、有机性、整体性特征基础上探讨权责一致，才能完整地理解环境正义，可以说，环境正义是基于生态理性下的权利与义务的统一。

环境正义有两个要点。第一，在性质上，环境正义属于分配性正义，即"对于环境利益和环境危害、风险与成本在不同人们之间进行平等分配"。这属于谁受益的问题。国际环境政治中存在的"损益错位"就是典型的不平等。第二，在内容上，环境正义强调保护弱势群体的环境利益。这属于谁受保护的问题。环境正义意味着关注弱势群体和最不利群体，因为无论是发达国家还是欠发达国家，都承受着环境污染所带来的不利后果。其实这两点也可以归为一点，因为"损益错位"意味着在全球环境问题及其治理中弱势群体和弱小国家受损而强势群体和发达国家受益的不平等分配。②

西方学者对环境正义问题的研究已经广泛涉及种族、阶级、性别、年龄和国际政治等因素，以及环境正义问题与政治斗争和政治意识形态之间关系的深入分析。

环境正义被视为环境利益与环境负担的公平分配，是经济公平在生态环境方面的转化和延伸。环境正义问题直接涉及不同群体在环境保护中受到的不平等待遇，并直接表现为利益冲突，与政治密切相关。所以，环境正义运动属于环保运动的一部分，但又区别于一般意义上的环保运动。

有关研究表明，作为一种运动，环保运动虽发端于19世纪90年代的进步运动时期，但直到20世纪80年代初期，环保运动一直是由一些白人精英分子所推动，黑人和其他社会下层并未参与，甚至受到该运动的负面影响。到20世纪上半叶，环保主义虽然流行起来，但它只限于荒野和野生生物保护，这与该运动的早期支持者是处于社会上层的白人只顾享受户外娱乐的兴趣，却忽视内

---

① 王云霞. 环境正义与环境主义：绿色运动中的冲突与融合 [J]. 南开学报（哲学社会科学版），2015（2）：57.
② 郑富兴. 国际环境政治与全球公民教育的批判路径 [J]. 比较教育研究，2017（8）：68.

城衰落等环保问题有关。同时，当时的"不在我的后院"（Not-in-my-backyard）运动将中产阶级街区中的不好的地块转给穷人社区。政府官员和企业也顺应上层白人排斥肥料的需要，采用"黑人后院"（Place-in-blacks-backyard）或"少数族裔后院"（Place-in-minorities-backyard）原则，将有害废料倾倒到黑人区或穷人区。20世纪80年代初，随着环境正义问题的提出，对环境的关注和觉悟从有一定教育程度和社会经济地位的社会中上层扩展到教育程度和经济地位低的社会下层和少数族裔群体，并且与种族歧视相联系，形成了反对环境种族主义（Environmental Racism）的运动。①

社会正义是人类社会一贯的价值追求，在不同的历史发展阶段有着不同的内涵。在生态环境问题日益凸显的背景下，社会正义适时由社会领域向生态领域拓展和延伸，生态正义理论由此出场。理论家们指出生态危机表象掩盖下是生态非正义的本质。②

生态环境实践必然促使批判教育学关注环境问题。正如麦克拉伦所言："我们认为，批判的革命教育学实践日益被生态政治及其想象所影响，它也通过生态政治及其想象来影响其实践。确实，既然生态危机已经遍布我们的日常生活和语词（vocabulary）。我们认为，批判教育学者们不能再忽视生态正义。随着绿色马克思主义研究（green Marxist scholarship）跨学科发展，我们认为'绿色'的批判教育学不应该弱化其激进的意向，或弱化它的改变压迫的社会经济条件的目标。凭借政治生态学，我们赞成通过生态和环境正义的辩证法来丰富批判的革命的教育学。"③

生态正义教育学者严肃地指出：在环境问题急剧变化以及对技术可持续地保持地球的完整性的幻想的背景下，教育改革者必须注意如下三个问题：④

其一，生态正义教育学的本质是什么，如何解决这种孪生的问题，即消除环境种族主义及必须改变消费者日益依赖的生活方式。

其二，为什么批判教育学理论家们一直忽视环境危机以及内在于他们解决社会正义问题的方法中的双重困境？

---

① 张纯厚. 环境正义与生态帝国主义：基于美国利益集团政治和全球南北对立的分析 [J]. 当代亚太，2011（3）：59-60.

② 孟献丽，左路平. 社会正义到生态正义——戴维·佩珀生态正义思想研究 [J]. 国外社会科学，2017（1）：22.

③ MCLAREN P, HOUSTON D. Revolutionary Ecologies：Ecosocialism and Critical Pedagogy [J]. Educational Studies，2004（1）：27.

④ BOWERS C A, EUGENE O. Toward an Eco-justice Pedagogy [J]. Environmental Education Research，2002（1）：21.

其三，对教师实践生态正义教育学而言，需要采取什么样的课程？

二、环境教育偏失的警醒

环保运动，特别是其中的环境正义运动促使国际社会对环境保护并重视环境教育。因为人们认识到，"在提倡可持续发展和提高人民处理环境及发展问题的能力上，教育是决定性的因素……在向民众普及环境和道德意识、价值和态度、技能和行为，使其符合可持续发展及公众有效参与决策等方面，教育都是关键因素"①。

1948 年，托马斯·普瑞查（Thomas Pritchard）在国际自然和自然资源保护协会（巴黎会议）上首次使用"环境教育"一词，标志着"环境教育"的诞生，"环境教育"由此成为一个重要的国际事务。此后相关国际机构及会议不断就环境及环境教育问题发出呼吁。比较具有代表性的有如下几个：

1949 年联合国教科文组织发起成立"国际自然和自然资源保护联合会"及其专门的教育委员会，试图通过环境教育，唤起人类的环境意识。

1961 年，联合国教科文组织设立专门的生态与环境保护部门，旨在从技术和管理层面协调全球范围的生态与环境保护行动。

1972 年，斯德哥尔摩召开"人类环境会议"，会议提出了"人类只有一个地球"的著名口号，规定每年 6 月 5 日为"世界环境日"；并正式将"环境教育"（Environmental Education）名称确定下来。会议通过了《人类环境宣言》。这是人类历史上具有划时代意义的首届环境会议。

1975 年 10 月，联合国在贝尔格莱德召开了国际环境教育研讨会。会议通过了《贝尔格莱德宪章》，提出了环境教育的目标，即促进全人类去认识、关心环境及其有关问题，并促使其个人或集体具有解决当前问题和预防新问题的知识、技能、态度、动机和义务。

1977 年 10 月，苏联格鲁吉亚共和国首都第比利斯举行了"政府间环境教育会议"（又称"第比利斯会议"）。会议通过了著名的《第比利斯政府间环境教育会议宣言和建议》。这是历史上第一次国际环境教育会议。会议进一步系统探讨了环境教育的理论与实践。

1982 年 5 月，在肯尼亚首都内罗毕组织召开了由 105 个国家首脑、环境问题专家、联合国组织等出席的内罗毕会议。会议发表了《内罗毕宣言》和"五

---

① ［美］KAHN R. 批判教育学、生态扫盲与全球危机：生态教育学运动［M］. 张亦默，李博，译. 北京：高等教育出版社，2013：11.

项决议"。宣言再次确认了《人类环境宣言》诸项原则的重要性与有效性，并指出这些原则是有关环境的基本行动指南，着重强调了重视和加强对教师、专家、企业管理者与决策者进行环境教育培训的重要性，以及向媒体、一般大众及科学家提供信息的重要性。

最值得注意的是，1992 年 6 月联合国在巴西当时的首都里约热内卢组织召开了各国政府首脑参加的环境与发展大会。会议通过了《里约热内卢环境与发展宣言》《21 世纪议程》两个纲领性文件及其他公约、声明等。其中，《21 世纪议程》论述了环境教育的重要任务，强调环境教育要重新定向，要由帮助人们正确认识环境，掌握解决环境问题的知识和技术，向促使人们树立可持续发展观念，提高有效参与的技能的方向转变。该议程认为，教育对于推进可持续发展，提高公民应对环境和发展问题的能力是非常重要的。自此，可持续发展成为环境正义运动及环境教育的重要理念。

那么国际社会所意指的环境教育的含义是什么呢？代表性的观点如下：①

其一，1970 年，国际自然与自然资源保护联盟在美国内华达会议上明确规定："环境教育是认识价值和澄清概念的过程，其目的是发展一定的技能和态度。对理解和鉴别人类、文化与其他生物物理环境之间的相互关系来说，这些技术和态度是必要的手段。环境教育还促使人们对环境问题的行为准则做出决策。"

其二，1977 年，第比利斯国际环境教育大会的定义是：环境教育是各门学科和各种教育经验重定方向和互相结合的结果，它促使人们对环境问题有一个完整的认识，使之能采取更合理的行动，以满足社会的需要。

其三，20 世纪 80 年代初，美国《环境教育法》规定：所谓环境教育，是这样一种教育过程：它要使学生就环绕人类周围的自然环境与人为环境同人类的关系，认识人口、污染、资源的枯竭、自然保护，以及运输、技术、城乡的开发计划等，对于人类环境有着怎样的关系和影响。

综合国外关于环境教育的定义，我国学者认为，环境教育是以实现保护环境为目的的一种教育，它旨在提高人们的环境意识，培养人们能够正确理解和评价人及其环境之间相互关系所必需的技能与态度的过程，是一种热爱自然的情感培育过程。环境教育的内容包括环境科学知识、环境法制知识、环境伦理观（人类不仅要对人类讲道德，而且要对自然、环境和一切生命体讲道德，将用于人与人之间的善恶、正义、公平等传统道德观念扩大到人与自然、人与环

---

① 崔建霞. 环境教育：由来、内容与目的［J］. 山东大学学报（哲学社会科学版），2007（4）：149-150.

境的关系，明确人类对自然、对环境应负有的伦理道德责任)①。

但在批判教育学者们看来，这些定义对环境教育理解浅表化甚至出现价值偏差。针对北美环境教育协会（2000）列出的环境扫盲的4个核心方面：（1）发展审阅、调查和分析技能；（2）获得环境过程和人类社会体制的知识；（3）发展认知和处理环境问题的技巧；（4）实践环境决策的个人和社会责任，卡恩指出，虽然第三、四方面分别蕴含着将环境教育政治化的可能性，但是对于学生而言，他们缺乏特定的批判性社会思想，无法理解社会中的权力角色，同时还局限于传统"两党制"这一解决冲突的对策，这就意味着通过教育方法来实现积极生态变革的潜在可能受到严重削弱。② 也就是说，"环境教育通常缺乏政治良知，也并不理解政治经济学，而传统的批判教育学往往关注社会公正的问题，包括种族、阶级、性别等，却未能联系其环境影响及其成因，因此往往囿于城市背景之中。生态教育学将努力克服这一矛盾"③。"在这个教育过程中缺少强烈的批判意识和道德思考，而这恰恰是当今逐渐严重的全球生态危机所要求的重要内容"④。

有学者还认为，西方主流的教育制度历史地与工业文明相关，它源自一种机械论的世界观（a mechanistic worldview），是为服务于资本主义和殖民主义而发展起来的。企业控制了这种教育制度，并左右了环境教育。而生态教育则是一种根植于整体的世界观（a holistic worldview），它具有培育一个可持续的人类文化的潜力。⑤

可见，生态教育是在纠正传统环境教育的偏失中产生的。

三、人文社会科学绿色化的启迪

理论总是对现实运动的反映和解答。1995年10月的《纽约时报》周末杂志版用重要篇幅刊载了杰·帕里尼（Jay Parini）的文章，题目是《人文学科的绿

---

① 崔建霞. 环境教育：由来、内容与目的 [J]. 山东大学学报（哲学社会科学版），2007（4）：147-153.
② ［美］KAHN R. 批判教育学、生态扫盲与全球危机：生态教育学运动 [M]. 张亦默，李博，译. 北京：高等教育出版社，2013：25-26.
③ ［美］KAHN R. 批判教育学、生态扫盲与全球危机：生态教育学运动 [M]. 张亦默，李博，译. 北京：高等教育出版社，2013：中文版前言Ⅷ.
④ ［美］KAHN R. 批判教育学、生态扫盲与全球危机：生态教育学运动 [M]. 张亦默，李博，译. 北京：高等教育出版社，2013：中文版前言Ⅶ.
⑤ LEFAY R. An Ecological Critique of Education [J]. International Journal of Children's spirituality, 2006 (1): 35.

色化》(*The Greening of the Humanities*),描述了人文学科对环境主义的日益关注的情形。正如作者所言,环境研究开始于地理学、生物学、气象学,但是如今它已经张开臂膀拥抱人文和社会科学。"解构就是合成。环境研究是 90 年代的学术领域。"① 生态教育学或批判的生态教育学就是人文社科绿色化的结果。

一波又一波的生态环境运动引起了学术界的密切关注。特别是引起哲学界的注意。以美国为例,② 早在 1972 年美国就召开了第一届生态哲学会议,这次的会议记录也于 1974 年以《哲学与生态危机》为题出版,探讨生态与哲学之间的内在关系。1972 年,约翰·科布(John B. Cobb)出版了《是否太迟?生态神学》,该书被认为是首次由哲学家所写的关于生态哲学的理论专著,由此也奠定了科布作为美国生态伦理与生态哲学开创者的地位。1979 年,尤金·哈格罗夫(Eugene C. Hargrove)创立《生态伦理》(*Environmental Ethics*)杂志,该杂志成为美国首个研究生态哲学的专门性期刊,标志着美国生态伦理学的哲学研究领域的正式确立。

到 20 世纪 80 年代,生态哲学流派开始出现。如 1980 年,科布和查尔斯·伯奇(Charles Birch)出版《生命的解放》,将怀特海的过程哲学的研究方法引入了美国环境哲学的研究范式之中,确立了后现代主义的生态哲学流派。而以哲学家凯伦·沃伦(Karen Warren)为代表的女性生态主义开始出现。1989 年《地球伦理季刊》创刊并成为美国生态哲学的主要刊物。

进入 20 世纪 90 年代,美国环境哲学研究呈现出新的发展高潮,其标志是一大批在国际上有着重要影响力的环境哲学期刊创立,如 1990 年创刊的《生态伦理的国际社会》、1992 年的《环境价值》、2001 年的《生态与伦理》《环境哲学》。同时美国环境哲学在理论构建方面也呈现出百花齐放、百家争鸣的局面,泰勒(Taylor)和罗尔斯顿(Rolston)是客观非人类中心本能价值论的代表,卡利科特(Callicott)是主观非人类中心价值论的代表,哈格罗夫是弱人类中心主义内在价值论的代表,布赖恩·诺顿(Bryan Norton)是弱人类中心主义的代表,强调用务实价值理念来替代内在价值理念。

再如,社会运动的进程与政治理论的形塑似乎有着某种天然的姻缘。从政治学视角来看,社会运动可视为"斗争政治"的一种表现形式。随着传统社会运动向"新社会运动"的转型,兴起于 20 世纪 60 年代的生态社会运动具有了

---

① PARINI J. The Greening of the Humanities [EB/OL]. Association of for the Study of Literature and Environment,2020-09-17.

② 郝栋博士对美国生态哲学体系建构和实践转向有很出色的论述。具体参见:郝栋. 美国生态哲学的体系构建与实践转向研究 [J]. 自然辩证法研究,2016(3):51.

某些全新的政治意蕴：后物质主义价值观、新中产阶级主体、行动方式非暴力、组织架构分散化等。这预示着某种全新意义上的政治观念、组织架构和行为特征。生态社会运动是绿色政治思想的渊薮、生态学原则、社会责任感、基层民主观、非暴力行动方式等绿色政治原则在此中得以形塑，代表一种完整理论的"绿色政治学"由此成形。①

西方生态批评的产生与发展与西方文化中的激进主义有着密切联系。西方生态批评与生态运动直接相关，而且具有极为显著的后现代特征，同时秉持与主流意识形态相背离的政治诉求，这些都表明其与西方主流价值观念相对立的激进倾向。西方生态批评的激进色彩在生态纳粹主义、生态马克思主义和生态女性主义中表现得最为明显。②

发展至今，生态研究日益表现出跨学科的特征，形成了生态美学、生态正义、生态女性主义、生态实用主义、生态马克思主义等一系列的研究学科体系，产生了一大批具有影响力的生态哲学家。生态哲学的发展对不同学科的生态研究起了基础性的作用。

依据不同的生态观念及哲学理论或政治立场，批判的生态教育学实际上内部也纷争不息，五色斑斓。代表性的是包华士的生态正义教育学以及麦克拉伦的革命的社会主义生态教育学。

由于生态环境问题成为学术界的研究焦点，人文社科的绿色化引起了一些教育学家的注意。批判教育学长期关注社会正义，缺乏对生态正义问题的关注，引起包华士等学者的不满。他曾撰文追问：批判教育学能绿色化吗？他认为，提出"批判教育学能被绿化吗？"这一问题的意图是，开始集中于批判教育学是否能够作为解决生态危机文化根源的教育改革的基础。③ 正是这种对人文社科绿色化的呼唤，批判教育学者们开始重新思考社会正义的定位并转向生态正义，或者说将生态正义有意识地纳入其社会正义范畴。

---

① 叶海涛. 生态社会运动的政治学分析——兼论绿色政治诸原则的型塑 [J]. 江苏行政学院学报，2016（5）：83.
② 郭明浩，万燚. 西方生态批评的激进主义之维 [J]. 理论探索，2013（3）：18.
③ BOWERS C A. Can Critical Pedagogy be Greened? [J]. Educational Studies，2003（1）：11-21.

第二节 批判的生态教育思想概览

在我国学者看来，生态教育思想和环境教育思想最大的不同就在于生态教育者深刻拷问与批判现代化和坐落在现代化框架之上的现代教育思想的文化前提和预设，不是把生态危机简单地归为技术层面上的问题，而是把生态危机和精神危机联系起来。生态教育学者以包华士、大卫·奥尔（David W. Orr）、格瑞高瑞·史密斯（Gregory A. Smith）和温德尔·拜瑞（Wendell Berry）为代表人物。他们批判了机械论的世界观和人类中心主义的价值观、科技理性至上观、视个人为社会基本单位的社会观、消费至上的幸福观，以及视传统为阻碍，视变化为进步的"反传统的传统观"。在批判现代化文化预设和前提的基础上，生态教育思想不管在世界观、知识观、人性观、社会观和意义感上，都提出了与现代化迥异的理论预设和价值前提，具体为：（1）在世界观上，主张从机械论到有机论，从人类中心论到共生论；（2）在知识观上，主张从客观到情境，否定理性知识的优越性（优先正确性）；（3）在人性观上，不仅看重人的社会性，也注重人的生态性；（4）在社会观上，主张从个人主义到共生的生态网络；（5）在意义感的体验上，强调从物质的累积到个人的成熟和对社区生活的参与。生态教育者认为教育的任务是增进学生个体的幸福及本土文化和生态的完善，而非单向地提高学生经济、职业竞争力，应构建以慢速知识（低位知识）为核心的本土化课程、教学应强调对知识的直接体验和感知并重视对教室及学校的生态性构建。①

不过，生态问题及生态教育的批判维度，在教育领域里似乎关注不多。以上的概括虽然很全面，但仍有进一步探讨的必要。

一、价值追求：由社会正义转向生态正义

社会正义是人类社会的长期追求，在不同时代由于历史条件及人们认识的不同，社会正义的内涵也在不断变化。随着人类生态环境的日益恶化，社会正义渐渐地向生态领域衍生，生态正义因此出场，并在不同领域得到长足发展。这在批判教育学中也不例外。

正如罗夫·尤克尔（Rolf Jucker）认为的，有必要归纳并实施"为持续性而

---

① 徐湘荷. 生态教育思想研究［D］. 济南：山东师范大学，2012：中文摘要 I-III.

教育"的批判性理论,因为这一理论有助于带领生态扫盲跳出市场主导或官僚主义的可持续发展方法。也就是说,实现批判教育学的生态转向,为生态正义而努力。在包华士看来,社会正义的问题需要在更广泛的生态正义的理论框架下探讨,由此,他将其理论称为"生态正义教育学"。麦克拉伦等则提倡"绿色的革命的批判教育学",呼吁具有反资本主义精神的批判教育者们不能忽视资本与对环境和人权包括健康的学校环境权、进入绿色空间的及对生态可持续发展的社区的平等权践踏之间的关系。① 而教育家大卫·格鲁恩沃德(David Gruenewald)则提出"空间批判教育学"(place-based critical pedagogy),将之作为生态伦理学、社会正义及课堂内外的政治参与的场所。

实际上,"批判教育学之父"弗莱雷早就关注过生态环境问题,在1989—1991年间担任圣保罗州教育局局长的时候,他就协助实施了一项影响深远的课程重组,称为"国际项目"。该项目包括环境正义的内容以及其他生态课程,被认为可以为解决城市发展和贫民区生活问题带来启发。在其去世后出版的《愤怒的教育学》(Pedagogy of Indignation)一书表达了他关于生态教育学的初步想法:"现在情况危急,我们必须开始承担其义务,为了最基本的伦理准则而斗争,比如尊重人类的生命,尊重其他动物的生命、鸟类的生命以及河流和森林的生命。如果我们无法热爱这个世界,那我便不相信男女之间的爱、人类之间的爱。生态学在世纪末被赋予了最根本的重要性,它必须在任何基础教育、批判教育或者自由主义教育的实践中体现出来。"② 弗莱雷表达了他的信念:"当今的解放教育尝试必须努力为对抗生态危机而奋斗。"也正因为如此,卡恩认为,生态教育学理论"直接从弗莱雷的作品中脱颖而出",但是,尽管如此,在弗莱雷及其后继的批判教育学者的作品中,"环境主题并不清晰",且其晚期的教育学思想虽然蕴含着革命的生态人文主义,但其中有着在"人类"与"动物"之间的"人文二元论",因此需要"进行重建性的生态教育学批判"。③

这种批判在包华士那里甚至表现得相当激烈。他连续发表了《批判教育能绿色化吗?》(Can Critical Pedagogy be Greened?,2003)、《麦克拉伦以及休斯顿

---

① MCLAREN P, HOUSTON D. Revolutionary Ecologies: Ecosocialism and Critical Pedagogy [J]. Educational Studies, 2004 (1): 27-45.

② FREIRE P. Pedagogy of Indignation [M]. Boulder, CO: Paradigm Publisher, 2004: 46-47. 另参见:[美] KAHN R. 批判教育学、生态扫盲与全球危机:生态教育学运动. 中文版前言 [M]. 张亦默,李博,译. 北京:高等教育出版社,2013:17-18. 译文略有改动.

③ [美] KAHN R. 批判教育学、生态扫盲与全球危机:生态教育学运动 [M]. 张亦默,李博,译. 北京:高等教育出版社,2013:17-19.

和其他"绿色"马克思主义者如何助长了西方工业文化的全球化?》(*How Peter McLaren and Donna Houston, and Other "Green" Marxists Contribute to the Globalization of the West's Industrial Culture*, 2004)等论文,批评弗莱雷及其批判教育学的继承者忽视生态问题,且认为他们的理论助长了生态危机。因为在他看来,在弗莱雷那里,批判的反思是争取个人解放、反对被压制被剥削的必要工具。弗莱雷哲学观中明显存在着人类中心论,这在《被压迫者教育学》中有清楚的表达:"有人性地活着,就意味着命名世界,改变世界。"①

包华士等人的批判引起了麦克拉伦等人的批驳,他们认为包华士得了政治健忘症②,并相信"不论是局域性的还是全球性的,正在加剧恶化的环境问题成了批判教育学者们再也不能忽视的紧迫的现实问题。考虑到全球性逐利、资源的殖民地化以及无处不在的大规模的环境破坏等问题是结成一体的,因此我们认为,根植于弗莱雷和马克思主义传统的批判教育学,运用其已发展成熟的经济剥削的批判理论,能为解决教育理论与实践中的生态正义问题提供丰富的理论视野"③。虽然主流批判教育学受到了包华士等人的批评,但从更宽泛的意义上看,包华士的生态正义教育学实际上属于批判的生态教育学的范畴,他们之间只不过是观点的不同而已,这些不同既有对"生态"及"生态正义"的概念理解的差异,也有对生态正义和社会正义关系及生态恶化原因认识的论争,还有在怎样实现生态正义及缓解生态恶化问题策略上的分歧。④

包华士对"生态"的理解源于格雷高利·贝特森(Gregory Bateson)的心智生态学的哲学观点,该哲学观认为,人类存在或生存的基本单位不是个人,而是机体与环境的复合体。从词源看,"生态学"(Ecology)一词由希腊文 Oikos 衍生而来,Oikos 的意思是"住所""家务"或"生活所在地",恩斯特·海克尔(Ernst Haekel)把它写成"Oecologie"(后缩写成 Ecology)也是指家务事以及它的日常生活和管理。由此看 Ecology 就是一种关系复合体,蕴含着深厚的关系结构。包华士是在两个层面上理解生态的:首先,生态关注的是关系、共同体;其次,生态是具体生物区域和情境下的生态。由此,在他看来,具体的生

---

① [巴西]保罗·弗莱雷. 被压迫者教育学 [M]. 顾建新, 赵友华, 何晓荣, 等译. 上海: 华东师范大学出版社, 2001: 38.

② DONNA H, PETER M. The "Nature" of Political Amnesia: A Response to C. A. "Chet" Bowers. [J]. Educational Studies, 2004 (37): 196-206.

③ PETER M, DONNA H. Revolutionary Ecologies: Ecosocialism and Critical Pedagogy [J]. Educational Studies, 2004 (36): 28-29.

④ 徐湘荷, 赵占强. 社会正义抑或生态正义——批判教育学和生态正义教育学之争 [J]. 比较教育研究, 2017 (4): 74.

态正义理论必须为生态领域的存在提供一个基本的理解，尤其是要关注本土文化和生物区域的有限性和可能性。这里的"生物区域"指的是具有独特的生态、历史和文化特征的具体地域，它有着特定的地理环境、特定的生态系统、特定的文化、特定的人们以及其他物种。包华士认为生态正义教育学必须关注三个中心问题：（1）政治和经济上边缘化的群体生活和工作环境免受污染的权利，即"代内正义"；（2）恢复和更新社区的非商品化层面的生活，来尽可能地替代个人主义、消费主义、技术依赖和自我中心的主流生活模式；（3）未来后代权利，即"代际正义"。①

麦克拉伦和休斯顿对生态的理解则源于批判的文化地理学和马克思主义的政治生态学概念。依据洛和格里森（Nicholas Low, Brendan Gleeson）的政治生态学，麦克拉伦和休斯顿提出"正义的辩证"（dialectics of justice）观，认为生态正义包括两个相互关联的方面，即人与人之间的环境分配的正义、人与自然世界关系的正义。尽管二者如同钱币的两面不可分割，但区分环境正义（人们之间有害环境的不平等分配）以及生态正义（朝向自然的正义）依然重要，因为它强调在特殊事件和空间之中环境冲突（environmental conflict）的情境性而不损坏它们的结构过程（structural processes）及历史生产。

尽管麦克拉伦他们同意格鲁恩·沃德等人所主张的，即生态教育者和批判教育学者们应该建立一个教育框架将城镇化、种族歧视、阶级歧视、性歧视、环境主义、全球经济以及其他政治主题联结起来；尽管他们完全支持格鲁恩·沃德将批判教育学与生态的、空间的及环境的地方性差异协调起来的建议，但是他们同时也提醒，要警惕将他所描述的有争议的不同种类的生态框限在无所不包的生态范畴之下。在他们看来，所有这些的核心是阶级剥削。

他们宣称，与许多后马克思主义者及后结构主义者宣称的相反，马克思主义理论并没有将"差异"的范畴变成一个干枯的概念，相反它努力激发这些范畴的活力，即将这些范畴如何通过权力与特权的物质关系来反映现实以及与再生产的关系联系起来。并且它强调并坚持认为，需要全面理解这些范畴所嵌入的更广阔的政治经济制度。绿色的马克思主义视角明确地将工人异化和剥削的阶级制度下的自然联系起来。这个视角并没有寻求将自然外化或客观化为"外在于那儿"的东西，而是将人看作是辩证地、精神性地与自然过程联系在一起，相互之间具有彼此改变的能力。

---

① 徐湘荷，赵占强. 社会正义抑或生态正义——批判教育学和生态正义教育学之争［J］. 比较教育研究，2017（4）：73-77.

也正因为如此，在这种视角下，他们不太强调具体地域的生态体系及其可持续性问题，而是强调威胁具体地域的力量，那就是资本主义制度及其生产方式。这一点与包华士也有很大差别。

二、培养目标的厘定：全球生态公民

正如有人所言，"人类正在走向生态文明新时代。建设生态文明需要教育培养出时代需要的生态公民。为此，传统公民理论需要接受生态公民理论的挑战，从处理人与国家的关系扩展到人与自然的关系，从只关注公共领域扩展到关注私人领域的公民生活，公民交往也需要从民族国家扩展到人类共同体。教育也需要培养出具有生态意识、生态思维、生态美德和生态行动的生态公民"[①]。

关于生态公民，国外学者提出了多样的相近名称，如绿色公民（green citizenship）、环境公民（environmental citizenship）、可持续公民（sustainability citizenship）、环境理性公民（environmentally reasonable citizenship）、生态管理人（ecological stewardship）等。虽然学者们曾试图进行相应区分，但后来逐渐混用，生态公民概念被更广泛使用。[②] 生态公民已经拥有与传统公民的不同的独立结构。虽然在内涵表述上五彩纷呈并不一致，但是，其享有超国别、超代际、超社会的良好生态的权利和维护良好生态责任义务的世界公民身份，成为基本的共识。也就是说，生态公民，意味着不同区域、不同代际的公民依据各自所享有的"生态足迹"的界限，公正分配彼此的生态权利与义务。关系性思维（世界观）、生态权利本位和义务意识是其根本特征。[③]

面对生态环境危机日益加深的严峻形势，可以说，全世界的学校都对此作出了反应。因此，在新的形势下，教育者们面临一系列新的问题。有人将这些问题概括如下：教学生们如何成为自然界的组成部分；强调自我理解以及自我超越（personal mastery）；认识到在世界上合理运用知识的责任；理解知识应用对人们和社区的效用（effects）；在机构中树立正直诚实、富有爱心以及周到体贴的角色榜样，这些角色榜样的行为反映了各自的理念；认识到教育过程与教育内容一样重要。[④]

批判教育的目的就在于培养富有批判反思的公民。随着批判教育学的价值

---

① 刘霞. 培养生态公民：建设生态文明的教育担当 [J]. 教育发展研究，2019（12）：25.
② 侯亚楠. 生态公民培育研究评述 [J]. 学理论，2018（12）：99.
③ 曾妮，班建武. 生态公民的内涵及其培育 [J]. 教育学报，2015（3）：12.
④ ORR D W. What Is Education For?" Earth in Mind [C]. Washington, Covelo, and London：Island Press, 2004：7-15.

转换，培养批判性的全球生态公民随之也成为其重要的目标。

三、重构学校知识范式

近现代学校知识是一种"知识就是力量"的范式（knowledge‑as‑power paradigm）①。隐藏其后的是征服、统治和控制自然的人类的世界观。这种知识以现代科学（从蒸汽机到核弹）知识为典范，是在"对权力的渴求"的驱动下形成的。这种知识被认为既是理论无涉（theory-free）的，也是价值无涉的。由此常规的教育（conventional education）的意识形态（即信奉"更多意味着更好，消费就是存在"）形成了一种知识形式，这种知识提供了一种隐性课程，不断地、潜意识地为人们渲染着一个永无止境的增长和无节制地消费的奇幻的世界。

在罗纳德·S. 劳拉（Ronald S. Laura）等学者看来，对环境转化性的征服（transformative subjugation）与对我们身体的转化性征服是相匹配的，这主要是通过快餐食品以及对抗生素的滥用来实现的。而现代电子技术，特别是电视和电脑，也将我们从直接经验着的生活中隔离开来，使人们沉迷于虚拟的世界之中。用后现代的观点看，就是技术对"心灵的殖民化"（the colonization of mind）。

"知识就是力量"的知识范式服务于工业化及其制度建构，以追求机器自动化、智能化为表现。它形塑的不仅是工业的组织目标也形塑学校课程。知识在生产线上就被包装起来，从模块（modularisation）到批量生产。由此教育话语也被一种知识的传播模式所统治，那就是从教师那里直接"传送"到学生那里。这种模式在中小学甚至在大学也占据主流。

当今学校教育知识就是力量的范式提升了对环境的征用能力的同时也造成了社会异化。它由先在具有权力和控制特征的西方文化所驱动，被认为是生态环境危机的根源。近代西方社会对技术增长的迷恋已经造成了巨大的环境危机。因为这种知识及技术所秉持的价值观破坏了地球生态的整体性。

正因为如此，批判的生态教育学者们认为，重构学校课程知识的范式是必须的。

传统的"环境教育"被认为出现了偏差因而是无效的，因为它太少关注文

---

① 关于这种知识范式形成的原因及产生的危害和批评，具体参见：LAURA R S, COTTON M. Empathetic Education：An Ecological Perspective on School Knowledge ［M］. London and Philadelphia：The Falmer Press，1999.

化、科学及政治环境的外部影响。既然生态问题不能仅仅通过科学测量、管理行为及技术修复来解决,那么生态教育不可避免地要结合自然和人的维度,也就是使人们意识到群落生境(biotopes)与社会单元(sociotopes)之间的相互关系。① 这样,生态教育或生态教育知识除了应该注意自然与人之间的关系外,同时也应尊重不同地方性的传统生态学知识存在的价值。所谓传统的生态学知识,实际是一个科学共同体(scientific community)使用的概念,用以命名千百年来人们与环境的直接接触所获得的经验。它涉及生物体(living beings)彼此之间及其与生存环境之间的知识、活动及信念。相对而言,这种知识的拥有者往往为非技术性的群体而不是科学共同体。这种知识乃是当地群体依据当地资源而形成的。在世界上,在不同环境中生活着的群体都有这种传统的生态学知识,它具有经验性、异质性和多样性。罗宾·沃尔·柯默尔(Robin Wall Kimmerer)等学者早就注意到传统生态学知识的重要性,并呼吁将这种知识纳入学校生态教育知识之中。②

而在米切尔·范·艾克(Michiel van Eijck)等学者看来,当今科学课程中的传统生态知识的争论如今围绕着多元文化主义和普遍主义这两个并列而不相容的理论展开。为了克服多元文化主义和普遍主义在科学教育之中的对立,以使它们成为一个整合的单元,他们建议放弃"真理"的概念而采取一个当代的认识论来解决这种对立,这种认识论主张:(1)应包括人的文化和物质的维度,即形成一种主体间的实在性;(2)关注知识的有用性;(3)强调人类生产及理解的动力的、异质性的、多样性的本质。他们认为,尽管传统的生态知识与科学知识同时有效,但是二者彼此之间是没有可比较性的和不可约的。它们是内在于人工产品形成中的不同的知识建构和演化。米切尔·范·艾克等学者充分利用了科学的社会学研究方法,认为科学知识的超越性的本质蕴含着地方的异质性、动力性及多样性的缺失,使得它在地方性的环境中的无用性远甚于其自身。因此,当今有必要重新定位我们的教育并设计我们的学校知识。③ 也就是应将传统生态学知识与科学知识整合起来。

当然,批判的生态教育学借鉴的是批判教育学的关系性思维的模式来思考

---

① SCHLEICHER K. Beyond Environmental Education: The Need for Ecological Awareness [J]. International Review of Education, 1989 (3): 257-281.

② KIMMERER R W. Weaving Traditional Ecological Knowledge into Biological Education: A Call to Action [J]. Bioscicence, 2002 (5): 432-433.

③ VAN EIJCK M, ROTH W M. Keeping the Local Local: Recalibrating the Status of Science and Traditional Ecological Knowledge (TEK) in Education [J]. Sci. Ed., 2007 (6): 926-947.

生态问题，尽管其对生态（知识）政治性维度强调有些过头，但其对学校知识的跨界建构的观点是值得重视的。

四、教育方法的选择：批判性反思

一些学者认为，生态教育学是一种将环境问题与社会问题联系起来的批判的教与学的方法。尽管这些方面经常是不可分开的，但是经常却被回避或被有意识地误教。这是因为权力关系镶嵌于教育系统内外。因此，批判的方法是基础性的。因为它有助于揭露那些很难观察到的方面。环境教育学（EP）的其他形式包括环境教育（EE）及可持续发展教育（ESD）。这些不同的环境教育学的方法有可能是批判性的，也可能不是批判性的。生态教育学则强调批判的方法。这种方法受到巴西教育学者弗莱雷的批判的大众教育方法的指引。遵从批判的方法的学者们认为，不同种类的环境教育学之间有一种紧张，正如所有的教育学之间存在紧张一样。也就是说，不同教育学聚焦于变革社会以及那些（经常无意识地）再生产历史的、社会—环境的压迫。生态教育学强调变革社会的方面，也强调全球的以及个体的、社会的与自然世界的整体。遵从生态学方法的研究者们努力揭示与权力统治相关联的再生产的趋势是怎样有助于延续和强化社会环境压迫（socio-environmental oppressions）的。用这种方式，生态教育学的目标就是通过揭露对个体和社会的压迫与社会—环境（socio-environmental）的联系来提升变革性的行动。[①]

环境与社会之间的关系经常被那些从特定环境灾难中受益的人所掩盖。生态教育学就是致力于通过批判性地学习环境问题，揭示这一被掩盖的关系，以终结或减弱社会压制。

虽然自20世纪90年代以来，全球公民教育研究和实践发展迅速，但实践效果有限。环境或生态问题既是一个"全球共同利益"问题，也是各国政府关心的问题，为解答"全球公民教育何以可能"提供了较好的切入点。在他们看来，国际环境政治学解释了全球环境治理中的不平等状况。以全球环境问题及其治理作为教育内容，全球公民教育因此具有批判性。这样批判的生态教育学成为全球公民教育的重要实践形态。在既有的国家边界限制下，批判的生态教

---

① MISIASZEK G M. Ecopedagogy and Citizenship in the Age of Globalisation：Connections between Environmental and Global Citizenship Education to Save the Planet［J］. European Journal of Education，2015（3）：280.

育学通过全球与在地的混合行动，让全球公民教育获得了一种新的可能性。①

批判的生态教育学的批判既包括对发达国家与发展中国家之间不平等关系的批判，即维护弱势群体的利益，更有解殖（decolonize）公民的认知殖民化，揭示被隐藏、被宣传的虚假意识形态。而深层意识批判是批判生态教育学最重要的批判任务。批判生态教育学最重要的是生态公民对自我内在意识被殖民的解殖，同时指向自身的消费观。

自 20 世纪 60 年代以来流行的，顺应欧美工业化、城市化、现代化的"发展主义"（developmentalism，有的翻译为"开发主义"）片面追求经济增长，即追求 GDP 及国民收入的增长。这种发展主义的思维被内化为发展中国家的发展思维及人们的价值追求，对广大"第三世界"产生了极其深远的影响，包括贫富差距拉大、环境—生态恶化等，并形成"环境问题是人类发展的必要代价"的错误认识，同时也刺激了个人无休止地追求消费时尚。

批判的生态教育学认为，环境正义既是一种多样化的草根运动，又是学术研究领域，明确地将种族、阶级、环境污染和政治经济学联系起来的目的在于将对工地、社区及对儿童的毒害与资本主义的地理学联系起来。人类进入 21 世纪的一个紧迫的任务就是对新自由主义资本主义经济—消费体制的干预。因为消费代表了权力、意识形态、性别以及社会阶级的流动。② 批判的生态教育学就是要教会学生去批判性地反思生态环境背后的资本主义制度及其生产生活方式带来的危害，同时反思自身的消费行为、道德义务。

批判的生态教育学对教师寄予了厚望。以麦克拉伦等人为例。教师如何认识到他们在资本与自然之间的战争中的作用呢？他们如何发展生态社会主义教育学呢？在他们看来，这些问题的部分答案就在于教师将学校作为一种构建潜在能力和民主的场所来培育，培养大众的激进主义和社会主义战斗精神。基于这个立场的批判教育学必须拓展并关注生态的政治性问题，将教室内的工作与新社会运动一同包括进来。他们以厄瓜多尔帕查库蒂克土著人民运动、阿根廷的皮克泰罗运动、委内瑞拉的玻利瓦尔运动、巴西无地工人运动以及墨西哥的萨帕蒂斯塔斯运动（Pachakutik indigenous peoples' movement in Ecuador, the piquetero movement in Argentina, the Bolivarian movement in Venezuela, the

---

① 郑富兴. 国际环境政治与全球公民教育的批判路径 [J]. 比较教育研究，2017（8）：64.

② SANDLIN J A, MCLAREN R. Critical Pedagogies of Consumption. Foreword [M]. New York and London：Routledge，2010：XII.

Landless Workers' Movement in Brazil, and the Zapatistas in Mexico） 为例就此进行了深入剖析。在他们看来，批判教育学需要逃离研讨会会议室而在那些为自由及反抗资本主义剥削实践而斗争的人心中构筑城堡。通过生态社会主义教育学的透镜而走向社会变革以深化生态教育学工程。在他们看来，这个工程帮助教师们认识到他们被嵌入全球化的社会剥削关系之中以及这样的剥削关系是如何与具体的社会的及政治的环境不平等的地理及危机联系起来的。①

　　需要指出的是，尽管批判的生态教育学成为维护生态的一支重要的理论力量，为人们反思环境问题的根源提供了新的视角，但就其实践看，批判的生态教育学很少提出建设性的建议。即使是对主流批判教育学颇多微词的包华士也不例外。但正如有人指出的，"包华士用批判的方法揭示西方所谓的现代化教育所产生的后果是对自然的剥削、对环境的破坏、对传统的价值的否定、对个人绝对权威的肯定以及文化遗产的遗失等，希望在批判之后能构建一个较能适应后现代社会的教育理论以生态为本的教育哲学，即生态正义教育学"，但是"对于生态正义教育学的实践，包华士虽然提出教学的生态学路径，但怎样应用到实践，还缺少具体化的例证"②。由此可以看出，批判的生态教育学影响力的有限性，也可以看出造成当今生态环境恶化的力量之强大之顽固。

---

① MCLAREN P, HOUSTON D. Revolutionary Ecologies: Ecosocialism and Critical Pedagogy [J]. Educational Studies, 2004（36）: 36.

② 徐湘荷. 以生态为本的教育哲学：包华士的生态正义教育学 [J]. 外国教育研究，2010（10）: 12-13.

第八章

追问谁的知识最有价值——阿普尔论教育

　　阿普尔是北美批判教育学的奠基者之一，在批判教育学的发展史上，他第一个提出"谁的知识最有价值"的问题，为批判教育研究指明了方向，在批判教育学发展史乃至教育学发展史上都具有划时代的意义。在有人问阿普尔的思想有没有什么变化的时候，阿普尔是这样回答的："是的，有变化。但是根本的问题还是没有变。我很失望那些问题还是没有变得比以前好一点儿。同样的问题还存在，谁从这个社会上受益？谁的知识在被传授？谁的知识被淹没？为什么？知识与权力之间的关系是什么？这些问题是追问的开始，但是这些问题还依然存在，没有解决。但是如何回答这些问题却需要新的理论。"① 阿普尔认为教育学是一个多变的领域，通常要依赖于认识论和概念的突破。阿普尔的批判教育学所凭借的概念工具主要有两个：意识形态与霸权。② 所以追问"谁的知识最有价值"因此就成为理解阿普尔乃至整个批判教育学的一个抓手。阿普尔的批判教育思想很丰富，这里仅仅从这个角度进行概括。

第一节　阿普尔的生平与主要著作

　　迈克尔·阿普尔，1942 年 8 月出生于美国新泽西州帕特森市一个贫困的俄裔犹太工人家庭。父亲是一名印刷工、教师及政治活动家，在政治上信仰社会主义，母亲是政治上信仰共产主义的反种族主义运动领导人。阿普尔曾提及，回忆中最美的时光，就是与同为政治活跃分子的父母探讨现实存在的重大问题，

---

① 李慧敏. "愤怒"的使命与批判教育学的未来——迈克尔·阿普尔教授访谈 [J]. 全球教育展望，2015（1）：12-13.

② [美] 迈克尔·W. 阿普尔. 意识形态与课程 [M]. 黄忠敬，译. 上海：华东师范大学出版社，2001：中文版序言 1.

并为建立一个更少剥削的社会共同努力。其特殊的家庭对他思想的形成具有重要的意义。受贫困的家庭经济条件所限，阿普尔只能半工半读，白天担任工会的印刷工人和卡车司机，晚上去两所规模很小的州立教师学院读书。1961 年，阿普尔被征召入伍，成为一名部队教师。1962 年从军中退伍以后成为一名专职代课教师，通常被指派去下层居民的学校，尤其是非洲裔美国人和拉丁裔美国人社区中那些族群多元的学校。1962—1966 年，他一边教书一边修大学学分，并于 1967 年获得美国格拉斯保罗州立学院（Glassboro State College）教育学学士学位，1968 年拿到哥伦比亚大学课程和哲学专业硕士学位，1970 年拿到哥伦比亚大学课程与教学专业博士学位。获得博士学位以后，阿普尔前往威斯康星大学麦迪逊校区教育学院任教。1970—1973 年任助理教授，1973 年升任副教授，1976 年晋升为教授。1989—1990 年，担任美国教育研究会（AERA）副主席。1998 年，荣获美国教育研究会终身成就奖。2001 年，当选劳特利奇 20 世纪全球最有影响力的 50 位教育思想家之一。2006 年获威斯康星大学教育学院"杰出学术成就奖"（Distinguished Academic Achievement Award）。

阿普尔在教育评价、课程与教学、教师教育、教育政策、教育测验、教育金融、教育管理和教育改革等诸多方面均有建树，且积极投身于国际学术交流。他还与保罗·弗莱雷、亨利·吉鲁和彼得·麦克拉伦等人一道热衷于民主教育的实践变革运动，对世界许多国家的民主教育进程发挥着重要影响。阿普尔始终坚持"批判教育研究"的"新马克思主义"的实践道路，其国际化的民主教育实践活动遍及北美各地和拉美（巴西、哥伦比亚、阿根廷、智利、墨西哥）、欧洲（英格兰、苏格兰和爱尔兰、德国、挪威、瑞典、丹麦、西班牙、葡萄牙、斯洛维尼亚）和亚洲（日本、韩国、泰国、中国及中国台湾、巴基斯坦）以及澳大利亚等诸多国家和地区。

阿普尔自 1970 年完成博士学位论文《关联与课程：现象学视野下的知识社会学研究》（*Relevance and Curriculum: A Study in Phenomenological Sociology of Knowledge*）以后，一直笔耕不辍，共出版专著 7 本，主编、与他人合编、合著的著作 20 多部。根据阿普尔自己的叙述，① 他的批判教育研究分为三个阶段：第一阶段是意识形态与课程阶段，主要著作包括《意识形态与课程》（1979/1990/2004）、《教育与权力》（1982/1985/1995）和《教师与文本》（1986）等；第二阶段是批判保守主义现代化阶段，主要著作包括《官方知识》（1993/

① ［美］迈克尔·W. 阿普尔. 教育的"正确"之路——市场、标准、上帝和不平等［M］. 黄忠敬，译. 上海：华东师范大学出版社，2008：331-335.

2000）、《文化政治与教育》（1996）和《教育的"正确"方式》（第一版，2001）等；第三阶段是国际化拓展阶段，主要著作包括《国家与知识政治》（2003）、《教育的"正确"方式》（第二版，2006）和《被压迫者的声音》（2006）等。

第二节　阿普尔的主要教育思想

一、基本观念：意识形态与霸权

在阿普尔看来，要使教育研究领域充满更多的活力就必须要有新的和具有社会批判性的观点。教育领域是一个多变的领域，通常要依赖于认识论和概念性的突破。而他所使用的工具主要来自两个主要概念：意识形态和霸权。[①]

作为阿普尔批判教育理论最基础的概念之一，意识形态（Ideology）最早由法国哲学家德斯蒂·德·特拉西（Destutt de Tracy，1754—1836）在其《意识形态的要素》中提出，后经马克思主义理论家的发展逐渐成为一种具有世界影响力的理论。阿普尔在其成名作，也是其代表作《意识形态与课程》中提出，马克思本人的观点为其研究提供了一个建构性的框架。作为一个具有批判精神的教育家，阿普尔理性地面对意识形态这一客观现象，站在现实的立场上审视意识形态和教育的关系。阿普尔认为意识形态虽有歪曲人们对社会现实的看法，从而为社会中的统治阶级利益服务的一面，但其本质和功能是不可缺少的创造，作为一种共同的意义协定，它使复杂的社会现实变得易于理解。所以，从特性上看总是涉及合法性、权力冲突和辩论的独特风格三个与众不同的特色。[②] 后来经过进一步研究，阿普尔认为意识形态实质上是由人们的日常生活与物质实践所建构的现实文化的一部分，是一系列意义和实践的综合体，其中蕴藏着人们普遍认可的道德标准与再生产的要素。[③] 所以不能简单地理解为小部分有权力的人有意识地共谋以压迫地位较低的阶级。由此可见，经过发展，阿普尔的

---

① ［美］迈克尔·W.阿普尔.意识形态与课程［M］.黄忠敬，译.上海：华东师范大学出版社，2001：中文版序言2.

② ［美］迈克尔·W.阿普尔.意识形态与课程［M］.黄忠敬，译.上海：华东师范大学出版社，2001：20-21.

③ ［美］迈克尔·W.阿普尔.教育与权力［M］.曲囡囡，刘明堂，译.上海：华东师范大学出版社，2008：26.

意识形态概念一般来说是中性的，不过是在阶级的、反思的、批判的意义上使用。即便是指为统治阶级根本利益服务的意识形态，也并非认为它是虚假的而对其进行彻底否定。阿普尔认为，统治阶级通过意识形态不知不觉地潜移默化和有意遮蔽现实真相的动机，在于为自身的阶级倾向进行解释和辩护，培养社会的团结意识与认同感，并借此创造社会舆论，进而规范和引导社会变革，维护自身的统治地位及政治、经济、文化利益。被压迫阶级通过一定的抵制和反抗会产生感性的、个体的革命意识，但这种意识往往会受到围剿和压制，所以必须得到帮助和拯救。

霸权（hegemony），确切地说是文化霸权（cultural hegemony）。批判教育学特别是阿普尔的这个概念主要借自葛兰西。所谓文化霸权，更确切地说，应该叫文化领导权，主要指意识形态、文化和价值领域里，官方与民间、国家和社会的广泛而密切的联系，既有斗争又有广泛的共识和认同的辩证关系，实质上就是一种意识形态领导权。① 这一概念由葛兰西在 20 世纪 20 年代提出，但直到20 世纪 70 年代才重新进入人们的视野。

葛兰西的文化霸权理论既吸收了意大利最早的马克思主义宣传者之一的拉布里奥拉（Antonio Labriola，1843—1904）、克罗齐（Bendetto Croce，1866—1952）等人的文化哲学思想，更重要的是吸取了经典马克思主义理论。② 马克思在《德意志意识形态》中认为："统治阶级的思想在每一时代都是占统治地位的思想。这就是说，一个阶级是社会上占统治地位的物质力量，同时也是社会上占统治地位的精神力量。支配着物质生产资料的阶级，同时也支配着精神生产资料，因此那些没有精神生产资料的人的思想，一般的是隶属于这个阶级的。"③ 在经典马克思主义看来，每一个企图替代旧统治的新的阶级为了达到自己的目的，总是在观念上把符合自己的利益的需要说成是全体社会成员的共同利益的需要，赋予自己的思想以普遍的形式，将它描绘为唯一合理合法化的思想。

在以上经典马克思主义思想的基础上，葛兰西进一步认为，社会（统治阶级的）霸权的建立不是剪除对立的阶级及其思想，而是通过谈判（negoutiation），形成一种调解，从而将之纳入自身的体系之内，使对立的一方形成对自身价值的一种认同。

---

① 张田. 文化霸权理论溯源 [J]. 东南传播，2009（5）：133.

② 郭赫男，刘亚斌. 葛兰西的"文化霸权"理论溯源及其对它的误读 [J]. 社会科学家，2008（6）：45.

③ 马克思，恩格斯. 马克思恩格斯选集（第 1 卷）[M]. 北京：人民出版社，1996：98.

从某种意义上说，葛兰西对经典马克思主义的有关概念如上层建筑等进行了一定程度的修正和创新。他所说的文化概念扩大到指与物质世界相对的整个精神世界，涵盖人类一切的精神活动与成果，实际上是一种世界观。葛兰西认为，社会变革（革命）应该优先夺取文化领导权，甚至整个社会道德的、文化的、知识的领导权。这与经典马克思主义者及列宁的思想有很大的不同，由此开启了一个马克思主义哲学研究对经济运动的关注转向对文化、政治的关注。这种转向被称为"葛兰西转向"，它开拓了英国的文化研究范围，将研究对象从阶级延伸到种族、性别及年龄压迫等，更贴近社会生活。

文化研究是批判教育学的重要理论基础，这其中就有着浓厚的葛兰西情结。阿普尔对右派何以结盟并成功占领社会不同领域的分析就深入到右派改造社会常识的层面，所以他说，"我主张，来自这个新霸权集团的各股势力的一些论争都应当倾听，因为他们联结着人们体验的现实"①，他一再强调批判教育学的实践要更具有实践性的原因也在于此。从阿普尔、吉鲁等人不再单纯关注阶级问题，而是将阶级、种族、性别乃至性取向等问题结合起来思考教育问题的方式也可以看出，文化研究特别是葛兰西的霸权思想的根本性的影响。

二、知识观：谁的知识最有价值

在阿普尔看来，相比于斯宾塞"什么知识最有价值"这一思考失之简单、答案失于偏颇且具有迷惑性的问题，回答"谁的知识最有价值"更有意义。阿普尔认为，学校知识的性质并非客观中立、价值无涉，"没有哪一本书或所包含的知识是中立的、无任何利益倾向的"②。知识与权力之间有着一系列错综复杂的联结，谁的知识的问题、谁选择的问题以及如何证明其合理性问题——都是权力的问题（constitutive issues），而不是可有可无的"添头"（add-ons）。③ 无论过去还是现在，凡是能够进入学校的知识都不是随意的。事实上，它是按照一定的价值观和原则进行选择和重新组织的结果。不仅是统治阶级，包括被统治阶级都试图对知识的生产和流通发挥自己的影响，并试图对渗透于学校日常生活的知识呈现进行重新诠释。统治阶级在维持自身知识优势地位的基础上，

---

① ［美］迈克尔·W. 阿普尔. 教育的"正确"之路——市场、标准、上帝和不平等［M］. 黄忠敬，吴晋婷，译. 上海：华东师范大学出版社，2008：259.

② ［美］M. 阿普尔，L. 克丽斯蒂安-史密斯. 教科书政治学［M］. 侯定凯，译. 上海：华东师范大学出版社，2005：61.

③ ［美］迈克尔·W. 阿普尔. 教育的"正确"之路——市场、标准、上帝和不平等［M］. 黄忠敬，吴晋婷，译. 上海：华东师范大学出版社，2008：5-9.

为争取更多人的认同和服从，也会做出部分妥协，以此来麻痹等级、身份、性别、种族均处于不利形势的人们，以虚假代言人的身份获取他们的认同。那些最终被统治者选择并认定为合法的知识，主导着时代的核心话语权。由此分析，我们可以发现，原本在科学理性的视野下被看作是客观的、普遍的和价值中立的知识在阿普尔眼中并不是客观中立、价值无涉的。阿普尔认为，知识的产生和传递过程始终伴随着矛盾和冲突。学校教育中教授的知识主要传递的是在社会中占有优势地位的权力阶级的合法化信息，经过日积月累、潜移默化，这种信息以"常识"的方式不断出现，经由个体的默认，逐渐被个体内化为自身思想观念的一部分，指导和决定着人的行动，物化成一种控制力量，传达着社会统治阶级的利益和需要。当其他团体或阶层的成员主动支持特权阶层的观点，或当他们没有能力或意识对特权阶级发出质疑和挑战时，这种控制力量就会显出其真实性和强大性。因此，知识是权力的创造物，不是因为知识能够为其服务或有用，权力才鼓励和使用它，而是因为他们二位一体、直接连带。

三、学校观：社会权力和控制的机制

阿普尔认为，作为国家机构的一种，学校特别是公立学校必然建立在社会主流的意识形态之上，"尽管毋庸置疑，学校实际上满足许多个体的学习兴趣，但同时从经验上来讲，学校同时充当了在分阶层社会中阶级关系的经济和文化再生产的权力机构的角色"[1]。"学校既'加工'知识，也'加工'人。"[2] 他指出，我们必须至少在学校生活的三个领域里提问这些问题：（1）学校基础的日常规范如何使学生学习这些意识形态；（2）这些特殊的课程知识形式在过去和现在是怎样来反映这些结构的；（3）这些意识形态怎样被反映为教育者自身的基本理念，并控制和指导他们的活动，给他们的活动赋予意义。[3] 从这三个问题我们可以发现，在阿普尔看来，学校生活和教育机构外部的分配、质量、工作控制，权力、意识形态和文化知识紧密相连。学校通过负责归类、选择、生产和分配相应的知识，负责把学生群体按照等级制度组织起来并加以安排，负责精英阶层意识形态的再生产，为社会不平等的生产而服务，实际上辅助建立

---

① ［美］迈克尔·W. 阿普尔. 意识形态与课程［M］. 黄忠敬，译. 上海：华东师范大学出版社，2001：8.

② ［美］迈克尔·W. 阿普尔. 意识形态与课程［M］. 黄忠敬，译. 上海：华东师范大学出版社，2001：34.

③ ［美］迈克尔·W. 阿普尔. 意识形态与课程［M］. 黄忠敬，译. 上海：华东师范大学出版社，2001：14.

了资本积累与合法化的必要条件，"学校潜在地再造了文化与经济的不平等"①。从功能的角度来说，阿普尔认为学校的功能表现在积累、合法化和生产三个方面，即学校为经济再生产提供了某些必要条件如人力资本、学生的分类筛选等，从而有助于资本积累；学校是促进合法化的重要机构，帮助统治阶级在意识形态上论证其合法性，并同时使自身合法化；学校是构成生产的重要力量，不仅有助于生产有用的技术和行政知识，而且有利于再生产处于支配地位阶级的文化和意识形态的形式。② 所以在阿普尔看来，"学校本身就是阶级、阶层、性别和种族冲突的发生地"③。

而且，阿普尔也指出，学校教育系统虽然在很大程度上由政府来组织和控制，但并不意味着它的一切方面都仅仅彻底地宣誓统治阶级的单一利益。事实上，学校无形中担负着培养可能产生冲突的对立意识形态的责任。一方面，在学校的运作中，师生不会孤立于意识形态任务之外，也不会全然被动地、机械地照单全收，他们中的很多人会对主流意识形态产生怀疑、反感，甚至抵制。在此过程中，斗争必不可少，其中包含着一系列的说服、抵制、冲突、争斗及相互妥协。另一方面，要保持社会的动态发展与进步，就必须依托一种批判性力量，而此种批判性力量的产生有赖于个体批判性思维的建立。学校作为培养人的机构，需要帮助学生培养批判性思维和反思意识，而这些就可能对固有的资本与意识形态构成挑战，学校因此处于自身难以克服的解决的矛盾之中。

四、课程观：合法化的官方知识

阿普尔认为，课程知识不是一个分析的问题（什么应被看作知识），也不是一个简单的技术问题（怎样组织和储藏知识以让儿童获得和掌握它），更不是一个纯粹的心理学问题（怎样让学生去学习），相反，课程知识的研究是一个意识形态的研究，即在特定的历史阶段，在特殊的机构中，特殊的社会群体和阶级把学校知识看作是合法性知识。课程是主流阶级的权力、意志、价值观念、意识形态的体现和象征，它实质上是一种官方化的知识，是一种法定的文化。因此，课程知识的选择和分配是社会权势者依据某一选择或组织原理而做的意识形态上的选择，且被纳入和被排除的内容体现了统治阶级的"选择性传统"：它

---

① ［美］迈克尔·W. 阿普尔. 意识形态与课程 ［M］. 黄忠敬，译. 上海：华东师范大学出版社，2001：35.

② 林晖. 事实与价值 ［M］. 上海：上海三联书店，2014：220.

③ ［美］迈克尔·W. 阿普尔. 教育与权力 ［M］. 曲囡囡，刘明堂，译. 上海：华东师范大学出版社，2008：29.

赋予某个群体文化资本而剥夺另一个群体的文化资本。某一阶级能够接近其他阶级分配不到的知识，某些团体只能接近其他团体分配剩余的知识。这样，知识就被不均匀地分配给不同的阶级、职业群体、年龄、阶层和拥有不同权力的人。为此，若想要充分厘清课程背后的霸权统治，我们必须要将学校传授的课程知识"放置到"更大的社会政治、经济、文化背景、意识形态和社会冲突领域范围中去。

为了深入地分析意识形态霸权，阿普尔不仅十分关注公开的显在课程，运用教科书分析来考察课程的本质，而且也很强调对隐性课程的研究，并且他认为在学生的社会化方面，潜在课程比显在课程作用更大。阿普尔认为，潜在课程是"学校里传授的、教师的目的或目标陈述中并不经常谈到的、暗含的但有效的规范和价值观"①。"学生主要通过应付日常的冲突和课堂生活的任务，潜移默化地习得某些达成共识的社会规范。学生习得的这些规范渗透到他（她）后来生活的许多领域"。② 因此，研究潜在课程对分析霸权特别有效，它能揭示学校常识观念中所隐含的意识形态信息以及课程开发中的选择性传统，能揭示课程中存在的冲突、矛盾与斗争。为考察课程中的意识形态的霸权，阿普尔认为要提出至少四个问题：它是谁的知识？谁来选择？为什么用这种方式来组织教学？是否针对这个特殊群体？然后从关系、结构的角度来考察课程与整个国家的政治、经济、文化之间的复杂关系。"学校中的潜在课程用于强化围绕冲突本质和用途的基本规则，它布下了假设的天罗地网。当这些假设被学生内化之后，就建立了合法性的边界。这个过程并不是由明显的表明冲突的负面价值的实例来完成，而是由缺乏表明学科领域知识和规范性冲突的重要性的整体实例来完成的。事实是，由于这些假设没有被明确地表达或质疑，所以它们对学生来说是强制性的。由于它们是潜在的并在我们的大脑中根深蒂固，所以它们的霸权力量增大了。"③ 同时，阿普尔强调，潜在课程对价值观、态度和行为的形塑很重要，人们能通过它接受现存秩序的规约，但与此同时，也能经由它获得有关正义、权力、尊严和自我价值等重要观念。它带给学生的是前者还是后者，取决于它自身究竟是保守性的还是解放性的。因此，要使潜在课程具有积极的

① ［美］迈克尔·W. 阿普尔. 意识形态与课程［M］. 黄忠敬，译. 上海：华东师范大学出版社，2001：97.

② ［美］迈克尔·W. 阿普尔. 意识形态与课程［M］. 黄忠敬，译. 上海：华东师范大学出版社，2001：100.

③ ［美］迈克尔·W. 阿普尔. 意识形态与课程［M］. 黄忠敬，译. 上海：华东师范大学出版社，2001：99-100.

正向意义，学校必须通过努力使其无论是在结构还是在过程上都尽力走向民主化。同时，阿普尔也提出，学校课程不仅是统治阶级文化、意识形态和阶级关系的再生产装置，也是实行抵制的实践、进行反霸权的斗争、实现民主的文化实践能动过程。阿普尔希望通过教育培养学生的批判性思维，这样学生才能认清优势文化的独霸性及文本的独权性，并向它们挑战。师生们才不会轻易地被统治阶级所"同化"。所以，学校教育中的课程知识应该指向个人的主体性和批判精神的培养，通过提升学生的批判意识来培养学生的正义行为。

五、教科书：官方知识的具体体现

阿普尔认为，作为官方知识的代表与具体体现，教科书具有重要意义，"在全世界许多国家的学校课堂上，正是教科书为教学提供了大量的物质条件，也正是教科书确定了什么才是值得传承下去的精华和合法的文化"①。事实上，教科书或多或少地支配着学生所学的知识。它们确立了课程的框架，而且通常是确立了大部分科目中一些必修的知识。在公众看来，教科书是权威的，是准确无误和十分必要的。但它并非是人类所有知识的简单堆积和组合，在它诞生之前就已经附上了霸权的灵魂。一方面，围绕将什么编入教科书中、将什么排除在教科书之外的"正式知识"（formal knowledge）的争论，事实上蕴含了更深层次的政治、经济、文化联系和历史。围绕教科书所暴露的冲突，往往反映出权力关系上更深层次的问题。它们涉及人们在知识方面最看重什么的问题。另一方面，教科书本身的意义也非常重要。通过教科书呈现的内容和形式，我们可以看出现实世界是如何构成的，更为重要的是，我们可以看出浩如烟海的知识是如何被选择和组织的。教科书体现了雷蒙德·威廉姆斯所说的"有选择的传统"（selective tradition）的内涵是什么——它只是某些人的选择，只是某些人对法定知识和文化的看法。通过这样的传统，某一人群的文化资本获得了合法地位，而另外一群人的文化资本却无法获得这样的地位。②

阿普尔认为，教科书的权威既属于教育范畴，也属于政治范畴。作为一种教育学的实践活动，教科书不能只是成为思想生产的一个研究领域，还要联系更广泛的制度实践和社会结构中的权力关系。教科书作为一种中介，在学习社会关系中发挥着作用。它决定了教育内容、教育对象和教育方法，反映并左右

---

① ［美］M. 阿普尔，L. 克丽斯蒂安-史密斯. 教科书政治学［M］. 侯定凯，译. 上海：华东师范大学出版社，2005：95.

② ［美］M. 阿普尔，L. 克丽斯蒂安-史密斯. 教科书政治学［M］. 侯定凯，译. 上海：华东师范大学出版社，2005：4.

着作者和读者的主观世界，透露出其自身蕴含的意识形态和制约因素。而对教科书的解读，也不完全取决于那些偶然因素或特定读者群的阅读习惯，因为教科书实际上事先限定了理解和读者群的范围。它是一种互动交往的形式，不但协调师生关系，也成为协调与社会现实关系的一个中介。不仅如此，教科书还会影响真理标准的制定与确立，并以此为基础，建立一个重要的参照系统，帮助人们认清何谓"真正"的知识、文化、信仰和道德，并进一步看清它们的本来面目。在如今的学校教育中，很少有领域能像教科书一样，受到审慎检查和引发激烈争论。

六、教师观：作为政治自觉的存在

阿普尔认为，教师作为学校中的关键性角色无法回避阶级问题的考验，而且必须有明确的立场和态度：你站在谁的一边？① 代表谁的利益？他主张教师应该站在被压迫者和处境不利的人一边，也就是"那些最没有权力的人们的立场"② 上，为他们说话，成为争取民主教育的斗士。他主张教师的抗争不仅是为了摆脱本身所处的困境，也是作为一种更广泛的政治事业或一般的社会斗争的重要组成部分。因此，阿普尔提出教师自身要有主体解放和批判意识。只有教师本身具有批判的精神和批判的能力，才能教育出具有批判精神和批判能力的公民，这样的教育才是民主的教育。而学生作为社会的人，其心灵也不是一张任教科书任意"涂抹"社会认同的意识的白纸。相反，学生在接收信息与文化的过程中，会根据他们自身的现实状况（包括社会地位、经济地位、文化区别、种族差异、性别差异等），有时接受，有时改变，有时甚至拒绝这些社会期望他们接纳的性情、倾向、技术、事实。因此，阿普尔认为，在教科书和课程设置无法更改的情况下，教师要批判地审视，而不是被动地全盘接受现有的教科书和课程。要运用智慧去判断和分析隐藏其中的价值观、意识形态和权力话语，并进行深刻反思；教师要通过课程来传递批判信息给学生，帮助学生塑造自己的观点、价值观和选择取向；在对学生进行教育时，教师应该同时实现自我教育。③ 同时阿普尔鼓励教师在"真正教育"的名义下支持在教室里开展社会批判和民主活动，帮助学生进行批判性的思考，领会某些特定形式的知识的

---

① ［美］迈克尔·W. 阿普尔. 文化政治与教育［M］. 阎光才，等译. 北京：教育科学出版社，2005：IX.
② 转引自：王占魁. 阿普尔批判教育研究的批判逻辑［J］. 教育研究，2012（4）：135.
③ 王璞. 阿普尔批判教育研究视域中的教师角色分析［J］. 比较教育研究，2013（7）：39.

社会作用，并认识到居于支配地位的权力造成了不公平和不公正的政策。阿普尔认为，教师应该帮助学生形成一种激进民主观，对各个层次（包括当地、国家和全球）的利益保持高度的敏感。如果做不到这一点，"就会让学生形成一种狭隘的利益观，并且对不同层次和范围内的复杂但往往具有剥削性的关系失去把握"①。

另外，阿普尔也试图重新界定教师的角色和教学的特征及其目标。他认为，在教育的合法正统和有效的名义下，教师的权利已经被剥夺，取而代之的是把这些权力转给了管理者或立法者。他力争呼吁为无权的教师开展可以使之状况发生改变的行动，支持重塑教师的角色，使他们为学校真正的改革而工作，同其他教师积极合作，同受他们教育的孩子的父母进行互动，同学生一起针对美国社会中的政治、经济和文化组织问题进行批判性的对话，力争能在教育政策制定过程中争取重新分配权力。这样做不仅是为被压迫阶级争取平等而战斗，同时也是为自身的权益而抗争。

---

① ［美］迈克尔·W.阿普尔，等.被压迫者的声音［M］.罗燕，钟南，等译.上海：华东师范大学出版社，2008：290.

第九章

教育：跨越边界的公共领域——吉鲁论教育

吉鲁是美国批判教育学的奠基人之一。"批判教育学"这一名字就是由他创造的。与其他批判教育学者一样，吉鲁所秉持的理论相当驳杂，作为批判教育学基础的所有理论他几乎都有所涉及。要寻找吉鲁的思想发展轨迹是相当困难的，因为他所秉持的理论变化不定，所关注的主题也相当多样，且进行跨学科观照。这些无疑增加了理解吉鲁思想的难度。从他的主要著作看，他主要聚焦于平等、民主、文化政治学、批判教育学等论题。在吉鲁看来，应打破学校教育对教育理解的局限，使教育直接进入公共领域，这样，教育就不可避免地具有强烈的政治性。①

在吉鲁看来，批判（激进）教育学并非是一门学科或者知识体系，它指的是一种特殊的教育实践，一种质疑已为人们所接受的各种制度和假设的特殊态度。批判教育学有三个基本特征：一是它在本质上是跨学科的；二是它质疑所有学科的基本范畴；三是它以使社会更加民主为己任。② 由此可以看出，吉鲁批判教育思想的三大特征：以民主追求为职志，以跨学科为方法，以批判质疑为根本。

作为一个著述十分丰富的批判教育学者，正如麦克拉伦在为吉鲁的《教师作为知识分子——迈向批判教育学》一书所作序言中所说的："在如此短的篇幅里完成一幅有关亨利·吉鲁的综合性的知识肖像画，不是一件容易的事情。"③这里也仅撮其要，对其批判教育思想进行大体勾画。

---

① PALMER J A. Fifty Modern Thinkers on Education: From Piaget to the Present [M]. New York: Routledge, 2001: 280.

② ［美］亨利·A. 吉罗克斯. 跨越边界——文化工作者与教育政治学 [M]. 刘惠珍，张弛，黄宇红，译. 上海：华东师范大学出版社，2002: 10.

③ ［美］亨利·A. 吉鲁. 教师作为知识分子——迈向批判教育学 [M]. 朱红文，译. 北京：教育科学出版社，2008: 1.

第一节 吉鲁批判教育学的形成与发展

吉鲁批判教育学的形成、发展与他特殊的社会阶层出身、人生经历有关，更与他所处时代的背景及学术环境的变迁有关。

吉鲁出身于一个工人阶级家庭。这种低微的出身始终使他有一种"感觉与上层社会背景的白人孩子很难沟通和相处"的气质，这后来成为他"难以逾越的障碍"。①

这种感觉不仅是心理上的，更是在思想观念上的。吉鲁青年时期正是美国社会种族歧视极其严重、社会民权运动风起云涌的时期。正如他在一次访谈中所说的："我是1967年读的研究生，当时国家乱象丛生，但那个时代也是了解校园之外政治、权力和知识的良机。"② 由于在读研究生期间受到思想激进教授的影响，他就开始阅读并研究激进理论家的著作，比如在读研究生当助教的时候，他就开始研究安东尼奥·葛兰西并发表了相关论文。研究生毕业后，吉鲁因试图改变当时黑人社区一所学校里的种族、性别和阶级的不平等的现状而遭到解聘。此后，他在罗得岛（Rhode Island）的一所中学担任社会研究（social studies）教师达6年之久。在那里，由于他开设了关于社会和异化的课程，特别是开设了关于种族和女权主义的课程而引起了当地社区右翼宗教激进主义者的注意与不安。幸亏他在参加一个关于新社会研究的会议时意外地遇到特德·芬顿（Ted Fenton），特德·芬顿邀请他参加卡耐基·梅隆大学的博士研究项目并为他提供奖学金，这使得他有机会提升自己，攻读博士学位。这成为他人生的转折点，使他得以进入学术圈，并开始了他的学术生涯。

不过，吉鲁的学术生涯开始的时候并不顺利。1977年获得博士学位后，他到波士顿大学执教，尽管他学术成果出色，但遭到波士顿大学校长约翰·希尔伯（John Silber）的刁难，波士顿大学校长约翰·希尔伯拒绝给吉鲁长期的聘任合同。吉鲁之所以受到波士顿大学的刁难，其原因在于波士顿大学当时学术风气保守，右翼对言论自由控制严格，对来自知识界的严厉的社会批判主义的著作心存忌惮。

---

① ［美］卡洛斯·阿尔伯特·托里斯. 教育、权力与个人经历：当代西方批判教育家访谈录［M］. 原青林，王云，译，济南：山东教育出版社，2013：92.

② ［美］卡洛斯·阿尔伯特·托里斯. 教育、权力与个人经历：当代西方批判教育家访谈录［M］. 原青林，王云，译. 济南：山东教育出版社，2013：91.

这当然与吉鲁已经成为"左翼工人阶级知识分子"的学术立场有关。吉鲁在读博士期间，当时美国的学术研究已经开始出现了新的动向，"教育的新政治学和社会学在发生重大变化"。很多学者的著作对他影响很大，其中包括金蒂斯、鲍尔斯、格林、阿普尔等。同样重要的，还有英国的迈克尔·扬（Michael Young）、巴兹尔·伯恩斯坦（Basil Bernstein）、杰夫·惠迪（Geoff Whitty）、保罗·威利斯（Paul Willis）以及伯明翰大学文化研究中心的一些人发起的新教育社会学运动，这使得他在批判教育理论与实践的研究上迈出了新的一步。几年后，他完成了自己的第一本著作《意识形态、文化和教育过程》（*Ideology, Culture and the Process of Schooling*, 1981）。这是阿普尔理论研究真正的开始，也是他作为左翼知识分子的形象出现在当时的学术圈的开始，他由此遭到当时的右翼保守势力的刁难就不难理解了。

离开波士顿大学后，吉鲁前往迈阿密大学执教。尽管这里观念保守，大多学生出身于保守家庭而难以沟通，吉鲁所持的信仰也与当地的保守风气格格不入，但在迈阿密大学，吉鲁还是找到了志同道合者，并成立了很多学习小组。最重要的是，随着名气的提升，他招到了很多优秀的学生并有不少人愿意与他一起从事研究，其中就有后来著名的彼得·麦克拉伦。在迈阿密大学，吉鲁开设了一个文化研究（Culture Studies）项目，引进了斯图尔特·霍尔（Stuart Hall）、劳伦斯·格罗斯伯格（Lawrence Grossberg）、斯坦利·阿诺维茨（Stanley Arnowitz）和艾伦·威利斯（Ellen Willis）等人，开美国文化研究之先河。特别是通过斯坦利·阿诺维茨的著作，他全方位地接触到 20 世纪 70 年代在美国出现的新马克思主义学术思想。

由于在迈阿密大学没有得到教授职位，吉鲁决定离开迈阿密大学前往宾夕法尼亚大学，这里的政治和学术氛围迥然有别于迈阿密大学，可以说，吉鲁的学术生涯日益走向辉煌是从宾夕法尼亚开始的。

吉鲁受左派理论的影响较早。这与他求学入职正处于那个左翼运动频发、各种左派理论雨后春笋般涌现的时代背景有密切的关系。早在他当中学教师的时候，他就开始阅读巴西著名左翼社会活动家、教育家弗莱雷的著作，当时的他认为，弗莱雷将他"作为教育工作者所感受到的教育中令人难以忍受的那些矛盾完全表达了出来"。弗莱雷的著作完全改变了他对教育的看法，尤其是关于实证主义、意识形态、国家作用以及资本主义的政治和文化的看法。在吉鲁看来，弗莱雷在后殖民理论、文化研究、批判的成人教育、语言研究以及政治在教育中的重要地位等方面都做出了重大的贡献。应该说，在波士顿和迈阿密，是吉鲁吸收外来左派理论最丰富的时期。在波士顿大学工作期间，尽管他阅读过伯恩斯坦的作品，但对伯恩斯坦再生产理论表示不满，他写作《教育的理论与抵制》（*Theory and Resistance in Education: Towards a Pedagogy for the Opposition*）一书，宣告与再生产理论的决裂，从而使美国批判教育学进入一个新的阶段，即"抵制理论"的阶段。此间尤其值得一提的是福柯的权力/知识的理论对他的影响。这一理论被他用作理解当时统治教育理论的实用主义模式的工具。福柯的权力/知识的理论使得吉鲁形成了教师应成为批判性知识分子角色的系统理论。① 与此同时，瓦尔特·本杰明（Walter Benjamin）关于流行文化和媒体的思想也给了他很深的影响。

吉鲁是个孜孜不倦的理论探索者。20世纪80年代中后期，他从关于再生产与抵制相抗衡的理论模式中解脱出来之后，便借用杜威及社会改造主义理论，深入思考教育与民主的关系问题，探索抵制与可能性的语言模式，深入研究权力有效运行的问题。他兼收并蓄，此期的女性主义也日渐流行，他对女性主义也深入研究。同时也不断吸收钱德拉·莫汉蒂（Chandra Mohanty）、贝尔·胡克斯、米歇尔·华莱士（Michele Wallace）、南希·弗雷泽、特雷莎·德劳雷提斯（Teresa DeLauretis）和加亚特里·斯皮瓦克（Gayatri Spivak）等人的理论成果。

从20世纪60年代开始，美国开始进入后工业社会，出现了所谓的文化理论研究后现代转向。语言、身份、种族、媒体、后殖民主义、文学研究以及艺术等被重新定位。20世纪80年代中期，吉鲁适时地接受了后现代主义理论，促使了美国批判教育学的后现代转向。他用后现代主义深入剖析现代主义教育中的主要概念如"确定性"及"控制"等，并由此主张多元主义及差异政治学，积极为阶级、种族、性别平等的社会诉求提供理论支持。由于受后现代主义的影响，他还提出了边界教育学的理论。边界教育学反对学科领域之间、社会生活不同领域之间、教育与社会生活之间、知识（课程）与学生经验之间、种族与种族之间、权力中心与边缘之间存在的固定不变的界限，承认并积极推动这些界限的变化。他认为，只有这样的教育和教育学，才能使学生真正地掌握批判民主社会需要的知识、技能，从而成为有勇气的公民。在他看来，实现边界跨越是教育实现社会正义的不二法门。②

进入20世纪90年代后期，吉鲁又开始对后现代主义进行反思，认为后现代主义越来越具有去政治化的倾向，进而转向借用文化研究这一理论资源。在

① ［美］亨利·A.吉鲁.教师作为知识分子——迈向批判教育学［M］.朱红文，译.北京：教育科学出版社，2008：XI.

② MCARTHUR J. Time to Look Anew: Critical Pedagogy and Disciplines Within Higher Education［J］. Studies in Higher Education，2010（3）：305-306.

他看来，文化研究对自身的政治倾向时刻保持警惕而不是忽略其政治性。这一转向实际上保持了批判教育学重视教育的政治性及伦理性维度，为实现批判教育学的教育政治化、政治教育化而推动社会变革的理想而服务。为此，吉鲁跨学科地研究了许多教育之外的领域，如流行文化、文学研究、语言交往、媒体研究、种族政治等。的确，正如他自己所言："我的著作使人认识到教育在其他领域的重要性。"可以说，吉鲁是真正地使教育学研究跨越边界、使教育问题与大众生活的广泛领域联系起来的典范。他说："我也想超越阶级去拓展学校教育和社会之间的关系，重提解放的问题，尤其是民主问题。民主作为一种声音能表达阶级、种族和性别这些问题，但是以大众生活更广泛关注的方式进行的。我希望将抵制的概念不仅同批判的语言联系起来，而且要和可能性的语言联系起来，即一种深化公众民主生活的可能性的语言联系起来。"①

纵观吉鲁批判教育思想的形成与发展及所借用的资源，正如他自己所说的："有一点要强调一下，我沿用的是许多前人做过贡献的批判传统……有一点我觉得幸运，就是我写作的时候恰好是一些重要的理论观点被广泛争议、当然也是很多卓越的学者出现的历史时期。否则，我也难以形成那些观点。"② 的确，正是那些不同时期的批判理论的传统为出身于社会底层的吉鲁针对社会的压迫感、不平等感的情感体验找到了宣泄与提升的渠道，使他具有与一般批判教育学者所不具备的、更强烈地为底层民众呼唤民主平等的激情、激愤、激进。麦克拉伦评述说："在吉鲁的著述中，有着一种激情和义愤——或许也可以说是一种斗志昂扬的希望——这种情感和希望多少会有损传统学术工作的那种超然的、不偏不倚的态度以及流畅性。标志着吉鲁的批判的声音那种活力以及不时表露的横蛮，承载着一种特殊的遗产，这种遗产既是一种愤怒，也是一种力量。"③

---

① ［美］卡洛斯·阿尔伯特·托里斯. 教育、权力与个人经历：当代西方批判教育家访谈录 ［M］. 原青林，王云，译. 济南：山东教育出版社，2013：98.

② ［美］卡洛斯·阿尔伯特·托里斯. 教育、权力与个人经历：当代西方批判教育家访谈录 ［M］. 原青林，王云，译. 济南：山东教育出版社，2013：97.

③ ［美］亨利·A. 吉鲁. 教师作为知识分子——迈向批判教育学 ［M］. 朱红文，译. 北京：教育科学出版社，2008：IV.

第二节 吉鲁批判教育思想概要

一、培养具有批判精神的公民

与美国其他批判教育学者一样，吉鲁非常重视教育的民主追求，把实现社会正义作为教育的最终目标。吉鲁非常认同这种观点，即"只要人类还是人类，在语词的完全意义上，民主就将永远不只是一种理想。人可以接近它，就像走向地平线，不管以好或坏的方式，但它都不能完全达到。在这个意义上，你也仅仅是接近民主。你会有人类成千上万的各种问题，就像在其他国家一样。但是，你有一大益处：你正在接近二百多年来未曾中断的民主"①。但是，正如奥尔克斯（M. Oreskes）所说的，美国日益进入一个"股市渗入一切……我们得到了一种与我们无关的政治"的时代。在很大程度上，美国青年既漠视，也没有为民主在 21 世纪保持活力而准备与奋斗②。在吉鲁看来，美国因为对争取使民主成为真实的而不是毫无生气的活动的斗争变得漠不关心，所以它不再是民主的典范。在全美范围内，在日常生活中，民主关系正在倒退。美国社会似乎成了一个不是更多而是更少需求民主的社会。在一些地区，民主实际上已经在起破坏作用。③ 在当前的民主危机中，为了重新思考教育和批判教育学的目的与意义，吉鲁试图综合运用现代主义、后现代主义以及后现代女性主义的分析框架，提出批判教育学的发展原则，以改造民主的公众生活，以期把自由、正义和平等的原则扩展到全社会领域。在他看来，极权制度之所以吸引，乃是由于人类的非道德化和公众的非政治化。因此，与这种制度作斗争，需要一种对道德的自觉呼吁，需要一种对政治的不可避免的介入。民主是充满可能性的理想，但它永远必须被看作是为自由和人类命运不断斗争的组成部分。

由于曾受后现代主义的影响，吉鲁所称的民主实际上是一种差异政治学。④

---

① [美] 亨利·A. 吉罗克斯. 跨越边界——文化工作者与教育政治学 [M]. 刘惠珍，张弛，黄宇红，译. 上海：华东师范大学出版社，2002：85-86.

② [美] 亨利·A. 吉罗克斯. 跨越边界——文化工作者与教育政治学 [M]. 刘惠珍，张弛，黄宇红，译. 上海：华东师范大学出版社，2002：87.

③ GIROUX H A. Bordering-crossing：Cultural Workers and the Politics of Education [M]. New York：Routledge，2005：65.

④ GIROUX H A. Bordering-crossing：Cultural Workers and The Politics of Education [M]. New York：Routledge，2005：67-68.

这里所指的差异包括两个方面：一种是指在不同的历史和社会形式中所建构起来的学生经验身份和主体性的差异。这里的学生经验、身份和主体性虽然具有复杂性，但它们被理解为是种族的、性别的和阶级的特殊建构的展现。另一种差异是指在不同群体之间围绕着有效还是无效的社会关系而发展起来并延续下去的差异。在这种情况下，差异成为一种理解社会群体是如何以内在于民主社会功能发挥的方式而得以建构的标识。在这种情况下，检验差异不仅集中于描绘空间的、种族的、民族或者文化的显性差异，而且还要分析在公共斗争中展示它们自身的历史差异。

吉鲁指出，不能将差异仅仅视为多样性的一种表达或一种明确性的肯定（assertion）。相反，差异必须与历史的、关系的范畴结合起来，在肯定或改变它们的实践中得到发展。这些历史的、关系的范畴是公共生活解放形式的核心，这些形式就是：民主、公民权以及公共领域。用政治学和教育学的术语讲，差异的范畴不能仅仅得到认可，而是要在置于民主共同体观念之核心的反种族主义、反父权制、多元中心（multi-centric）以及生态实践的关系中去界定。

那么，如何达到民主公正的终极理想呢？吉鲁认为，将学生培养成具有批判精神的公民是十分关键的。所谓具有批判精神的公民，指的是能够在一个民主社会当中发挥领导作用的政治主体（political agent）。也正因为如此，他的相当一部分的研究聚焦于教师教育、公立学校、高等教育和社区教育改革的政治学维度。在他看来，必须重新定义教育，必须将教育理解为一种身份的生产。这种身份的生产是与秩序、表现（representation）、知识和权力的特定形式的合法化联系在一起的。批判教育学必须把公共教育和对批判性民主的迫切性需要结合起来，而不是拒绝政治的语言。教育学的语言是：有必要将学校建设成为民主的公共领域。这意味着，教育工作者需要发展批判教育学，教授并实践培养具有批判精神的公民（而不是好公民）所需要的知识、习惯和技能，为学生提供发展批判能力的机会，以挑战和改造而不仅仅是适应现存的社会和政治的形式。批判教育学为学生提供他们所需要的技能，使他们能够在历史中定位自己、找到自己的声音（voice），为民主的公共生活所必需的公民勇气、冒险精神、习惯、传统惯例以及社会关系的改进提供信心和同情心。因此，民主的批判教育总是始于问题，这些问题包括：我们希望培养什么样的公民？在文化和种族边界不断变化的背景下，我们希望形成什么样的社会？我们如何使差异和平等的观点与自由和公正的需要相一致？简单地说，批判教育学就是要基于构建教育的政治想象力的敏感性来复活民主的公共生活。①

造就具有批判精神的公民的核心就是赋权（empowerment），也就是要培养学生的批判性思维和能力。吉鲁的"赋权"概念具有针对个人和社会的双重指向。在他看来，个人的自由和天赋能力必须得到最大程度的发展，但个人的能力必须与民主紧密相连。因为社会的改善一定是个人充分发展的必然结果。学校是一种社会的形式，这些形式要求学校培养学生具有思考能力、行动能力、成为主体的能力和能够理解其思想所承担义务的自律能力。人的能力在社会形式中逐渐得到培养，反过来又向这些形式本身提出质疑。激进教育就是要培养这种质疑或批判的意识和能力，以不断改进社会形式。而主流教育学却教导学生去适应社会形式。

吉鲁认为，20世纪80年代以来盛行的新保守主义和新自由主义是对民主教育的最大威胁，对美国的公立学校和高等教育而言，现在它们处于"最糟糕的时期"②，因为公立学校越来越多地被视为一种产业，"顾客满意度"和"效率"被置于凌驾一切的首要地位。学校日益成为"培训劳动力的工厂"③，教育目的日益功利化，而有关学校如何在塑造公共生活中发挥主要作用的思考日益缺乏。

二、学校是一种公共领域

吉鲁的学校观具有强烈的政治性。他说："学校是不做任何批判地服务和复制现存社会，还是对社会秩序提出挑战，以便发展并推进民主的法则？很显然，我倾向于后者。我认为学校是为公共生活而教育学生的主要机构。更为重要的是，我主张学校应当承担为学生提供知识、品格、道德见识的职能，它们是形成公民勇气的重要元素。"④

这当然与批判教育学的民主追求有关。批判教育学认为，"教育的中心的目的就是发展民主公民（democratic citizenship）所必需的知识、习惯、技能及性情（dispositions）。这些包括：学会批判性思考、参与公共对话（public dialogue）、顾及他者的权利和需要、与多样化的种族群体和谐相处、在重要的

---

① GIROUX H A. Bordering-crossing: Cultural Workers and The Politics of Education [M]. New York: Routledge, 2005: 73-74.

② [美] 亨利·A. 吉鲁. 教育与公共价值的危机——驳斥新自由主义对教师、学生和公立教育的攻击 [M]. 吴万伟，译. 北京：中国人民大学出版社，2016：序言，致谢.

③ [美] 亨利·A. 吉罗克斯. 跨越边界——文化工作者与教育政治学 [M]. 刘惠珍，张弛，黄宇红，译. 上海：华东师范大学出版社，2002：12.

④ [美] 亨利·A. 吉罗克斯. 跨越边界——文化工作者与教育政治学 [M]. 刘惠珍，张弛，黄宇红，译. 上海：华东师范大学出版社，2002：10，85-86，87，12，21.

社会问题上积极行动、对自己的抉择负责、为创造个体充分发展的条件而努力"①。这样，有必要将学校看作是公共领域或公共空间。

吉鲁的学校观深受哈贝马斯关于公共领域论述的影响。德国思想家哈贝马斯这样阐释"公共领域"："首先意指我们的社会生活的一个领域，在这个领域中，像公共意见这样的事物能够形成。公共领域原则上向所有公民开放。公共领域的一部分由各种对话构成，在这些对话中，作为私人的人们来到一起，形成了公众。那时，他们既不是作为商业或专业人士来处理私人行为，也不是作为合法团体接受国家官僚机构的法律规章的规约。当他们在非强制的情况下处理普遍利益问题时，公民们作为一个群体来行动；因此，这种行动具有这样的保障，即他们可以自由地集合和组合，可以自由地表达和公开他们的意见。"②

已经将学校隐喻成一个公共空间或公共领域，也就意味着处于这个公共空间的师生的日常教育教学活动就应是一种相互批判性的、参与性的活动，是一种师生间的批判性的自由对话。这样来解读学校教育的话，学校教育就变成一个为保存和改进自主判断及行动自由的条件而进行持续斗争的场所。这种自主判断和行动自由因平等、自由以及正义的民主规则（imperatives）而形成。这样，学校教育不只是工作准备及培养批判性思维，它还涉及对不同的未来的想象以及作为介入公共生活的一种形式的政治学。

这必然涉及如何看待学校中的教育教学活动的性质问题。批判教育学者将教育学的"真正本质"（very nature）看作是一个政治的、道德的以及意识形态的实践。在他们看来，学习像其他所有社会交往一样，是一种社会性事件（social event），是一个有政治目的的政治行为，它具有内在的政治性。学习共同体内也有权力失衡（power imbalances）的问题，而学习过程就是一种"政治运行机制"（political mechanism）。

同样，这也必然涉及如何看待学校课程及其组织问题。吉鲁概括了传统课程范式在课程领域的基本假定：（1）课程领域中的理论应该按照能够以经验验证的规律的前提来操作；（2）自然科学为课程理论、课程设计和课程评估的概念和技巧提供了"恰当的"解释模式；（3）知识应该是客观的，应该能以价值中立的方式来研究和描述；（4）价值陈述要与"事实"，与可能和应该是客观

---

① HYTTEN K. Education for Social Justice: Provocations and Challenges [J]. Educational theory, 2006 (2): 221-236.

② [德] 尤尔根·哈贝马斯. 公共领域 [C] //汪晖，译. 文化与公共性. 北京：生活·读书·新知三联书店, 1998: 125.

的"调查方式"区别开来。① 简要地说，传统课程坚守那种非历史的、导向一致的和政治上因循守旧的关于合理性的观点，并最终以一种基于预测和控制的有限的科学方法论来取代批判性的科学探究。

在吉鲁看来，传统课程范式的基本假定忽视了有关意义与社会控制、意识形态和学校知识之间有着更大的关联这样一些根本性问题。学校是一个更大范围的社会过程的组成部分，必须把它们放在特定的社会经济框架中加以批判。课程本身也被看作是来自更大范围的文化的一种选择。正因为如此，吉鲁认为需要对课程、学校、社会之间的关系进行彻底的重新审视。这种审视集中在两个广泛的相互关系上。一方面是学校与主导性的社会关系。这里的焦点主要是政治的和意识形态的，其着重点是强调学校如何在隐性课程和正规课程体系中发挥自己的功能，再生产那些维持更广大社会秩序的文化信念和经济关系。另一方面，关注点在于日常的课堂关系的结构如何产生出不同的意义、限制、文化价值和社会关系。

吉鲁赞同把课程看作是"在意识形态中的一种学习"（A study in ideology）。这种课程观应追问如下问题：（1）什么才算是课程知识？这种知识是如何生产的？这种知识在课堂上是如何传递的？（2）什么类型的课堂社会关系，有助于适应并再生产现在在其他主流社会场所之中所公认的社会关系中的价值和规范？（3）是谁有机会使知识合法化？（4）这种知识为谁的利益服务？（5）社会和政治的矛盾和紧张状态，是如何通过可接受的课堂知识和课堂交往关系的形式而得以调解与缓解的？（6）目前盛行的评价方法，是怎样帮助对现存的知识形式进行合法化的？②

这些问题的核心是认识到权力、知识、意识形态和学校教育总是以变化的复杂形式而相互联系在一起的。学校教育就应该教育学生不断批判性地审视这些问题，以发展一种声音政治学（A politics of voice）。③

根据吉鲁的解释，声音政治学将后现代的差异观念与女性主义所强调的政治的优先性结合起来。这种结合强化个人与政治之间的关系，以便参与而不是从那些有助于种族主义、性别歧视以及阶级剥削的组织形式和结构中退缩出来。

---

① ［美］亨利·A. 吉鲁. 教师作为知识分子——迈向批判教育学 ［M］. 朱红文，译. 北京：教育科学出版社，2008：23.

② ［美］亨利·A. 吉鲁. 教师作为知识分子——迈向批判教育学 ［M］. 朱红文，译. 北京：教育科学出版社，2008：27-28.

③ GIROUX H A. Bordering-crossing：Cultural Workers and the Politics of Education ［M］. New York：Routledge，2005：73-74.

这表明了一些重要的政治涉入。这种涉入涉及两个问题。第一，自我必须被看作是政治化的基本的场所（primary site），也就是说，应在多种社会、文化以及历史构成之中分析自我与身份建构的问题并把自我和身份看作是多种社会、文化以及历史构成之一部分。参与自我建构的问题就是提出历史、文化、社区、语言、性别、种族以及阶级的问题。第二，声音政治学必须提供教育性的以及政治性的策略，承认社会的、主体间的以及集体的重要性。聚焦声音不是意味着简单地认可学生所讲的故事，也不是简单地颂扬这种叙事的可能性。否则，这样一种立场会常常蜕变为一种自恋的宣泄经验的形式。这种形式仅仅是为愤怒命名而无益于理论化。理论化的目的是既理解潜在的原因也理解改变统治结构的集体工作究竟意味着什么的问题。吉鲁认为，简单地承认个体的声音被日益简化为一种教育过程，这种过程与它只关注自身（inward looking）一样反动（reactionary）。吉鲁非常认同胡克斯的观点，她认为，承认（confession）的话语和记忆能够用于"将关注的焦点从简单地对一个人的经验进行命名中移开……在与文化、历史以及政治的关系中谈论身份"。对于胡克斯来说，讲述个体受害的故事（tales）或者表达一种声音是不够的；同样有意义的是，这些成为理论和批判分析对象的经验使得它们能够与更广泛的团结、斗争以及政治学的观念相联系而不是分离。

批判教育学就是要追问，在特殊的历史、文化以及社会关系中，学生及其他人是如何作为能动者来建构的。文化不得不被理解为权力和不平等话语的一部分。作为一个教育学问题，文化与权力的关系问题在这些问题中是显而易见的，如"谁的文化被强行成为我们自己的文化？""边缘性何以被看作是正常的？"在塑造特殊的身份、价值观以及历史方面，"学校是如何通过生产和合法化特殊的文化叙事及资源来发挥功能的？"等。

声音政治学实际上要求承认学生个体经验的差异性、合理性，并将个体的经验与其所处的种族、性别、阶级的文化联系起来思考，使来自不同的受压迫者的声音得到尊重和承认。从课程与教学的角度而言，就是要重视不同学生带到课堂中的经验或知识，并促使教学对话成为可能。

除了重视教育学生反思正规课程与权力的关系、尊重不同学生经验的正当性外，吉鲁非常注重课程知识跨学科组织的形式。

吉鲁认为，批判教育学需要通过打破学科界限及创造新的知识生产空间来创造新的知识形式。"学科"作为知识课程的分门划界的工作，特别是在大学，遵循着"设立首席讲座职位—建立系并开设相关课程—培养学生获得学科学位—创办各学科专业期刊—建立各种学会—建立按学科分类的图书收藏制度"

这一发展路径。① 长久以来，知识分子生态系统借持续不断地分门界划，分割成"相互分离"的建制和专业空间，以便达到专业目标、方法、能力以及实质性的专业技能的细化，这样，知识分子总有一种选择学科专业生存的学术压力，这种学科专业的选择压力远大于他们支持和保护公共领域的责任感。学者们被锁困在传统的学科边界之内，他们宁可穿梭于各种晦涩难懂的学术会议，也不愿关注对民主、对学校真正充满威胁的外部世界。在吉鲁看来，学科阻挡了公共空间的建立，因为知识是历史性形成的，并按照等级进行排序，这种按照等级排序的知识以学科的等级形式存在，支持着特殊形式的权威。② 学科知识具有强烈的精英主义的指向性，表现出强烈的排他性（如对大众文化及学生经验或弱势群体经验的排斥等）、非平等性和非民主性。正是学科的界划限制了建立在多元文化符码、知识形式及探究模式的交互影响之上的文化生产。学科充当的是保守性的力量，它否定差异和变革。因此，不同学科之间的分立是有缺陷的认识论，如特罗勒尔（Paul R. Trowler）所称呼的"认识论的本质主义"，也是某些拥有特权的知识形式的一种明证，这些知识不是进一步推动社会正义而是为保持精英主义的经久不衰。学科群体也因与其他群体缺乏联系使得每一个群体都更加贫乏（poorer）。处于学科空间之中的师生关系也因学科知识的等级化、封闭化、特权化而被异化，在削弱教师权力的同时也削弱学生的权利。

对批判教育学者来说，为了拥有创造性的语言以及加强教育、文化工作与日常生活相联系这种社会实践的可能性，学科是我们需要逃离的结构。吉鲁一直致力于为学习建立公共空间。他希冀，在这个空间里，多样的知识形式能够交流和开发，师生批判性地与这些知识及彼此之间建立联系。真民主（genuine democratic ideals）的理想由此可以实现。

很显然，精英主义指向的封闭的学科被看作是与以上这些目的相对立的。批判教育学者们寻求逃脱学科边界并建立跨学科空间。他们相信在这个空间里，公共的、政治的领域才能生存和发展。

三、教师作为转化性知识分子

吉鲁认为，美国主流的教育改革日益削弱教师作为深思的（thoughtful）、批判性的（critical）教育领导者（educational leaders）的角色及其发挥作用的工作

---

① ［美］华勒斯坦，等. 开放社会科学：重建社会科学报告书 [M]. 刘锋，译. 北京：生活·读书·新知三联书店，1997：31-32.

② GIROUX H A, GIROUX S S. Take back Higher Education：Race, Youth, and the Crisis of Democracy in the Post Civil-rights Era [M]. New York：Palgrave Macmillan, 2004：102.

条件。重新思考和重构教师工作本质的一个可行的方法就是将教师视为"知识分子"。知识分子范畴的意义在于：（1）它为检验教师工作作为一种智识劳动（intellectual labor）的形式提供了一种理论基础；（2）它阐明了对知识分子工作来说必要的意识形态条件和物质条件；（3）它有助于说明不同的可理解性（intelligibility）的、意识形态的以及由教师工作所生产和合法化的利益模式。①

在吉鲁看来，通过把教师视为知识分子，就可以阐明和恢复那种非常一般性的观念，即所有的人的活动都涉及某种形式的思维，不管这种行为多么固化（routinized）。如果承认心智的运用是所有的人的活动的一个组成部分的话，就会尊崇人的系统性思维与实践的能力，由此也会重视把教师视为反思性实践者的意义。在这一话语中，教师就不会仅仅被看作是有效达到为他们所设定的目的专业的执行者（performers），而被视为提高才智（intellect）的价值和青年批判能力有特殊贡献的自由男女。同时，把教师视为知识分子，会有力地对一些意识形态进行批评。因为这些意识形态常常使社会实践走向虚化。正因为如此，把教师视为知识分子，就是要强调教师必须就他们教什么、怎样教以及他们所致力的更大的目标是什么等问题进行严肃的思考并积极承担责任。这就意味着，教师在形塑学校教育的目的和条件方面是一种有担当的角色。另外，把教师视为知识分子，还因为知识分子的概念为质疑特殊的意识形态和经济条件提供了理论的基础。因为，在这种条件下，知识分子作为一个社会团体需要为发挥那些批判性地思索着的创造者的作用而工作。这样看的话，就不会将教学简化为实践技能的操作训练，而应是对发展民主社会所必需的知识分子阶层的培养。这样一来，吉鲁认为，批判教育学的知识分子范畴就成了一种将教师教育目的、公共教育、在职培训与保持民主秩序和发展民主社会所必需的原则联系起来的方法。遗憾的是，当前的教师训练机构或公立学校都不认为自己是将教师作为知识分子来培养的重要场所。造成这一现实的重要原因是，日益流行的技术理性使理论与实践分离，而发展为一种忽视教师创造性和洞见的教育学。大多数的教师教育计划的主导性原则强调的是未来教师对教学技能的掌握，而回避目的性的问题以及批评性和可能性的话语。

吉鲁提出了一个"转化性知识分子"（transformative intellectual）的概念来界定教师这一角色。所谓转化性知识分子，是指教师必须要有能力决定时间、空间、活动与知识，以此组织种种形式的学校日常生活。更具体地说，为了发

---

① ARONOWITZ S, GIROUX H A. Education Under Siege（second edition）[M]. Westport, Connectticut, London：Bergin & Garvey, 1993：40.

挥知识分子的功能，教师必须创造意识形态与组织上的必要条件以从事写作、进行研究、彼此合作、开发课程、共享权力。通俗地讲，教师应该在教什么、怎样教以及准备追求什么样的教育目标上发挥积极的作用并以此影响学生。这样的知识分子不只关心如何促进个人获得成就，或者推动学生沿着职业的阶梯进步，他们还要赋予学生以权能（empowerment），从而使他们能够批判性地观察社会，并在必要时改变社会，也就是成为批判的思想者和行动者。①

如何培养转化性知识分子？吉鲁认为，要重构教师教育，走向批判的教师教育。② 这其中至关重要的是对教师教育课程与教学的重构。

在吉鲁看来，传统的课程教学沉溺于技术理性的逻辑中，把学习某种特定种类的知识、建立道德上的共识和提供复制现存社会的学校教育模式的有效性途径作为自己的核心。由于这种技术理性很少关注理论上和意识形态上的问题，教师往往被训练成为概念和政治的文盲（conceptual and political illiteracy）。在吉鲁看来，知识实际上是一种体现着特殊旨趣、利益和假定的社会建构。世界上还存在着不同于预测、控制和效率的根本性的知识旨趣，认识不到这一点，那就不只是一个误解的问题，而是一种伦理和政治上的严重失败。

为了培养转化性知识分子性的教师，需要重构教师教育课程。教师教育课程就是对权力、语言、历史以及文化的批判性研究。总体看，这种"在意识形态中的学习"的新型课程与教学观强调反思性、探究性的学习，始终围绕着如何将师范生培养成为民主社会所需要的具有批判思维和行动能力的知识分子型的教师而展开。

第三节 结语

"批判教育学"曾被认为是"教育领域中最具活力且雄心勃勃的竞争者"③，批判教育学今天能取得如此的理论影响，吉鲁功不可没。吉鲁曾提出批判教育学应遵循的9大原则，集中表达了他的批判教育思想。（1）为了给予教育学与

---

① ［美］亨利·A. 吉鲁. 教师作为知识分子——迈向批判教育学［M］. 朱红文，译. 北京：教育科学出版社，2008：6.

② 周险峰. 教师作为知识分子：走向批判的教师教育［J］. 外国教育研究，2009（7）：34-38.

③ LAKOMSKI G. Critical Theory and Education［G］// The International Encyclopedias of Education：Vol. 2. Second Edition. New York：Pergamon Press，1994：1204.

传统的、选择性的学术观念同样的关注，必须重新定义教育。（2）必须将伦理学看作是批判教育学的核心问题。（3）批判教育学需要聚焦差异问题，这种聚焦涉及伦理性的挑战和政治性的变革形式。（4）批判教育学需要一种语言，这种语言接受相互竞争性的团结和政治性的语汇。这些语汇不会将权力、正义、斗争以及不平等的问题简化为单个的脚本（a single script），也不会将这些问题简化为一个将偶然的（contingent）、历史的东西以及日常生活当作危险的客体来研究的霸权叙事。（5）批判教育学需要强调打破学科界限及创造新的知识生产空间来创造新的知识形式。（6）需要重新阐释理性启蒙的观念。（7）批判教育学需要通过批判性和可能性相结合的一种语言，重新获得选择性的意义。（8）批判教育学需要发展一种教育者和文化工作者作为转化性知识分子的理论。不能用一种狭隘的专业主义的语言来定义教师工作。（9）批判教育学概念的中心是声音政治学。①

正如吉鲁自己所说的，所有这些原则重铸了教育与政治之间的关系，这些关系以解放的斗争和社会的变革为核心。

这句话也鲜明地体现了吉鲁把批判教育学作为政治、伦理的形式的思想，以表达他所称的"激进教育学需要一种景愿，即它称颂的不是因为它是什么，而是因为它可能是什么、一种超越眼前而面向未来并将斗争与一系列的人的可能性联系起来的景愿"②。

总之，吉鲁的批判教育学因具有咄咄逼人的激进表达风格以及为民主而抗争的激情和奋斗精神，而深受左派教育思想家的推崇。正如有人所评论的，在新近的教育史上，很少有学者能像吉鲁那样将慷慨陈词的激情与学术上的严谨性成功地紧密结合起来。他那令人信服的论证、新奇炫目的语言、富有尼采风格的格言所具有的力量，为进一步追求平等、民主、人性化的激进的批判教育学带来了可能性。③ 其批判教育学正日益成为抵制全球资本主义的一股正义的力量，是值得我们深度挖掘的一种有价值的理论。

---

① GIROUX H A. Bordering-crossing: Cultural Workers and the Politics of Education [M]. New York: Routledge, 2005: 65, 67-68, 66-67, 73-74, 67-74.

② GIROUX H A. Theory and Resistance in Education——Towards a Pedagogy for the Opposition [M]. New York: Bergin & Garvey, 2001: 242.

③ PALMER J A. Fifty Modern Thinkers on Education: From Piaget to the Present [M]. New York: Routledge, 2001: 280.

下篇 03

漫长的革命

我们的任务就是要包围国内的文化与经济统治关系，并建立可能性。当然，这涉及教育学与课程的具体工作，以找回我们已经失去的对成功斗争的集体记忆，并继续被雷蒙德·威廉姆斯称为长期革命的道路。①

——迈克尔·W. 阿普尔

① 迈克尔·W. 阿普尔. 官方知识——保守时代的民主教育［M］. 2版. 曲囡囡，刘明堂，译. 上海：华东师范大学出版社，2004：182.

第十章

"漫长的革命"：批判教育学的当下境遇及其可能

著名的批判教育学者麦克拉伦和金奇洛曾合编了《批判教育学：如今我们在哪里?》(*Critical Pedagogy：Where Are We Now?*) 一书，试图对 21 世纪批判教育学的出路问题进行探讨。有意思的是，金奇洛在写该书的第一章时所使用的标题是"21 世纪批判教学：为了生存而发展"("Critical Pedagogy in the Twenty-first Century：Evolution for Survival")。很显然，批判教育学家们自己都承认当前批判教育学面临着生存危机。在他们看来，这种危机的表征是批判教育学者自身的诸多失败以及批判教育学诸多领地的丧失。尽管如此，麦克拉伦还是表达了他作为一个资深批判教育学者的决心：坚持批判教育学的传统，将批判教育学推向一个新的阶段。① 实际上，对当前批判教育学的生存危机的忧虑，不仅出自麦克拉伦和金奇洛，还有阿普尔："尽管我们试图阻止教育完全地融入右翼使其加入经济性的竞争以及使其合法化的计划当中，我们还是在逐渐失去我们的阵地。"② 不过，批判教育学者们对当前的处境并不甘心。早在此前，美国批判教育学的代表人物阿普尔就曾借用 20 世纪中叶英语世界中最重要的马克思主义文化批评家、文化研究的重要奠基人之一雷蒙德·威廉姆斯（Raymond Henry Williams，1921—1988)《漫长的革命》(*the Long Revolution*，1961) 一书的标题所表达的思想来抒发作为一个批判教育学者的心志："我们的任务就是要包围国内的文化与经济统治关系，并建立可能性。当然，这涉及教育学与课程的具体工作，以找回我们已经失去的对成功斗争的集体记忆，并继续被雷蒙

---

① MCLAREN P, KINCHELOE J L. Critical Pedagogy Where Are We Now? ［M］. New York：Peter Lang Publishing, Inc, 2007：9.

② ［美］迈克尔·W. 阿普尔. 教育与权力 ［M］. 2 版. 上海：华东师范大学出版社，2008：1995 年版前言 1.

德·威廉姆斯称为长期革命的道路。"①

那么，是什么造成了当前批判教育学的生存危机？批判教育学究竟面临什么样的生存困境？其未来可能如何？对这些问题的探讨似乎较少，在此笔者尝试对这些问题进行回答。

第一节　内外交困：批判教育学的当下境遇

分析批判教育学作为一个理论流派所面临的困境，既要考虑到批判教育学的外部发展条件，更要分析其作为一个流派内部存在的问题，同时还要看到它作为一种思想理论的效用性或社会认同的问题。基于此，我们认为批判教育学面临的困境主要有三个方面：其一，右派通过对社会常识的改变，日益控制了教育的话语权，成功占领了学校教育领域；其二，批判教育学本身的碎片化，导致其内部紧张，其批判锋芒所指太过空泛；其三，批判教育学在应对现实教育问题方面乏善可陈，无法进入主流教育学的话语体系，日益被边缘化。下面就这三个问题分别论述。

一、改变常识："保守主义现代化"的成功

批判教育学是一种基于民主左派立场的教育思想，当前其所批判的直接对象乃是右翼教育政策及其实践。但其深层的旨趣在于"揭示权力与不平等（社会的、文化的和经济的）关系，这种不平等关系往往形式多样，并且彼此间极其复杂地纠合在一起。它们通常体现在各种正式的和非正式的儿童和成人教育过程之中，并不断受到挑战"②。这表明批判教育学有很强烈的政治倾向及改造社会的使命感。20世纪30年代，乔治·S. 康茨曾提出"教育敢于建立一种新的社会秩序吗？"（Dare the School Build a New Social Order?）的问题，阿普尔则在他的著作及演讲或访谈中毫不掩饰对康茨试图通过教育改造社会思想的推崇，还特意写作了《教育能够改变社会吗？》（Can Education Change Society?）一书即是明证。这样，批判教育学所面临的就不仅是主流教育学所面临的教育问题，

① ［美］迈克尔·W. 阿普尔. 官方知识——保守时代的民主教育［M］. 2版. 曲囡囡，刘明堂，译. 上海：华东师范大学出版社，2004：182.

② ［美］迈克尔·W. 阿普尔，韦恩·欧. 批判教育学中的政治、理论与现实［J］. 比较教育研究，2007（9）：1.

而且是 20 世纪 80 年代以来日益掌控社会政策领导权的右翼势力。

我们知道，20 世纪 80 年代以来，"向右转"成为西方乃至整个世界社会及教育改革的风向标。这种"向右转"背后的推手就是日益强势的保守势力。阿普尔曾将保守主义的复兴称为"保守主义现代化"（conservative modernization）。保守势力主要是由新保守主义（Neo-conservatives）、新自由主义（Neo-liberals）、威权民粹主义（Authoritarian populists）、中产阶级的管理主义（New class managerialism）这四股势力结成的同盟（"新霸权联盟"）。阿普尔曾将这个同盟比喻成一个"大伞"（broad umbrella），举着伞柄的就是新自由主义。①

新自由主义者代表了占统治地位的政治和经济精英。新自由主义推崇经济理性，追求效率，注重受益—成本的算计。新自由主义还主张弱政府，强调自由市场的重要性，倡导个人选择自由；主张将学校教育与有偿劳动（paid work）、市场特别是全球资本市场紧密结合在一起，促使教育政策围着经济转、围着绩效目标（performance objectives）转。他们通过推行教育券计划（voucher plans）、建立教育税减免制度（tax credit/deduction）、设立特许学校（charter school）、设立私立学校奖学金项目（private scholar program）等推动教育市场化、私有化。

新保守主义者的保守性主要体现在经济和文化层面上，特别是非常强调文化的"复兴"（restoration）上。在美国，新保守主义主要的代表有赫什、前美国教育部部长威廉姆·本内特、艾伦·布鲁姆等人。他们主张回归到建立在西方文化传统之上的"高标准""秩序"及"真正的"知识（如"经典"知识——笔者注）上。在教育政策方面，新保守主义极力推行全国、全州的统一课程标准、标准化考试，强调"高标准"的教学及回归传统道德如爱国主义、诚实、道德、人性以及企业家精神。它攻击双语教学及多元文化主义。事实上，全美学校改革的话语越来越为保守主义力量所掌控，多围绕着"标准""卓越""问责"等展开。

表面看，虽然新保守主义与新自由主义是有冲突的，但二者在基本价值取向上却是一致的。例如，虽然新自由主义主张弱政府，新保守主义主张强有力的政府。但是，在保护自由市场方面，新自由主义又主张政府提供强有力的制度保障。新保守主义政策话语如"标准""卓越""问责"等也从另外一个方面

---

① APPLE M W. Educational and Curricular Restructuring and the Neo-liberal and Neo-conservative Agendas: Interview with Michael Apple [J]. Curriculo sem Fronteiras, 2001 (1): 2.

反映了新自由主义崇尚经济理性、效率至上、成本—效益分析的伦理准则。①

威权民粹主义也叫宗教保守主义（religious conservatism），威权民粹主义者主要由白人工人阶级及中产阶级组成。这些人大多是基督教宗教激进主义者（Christian fundamentalists）。他们认为圣经是知识的基础，是神圣文本，是神圣不可侵犯的权威，主张教育回归到宗教激进主义宗教价值观及知识体系之中，对多元主义充满了不信任感，要求恢复传统的权威关系，也就是成人和教师所掌控的一种权威。这些人通常关注的是安全问题、传统的家庭伦理及性别角色的维护问题等，特别反对中小学的性教育，认为这种教育与其说是"关于性"的教育不如说是"为了性"的教育。这些人组成的社会团队日益活跃，对教育领域及其他领域的政策影响极大。他们从底层为新自由主义和新保守主义者的立场提供支持，可以说他们是新自由主义、新保守主义的社会基础。在社会经济转型及资金流失中，底层民众经常为生计上受到的威胁发愁。这为他们接受新自由主义及新保守主义的竞争伦理价值提供了可能。或者说，正是新自由主义和新保守主义利用了他们的"恐惧"情感——对生存的恐惧、对传统文化失落的恐惧而成功地贯彻了其政策意图。

而中产阶级的管理主义者则是由新的技术型中产阶级的一支所构成。他们利用专业优势不断扩展自己的文化资本以获取利益并巩固自己的地位。"责任""效率""管理"成为中产阶级的管理主义者赖以依凭的价值基础。他们常为教育的困境提供技术和管理上的解决方案，如推行绩效问责、标准化考试等。新自由主义和新保守主义者常常利用中产阶级的管理主义者的技术专长来落实他们的规划并以此来检测"成功"②。

正如阿普尔所言，这四股势力，各有自己相对独立的历史和发展动力，对所秉持的价值取向各有侧重，表面看起来甚至是相互矛盾的，但它们却进行了奇妙的组合，有效地改造社会的常识（common sense），获得了广泛的社会支持，一路高歌猛进。③

所谓常识（common sense，有的翻译为"共同感"）指的是关于日常事务正确的、实际的一种判断，也指为大众所共有的一种基本的感知、理解、判断

---

① 杨跃. 教师教育：一个充满斗争的政治场域——迈克·阿普尔教授访谈录 [J]. 全球教育展望, 2014（9）：5.

② [美] 迈克尔·W. 阿普尔. 官方知识——保守时代的民主教育 [M]. 2版. 曲囡囡, 刘明堂, 译. 上海：华东师范大学出版社, 2004：序言15-16.

③ [美] 迈克尔·W. 阿普尔. 教育的"正确"之路——市场、标准、上帝和不平等 [M]. 2版. 黄忠敬, 吴晋婷, 译. 上海：华东师范大学出版社, 2008：33.

的能力。正如阿普尔所言，右派获得发展动力的一个根本原因是，在它的保护伞下，有能力把一批人的情感融合起来。右派政策通常是在右派和其他团体以及保守主义联盟中处在不同立场的势力之间进行妥协折中而成的。所以，新自由主义、新保守主义、威权民粹主义、宗教激进主义及中产阶级的管理主义，能在开放的、具有右倾倾向的意识形态大伞之下找到自己的一席之地。保守主义话语之所以能创造性地发挥作用，就在于它关注人们现实的愿望、恐惧及日常生活状况，对人们现实的烦恼提供似乎较为切实的解释，以此使人们告别过去，重新联合加入这种更大规模的意识形态运动中来。①

按照阿普尔的理解，正是大量的平常经验和事件构成了右派在地方上发生转向的基础。简单地说，右派成功地改造了人们的常识而获得社会基础，促使人们不断相信右派所宣扬的"教育失败"言论，也就是相信右派所宣传的高辍学率、读写能力的滑坡、教学纪律的散漫、教育标准的缺乏，以及不能教给学生"真的知识"和就业技能，以至于学生们的考试成绩太差等。而所有这些又被认为是导致生产率低下、贫穷失业乃至缺乏国际竞争力的根源。于是就自觉或不自觉地呼应右派所倡议的教育应该回归"共同的社会文化"、对私领域负责（即个人和公司等），并提高学校的运作效率。只有这样做，以上问题才能得到解决。而大众自然也认为，以上这些问题的解决实际也就是解决了他们对失业的恐惧以及对孩子未来的担忧。② 这样，"成千上万的深爱自己孩子的家长们被劝说加入社会运动（指保守主义运动——笔者注）中来，这些社会运动从根本上会挑战我们已经接受的课程与教学形式，会逐渐挑战公立学校的合理性"③。

正如阿普尔所言，保守主义的教育政策吸引人的地方就在于它在很大程度上转变了我们的常识——有关民主是什么、我们是否把自己看作自由的个体（消费者）以及如何看待市场的运作。新自由主义教育政策和它们的一般社会政策的基础是信任市场的基本公正和正义。相信市场最终将根据努力程度来有效和公平地分配资源。市场最终将为所有需要工作的人创造工作，它是确保所有公民（消费者）未来美好生活的最好的可能的机制。④

---

① ［美］迈克尔·W.阿普尔.文化政治与教育［M］.阎光才，译.北京：教育科学出版社，2005：47.

② ［美］迈克尔·W.阿普尔.谁改变了我们的常识？——美国教育保守主义运动与教育不平等［J］.罗燕，译.清华大学教育研究，2006（4）：1.

③ ［美］迈克尔·W.阿普尔.文化政治与教育［M］.阎光才，译.北京：教育科学出版社，2005：47.

④ ［美］迈克尔·W.阿普尔.教育的"正确"之路——市场、标准、上帝和不平等［M］.黄忠敬，吴晋婷，译.上海：华东师范大学出版社，2008：39.

二、碎片化：批判教育学的内在紧张

批判教育学是什么？没有人能准确定义。帕蒂·拉泽尔曾把批判教育学比作一个"大帐篷"，因批判教育学包含许多的变化和信念。而吉鲁则警告说，在使用批判教育学这一术语的时候要"特别地小心"（respectful caution），因为关于批判教育学是由哪些东西构成的理解太多，以至于批判教育学没有一个通用性的定义（generic definition）。①

这当然与批判教育学庞杂的理论来源有关。根据德国耶拿大学教授温克勒的梳理，批判教育学具有十个传统根源，它们分别是：乌托邦思考、早期人文主义的尊严概念、近代资产阶级社会发展过程中所强调的个人自由、启蒙时代的理性概念、夸美纽斯的民主教育理念、19 世纪初的观念论哲学、施莱尔马赫（Friedrich Daniel Ernst Schleiermacher，1768—1834）的浪漫主义哲学、18 世纪末人们对道德行动和美感之间关系的理解、马克思的人文主义和对资本主义社会的分析和皮亚杰（Jean Piaget，1896—1980）和维果茨基（Lev Semenovich Vygotsky，1896—1934）的心理学。②

即使承认温克勒所梳理的是对的，但具体到不同的批判教育学者身上，他们所秉持的传统也并不相同。就是对每一种传统的取舍，他们的侧重也并不相同。

以阿普尔为例，按照阿普尔自己的叙述，他最初的研究工作大部分是试图将非建构性的马克思主义立场与现象学混合起来以探讨真实课程的课堂教学政治学、课堂与教育方式以及教育者的结构性立场。因此，他支持鲍尔斯和金蒂斯等人在《资本主义美国的学校教育》中所持的反自由主义的立场——符应理论（Correspondence Principle）。对这一立场的支持，导致他最初的代表性著作《意识形态与课程》（*Ideology and Curriculum*）的问世。他相信这本书有助于证实文化的物质性以及文化受到经济结构的影响。因为在他看来，对于马克思主义的许多传统"要进行严肃的挑战和重构"，因此，早期他一度沉醉于阿尔都塞（Louis Althusser，1918—1990）的理论，深受阿尔都塞的结构主义马克思主义的影响。但是，在实际的社会活动中，由于与波士顿妇女教师联系会（Boston's Women Teachers' Group）的关联，其学术工作很快又受到女性主义思想（或者

---

① MCARTHUR J. Time to Look Anew: Critical Pedagogy and Disciplines within Higher Education, Studies in Higher Education, 2010, 35 (3): 301.

② ［德］温克勒. 批判教育学的概念［J］. 陈泓翔，译. 华东师范大学学报（教育科学版），2017（4）：62.

说性别理论）的影响。此时他开始认为，"阶级分析本身，即使是以反抗与斗争为中心（我已经将它们整合到阶级分析之中了），也不能改变性别在我们大多数研究工作中还是空白这一主要事实。……如果不理解性别，那么我们不能理解阶级"。当他已经将自己的研究重点从关注阶级和非生产形式转向政治、经济、文化和教育中的阶级、种族和性别关系中存在的矛盾构成的时候，他觉得"需要对阿尔都塞的理论进行彻底的重构"①。

再比如，20世纪80年代特别是在90年代，后现代主义成为教育批判主义（educational criticism）最时髦的形式，一些教育批判理论工作者纷纷转向后现代主义和后马克思主义的各分支理论（Post-Marxist variants）②。阿普尔也不能免俗。他的《文化政治与教育》就是受后结构主义和后现代主义影响的一部著作。但他对后现代主义又保持着一定的距离。他甚至批判吉鲁："与亨利相比，我对后结构主义和后现代主义传统不怎么感兴趣，现在，也不像他那样沉迷于批判理论的传统，部分原因是我所接受的培训最初是哈贝马斯流派的。由于特殊的概念与政治原因，我放弃了批判理论，这部分是由于我认为其他理论（例如新马克思主义和激进民主主义）比批判理论能够解释得更好更清楚"③。

另一位著名的批判教育学者麦克拉伦也是一个思想驳杂的思想家。下面是他的自述④：

> 北美批判教育学是在杜威、迈尔斯·霍顿（Myles Horton）和20世纪30年代经济大萧条后形成的社会重建主义者的思想基础上折中的混合体——所有这些也内蕴于弗莱雷那些有重大影响的著作中。接着我试图把更为当代的北美思想家，即多属拉丁裔和非裔美国知识分子社群的女性主义者和多元文化主义者的成果简单地整合到这一混合体中。此后我又将葛兰西和大多数西方马克思主义者（如法兰克福学派）的思想也并入我的工作中。当然，贯穿于北美本土的思想传统过去是、现在依然是极为重要的。在更近的时期，通过对全世界范围内不同的批判性教育学家、哲学家和实践家的

---

① ［美］阿普尔. 官方知识——保守时代的民主教育 ［M］. 上海：华东师范大学出版社，2004：172-174.

② SARDOC M. Rage and Hope：The Revolutionary Pedagogy of Peter McLaren：an Interview with Peter McLaren ［J］. Educational Philosophy and Theory，2001，33（3-4）：412.

③ ［美］阿普尔. 官方知识——保守时代的民主教育 ［M］. 上海：华东师范大学出版社，2004：182-183.

④ 彼得·麦克拉伦. 革命的批判教育学：教师教育项目的解毒剂 ［J］. 东北师大学报（哲学社会科学版），2009（2）：142.

著作进行深入研究并与他们展开讨论，我尝试将我本人之前的"后现代"方法更为系统化。尤要指出的是，弗莱雷的思想一直是我批判教育学的理论基础。几十年里，我一直在历史唯物主义/马克思主义人道主义的理论架构下研究批判教育学。我们知道，社会主义既是一种愿景，又是一种现实。我试图去探索，怎样才能发挥教育学有助于推进作为愿景和现实的社会主义这一功能，并基于此意义来使我的理论更为系统化。如果说我因为推进了批判教育学的发展而获得了一些声誉，我想那也仅仅是因为我和我的激进主义教育家同仁们一起，善于衍化那些非同凡响的思想家，诸如黑格尔、马克思、葛兰西、切·格瓦拉、杜娜叶夫斯卡娅（Raya Dunayev skaya）、马里亚特吉（Jose Carlos Mariategui）、弗莱雷等人的成果。

20世纪90年代中期，麦克拉伦试图离开后现代主义，重新回到马克思主义的传统。他自称，在知识的世界中他像一个喝醉酒的水手（drunk sailor）一样经过一晚上航行后摇摇摆摆地在镇上行走，虽然他认为他的学术发展轨迹的朝向是马克思主义。①

正是因为所秉承的理论思想驳杂，批判教育学家很难被归类。仍以阿普尔为例。阿普尔反对马克思主义者的经济决定论（经济还原论），但又不得不承认生活在资本主义关系之中的现实；曾一度借用流行的后结构主义、后现代主义理论，但又反对后结构主义、后现代主义对"多元性""异质性"和"地方性"的过度强调，而同时承认社会的结构性存在。

批判教育学者借用的理论资源具有跨学科建制或者说超越学科建制的特征。吉鲁还曾专门就跨越边界问题进行过论述。应该说这种跨越学科建制的分析，有其理论价值，但在批判教育学的实践上就容易造成认知上的混乱或什么都批判的印象，影响其批判的锋芒。

前面介绍过的美国学者玛丽·布鲁宁（Mary Breuing）为检验批判教育理论应用于大学（post-secondary）课堂教学的有效性，于2005年9月所进行的一项质性研究表明，从事批判教育学研究的学者的具体目的并不一致。②

而实践工作者（教师教育者）更是无法说清批判教育学究竟是什么、其目的何在。2005年，鲁伊斯（Beatriz Ruiz）等曾进行过一项研究就是例证。参与

---

① SARDOC M. Rage and Hope：the Revolutionary Pedagogy of Peter McLaren：An Interview with Peter McLaren［J］. Educational Philosophy and Theory，2001，33（3-4）：411.

② BREUING M. Problematizing Critical Pedagogy［J］. International Journal of Critical Pedagogy，2011（3）：2-23.

这个研究的是 17 个体育教师教育工作者（physical education teacher educator），这 17 人中竟有 11 人不能清晰说出批判教育学、批判教育学的原则及其目的是什么，甚至其中三个人完全不知道怎么界定批判教育学。① 这实际与阿普尔所说的相符："批判教育学"这一术语如"民主"的概念一样，它也是一个游移不定的所指。②

这与批判教育学者们所秉持的理论基础经常性地发生变化有关。正因为如此，他们之间常常就具体的问题或对所持的理论方法相互攻讦。因此，批判教育学者之间时常处于内在紧张之中，各自的批判所指自然也不可能一致，以致阿普尔曾说：

> 我不知道何谓批判教育学，虽然我知道它原先的意思是什么……批判教育学现在已经名不副实了（exorbitant）。它已经失去了批判性原来的意义，它可以是关于九年级学生的任何东西，它可以是部分批判的，可以是非常激进的，但大部分已经变得非常随意，所有的事情都能往里扔。当弗莱雷首先提出这个词的时候，它具有很大的影响力，通过这个词我们可以了解社会成层的路径。但这个词已经成为一个口号而已，我们都忘却了它的历史。所以我选择使用"批判教育研究"这个词，因为它涉及更广泛的领域，一般来说我不再使用"批判教育学"③。

如果连批判教育学的名词都不想使用，那批判教育学的实际影响就可想见了。

阿普尔实际也清楚，在分散的同时保持聚焦是一件非常难的事情，因为批判教育研究具有很多焦点。批判教育学现在所使用的名词是交叉点，即在很多情况下，它关注的是很多问题的交叉，比如性别关系、阶级关系、种族问题、宗教问题，所有这些都是在同时进行的。阿普尔曾提醒，批判教育学要做的是聚焦在一点之上，如阶级或者性别，而且还要时时记得，还有其他关系的存在，

---

① RUIZ B M, FERNANDEZ-BALBOA J M. Physical Education Teacher Educators' Personal Perspective Regarding Their Practice of Critical Pedagogy [J]. Journal of Teaching in Physical Education, 2005, 24 (3)：243-264.

② ［美］迈克尔·W. 阿普尔，韦恩·欧. 批判教育学中的政治、理论与现实（上）[J]. 比较教育研究，2007 (9)：1.

③ 洪志忠. 批判教育研究的原旨、演展和社会权力架构——美国威斯康星大学阿普尔教授访谈 [J]. 全球教育展望，2011 (2)：15.

其他关系可以影响批判教育学所研究问题的形成。① 这种无法聚焦或者经常性游移其批判性的主题，使批判教育学很难有效解决一个焦点性问题。

三、"站在阳台上往下看"：批判教育学的去实践化

"站在阳台上看"，这本是巴赫金（Bakhtin Mchael，1895—1975）在论述拉伯雷（Francois Rabelais，1483—1553）的一本书时所做的一种比喻，意思指的是高高在上、脱离实际生活的一种理论研究姿态。阿普尔曾多次用这一比喻来批评一些批判教育学者脱离社会实际的一种研究倾向："我提到过批判教育学遇到的一些问题是自上而下的，就像你站在阳台上，然后自上而下地告诉别人怎么来解决这个问题。但是批判教育学中的人，包括一些很有名的人，都把这定义为一种学术上的追求……我批判的那些人只注重于理论……他们的做法是污染性的，他们的手是脏的，他们试图把理论从现实中脱离出去。现实是残酷的，现实让他们的理论变得很肮脏。"② 他还说："这也就意味着，实践、理论要与人相联系。这不同于某些口号，这是真实的生活。""我不是说批判就是简单地批判，我不是文化革命的追随者。批判的内在的原因是：你必须回馈，回馈给那些人们，这就是批判的内在原因。"③

阿普尔曾概括过关于实践与理论之间的关系，把它叫作"批判的世俗化"④。进入体制内的批判教育学者随着学院化、精英化倾向加剧，批判教育学的去实践化日益严重，"现在，实际情况是，批判教育学使得从事这个工作的人觉得安全了，学生们从各种考试中学习，比如全国性考试，比如入学考试、教师资格考试等，这是批判教育学的一种胜利，说明它被广泛接受，但同时也是一种失败，使其变得如同其他学科一样，例如皮亚杰的教育心理学，还有其他学科一样。"对此，阿普尔曾说，他不确定这是一个好的事情，这是一种学术上的政治化（academicsizing political）。这样使得批判教育学变得很安全。但在他

---

① 洪志忠. 批判教育研究的原旨、演展和社会权力架构——美国威斯康星大学阿普尔教授访谈 ［J］. 全球教育展望，2011（2）：19.

② 洪志忠. 批判教育研究的原旨、演展和社会权力架构——美国威斯康星大学阿普尔教授访谈 ［J］. 全球教育展望，2011（2）：19.

③ 李慧敏. "愤怒"的使命与批判教育学的未来——迈克尔·阿普尔教授访谈 ［J］. 全球教育展望，2015（1）：7.

④ 李慧敏. "愤怒"的使命与批判教育学的未来——迈克尔·阿普尔教授访谈 ［J］. 全球教育展望，2015（1）：7.

看来，"批判教育学应该是批判性的，不是安全的，批判意味着精神上的打破和介入"①。

　　阿普尔作为批判教育学的杰出代表，对批判教育学理论化的倾向有清晰的认识："在批判教育研究当中存在着非常现实的威胁。尽管在理论的层面上还存在着相当的活力，但是有相当部分的批判性研究还是跟风性质的。它们往往不过是从理论到理论的衍生，而且它们似乎也认为一种事物越是难以理解或者它们越多地从欧洲的文化理论中寻找依据（最好是来自法国的），它们就变得更加优越。这种研究的快速转换以及其被学院派当中正处于上升状态的新兴中产阶级所部分把持。"②

　　阿普尔批评一些批判教育学者的文字"像是插上了起飞的翅膀"，造成大多的研究只是"理论的叠加，没有抓住教育中存在的复杂性"。阿普尔说："我们并不是反对理论。但是如果不注重教育与现行经济、政治、文化状况之间的关系，那么纯粹雄辩式的抽象便会变得单薄无力。从这个角度看，关注与教育政治有关的日常生活是有益的"，如果不这样做，会有太多的"批判型理论家"捏造流行的新词，"而如此一来，他们将与现实机构中人们的真实生活和斗争相距甚远"③。

　　醉心于语言的精致化是批判教育学者远离大众的一种表现。批判教育学的话语抽象、表达晦涩，这似乎是大多批判教育学著作的流行病。阿普尔曾提醒批判教育学者们必须严肃审视"谁是我们的听众"这个问题。在他看来，所有的行动是关系性的，批判教育学的语言也应该是这样的。"在教育中，我们与他人交谈的方式以及我们用来描述和批评教育工作的语言，将我们的听众建构成为主体。我们所使用的语言体现了一种政治，从普遍意义上的'左倾'观念来说，不仅是因为语言促进了有关性别、种族和阶级动力的位置生成；更重要的是，语言已经在读者与作者的一整套社会关系中塑造了一种读者观。通常情况下，这种关系未免过于精英主义了。"④ 其原因在于太多的教育批判"聚焦于他们的理论行头"（theoretical paraphernalia），最终虽然写出批判这、批判那的一

---

① 李慧敏.《愤怒》的使命与批判教育学的未来——迈克尔·阿普尔教授访谈 [J]. 全球教育展望，2015（1）：12.

② ［美］迈克尔·W. 阿普尔. 教育与权力 [M]. 2 版. 上海：华东师范大学出版社，2008：1995 年版前言 5.

③ ［美］迈克尔·W. 阿普尔. 文化政治与教育 [M]. 北京：教育科学出版社，2005：48-49.

④ ［美］迈克尔·W. 阿普尔. 教师与文本——重思教师专业性 [M]. 杨跃，译. 南京：南京师范大学出版社，2019：219-220.

些著作却没有很好地利用这些工具。这样使教育中大量的批判性著作处于抽象水平，教育批判者则会有脱离最大的教育团体的风险。①

批判教育学话语抽象、表达晦涩难懂的弊端受到过社会的批评，有人在专访中曾就此请吉鲁谈谈个人的看法。有趣的是，吉鲁却认为，语言是斗争的工具，对语言清晰度的要求常常会削弱语言的批判力和洞察力。当语言被用来提出未曾提出过的问题或试图对超出传统批判理论范畴的问题进行定义时，人们会觉得不舒服。这是推动语言界限要付出的代价。吉鲁认为，他的早期的著作着重处理的是围绕法兰克福学派及葛兰西等人的理论的一些难题，为此尝试给批判教育理论的语言带来一种新的模式，不想为他的写作晦涩问题道歉。②

在吉鲁看来，语言清晰的问题不需要成为左翼的负担，左翼要使用一种能为斗争服务的语言，不仅仅是借助抹杀历史和复杂性语言来表达思想。对语言清晰度的要求往往是右翼攻击激进教育思想家的口实。且对语言清晰度的呼吁在某种意义上模仿的是殖民主义的逻辑，因为它认为标准英语代表了知识分子高高在上的想法。当左翼知识分子要求语言清晰，似乎是要表明具有某种统一的标准，或者语言清晰是个没有争议的安全地带。在吉鲁看来，从政治上和理论上来说，这是误导人的。这个观点即使在任何社会，不仅对广泛的读者群来说都属于暴力行为，而且淡化了语言作为斗争场所的重要性。对语言清晰的要求其实是不懂得政治的重要性。吉鲁甚至有些尖刻地说，"我无意加入那些坚持语言清晰的阵营，因为坚持语言清晰的作用是让人更愚蠢，尤其是在'呆子与傻瓜'综合征在大众文化中似乎到处可见的时代"③。

吉鲁的观点似乎得到了一些实证。琼·温克（Joan Wink）在谈到阅读批判教育学著作时的感受是："批判教育学的语言最初要把我逼疯，但具有讽刺意味的是，它最后为我打开了通向更加复杂的理解力之门。不可能的语言对我而言变成了可能的语言。关闭的大门变成了吊桥。它帮我以别人定下的条件去接近别人，而不是依据我预先假定的别人的形象，也不是依据我希望别人所成的样子。""习惯批判教育学的语言和观点"，成了琼·温克对读者的一种劝勉。④ 琼

---

① APPLE M W. Teachers and Texts: A Political Economy of Class & Gender Relations in Education [M]. New York and London: Routledge, 1989: 199-200.

② ［美］卡洛斯·阿尔伯托·托里斯. 教育、权力与个人经历：当代西方批判教育学家访谈录 [M]. 原青林，王云，译. 济南：山东教育出版社，2013：102.

③ ［美］卡洛斯·阿尔伯托·托里斯. 教育、权力与个人经历：当代西方批判教育学家访谈录 [M]. 原青林，王云，译. 济南：山东教育出版社，2013：103-104.

④ ［美］琼·温克. 批判教育学——来自真实世界的笔记 [M]. 路旦俊，译. 长沙：湖南教育出版社，2008：39-40.

·温克在维果茨基的《思想与语言》（*Thought and Language*）中找到了理解批判教育学语言的依据。维果茨基教会了琼·温克将思想与语言、观点与言辞联系起来理解一种理论的阅读方法，这样，最初使她生疏、愤怒、恼火的批判教育学语言却最终赋予了她力量，并更深地看到和理解了边缘化群体的学校经历。

尽管如此，琼·温克也承认："吉罗（即吉鲁——笔者注）的可能性的语言和批判的语言要求我们摘下眼罩。问题是筋疲力尽的教师们常常抱怨批判教育学中的那些人学究味太浓。"① 因此，我们不得不承认，批判教育学语言的晦涩确实影响了它对实践的影响力。

当然，批判教育学所讲的实践实际内涵比较丰富，甚至涉及批判教育学者对社会运动的参与与介入。这是批判教育者学院化、批判教育学学科化后批判教育学者们难以解决的难题了。当前，批判教育学的去实践化，最大的问题就是批判教育学者（包括其理论）与社会实践的关联性不够，这与批判教育学者不得不依赖体制而生存，而知识分子也被迫沦为"忙碌的专家"的学术体制的制约有密切的关系。吉鲁所提出的教师成为转化性知识分子的理论在某种意义上讲，是一种斗争机智和策略，从更深层的意义上讲，也是一种无奈选择。作为体制内知识分子，批判教育学者的处境是极其不利的，吉鲁对此进行过抨击："尽管美国高等教育（批判教育学者大多是高校教师）优点曾得到广泛的甚至是全球性的认可，但美国高等教育正日益成为众多右翼势力攻击的目标。右翼势力攫取了政治权力并集中力量发动了从根本上削弱学术自由原则的运动，以爱国正确（patriotic correctness）的名义封杀批判教育学的实践，摧毁作为自主、独立思想、无功利性探究堡垒的大学，令人讽刺的是，右翼势力采用的是个人权利、学术自由、平衡（balance）、宽容（tolerance）等词汇，发动对自由的、'左'倾教授的攻击，削减本已经贫乏的联邦资金、废除终身制，对教师课堂所教和所言进行司法监督。"② 批判教育学学科知识化而成为不少批判教育学者获取个人学术利益的工具似乎正成为它无可回避的宿命。

---

① ［美］琼·温克. 批判教育学——来自真实世界的笔记 ［M］. 路旦俊，译. 长沙：湖南教育出版社，2008：39.

② GIROUX H A. Academic Freedom Under Fire：The Case for Critical Pedagogy ［J］. College Literature，2006（4）：2.

第二节　"漫长的革命"：批判教育学的突围

阿普尔曾痛心地说："尽管我们试图阻止教育完全融入右翼使其加入经济性的竞争以及使其合法化的计划当中，我们还是在逐步失去我们的领地。"① 如何中断右派成为批判教育学当前最主要的议题。

面对右翼势力日益强大的攻势，作为左派的批判教育学会被彻底边缘化乃至被社会所遗弃吗？

前面说过，就整体而言，美国批判教育学的命运与美国左翼的命运是一体的。所以对这个问题的回答可以先从美国左翼的当代生存的可能性入手。

美国学者伊莱·扎瑞斯基（Eli Zaretsky）认为，美国左翼是从关于个体权利及自由的传统中产生的，这一深厚的传统使得左翼始终具有道义上的制高点。正因为如此，美国左翼在美国历史及现实中上取得了重大成就，具体包括：第一个是种族平等的强大实践，它延伸至日常生活的具体细节；第二个是一种保留包括市场在内的许多方面的自由价值的社会民主的视角；第三个是关于性别平等的深刻审问。正如他所言，美国左翼所取得的三个成就使它在世界历史舞台上不同寻常，所以他认为，"如果我们试图建构的政治建立在一种没有这些伟大时刻的自由传统之上，那么就是建立在沙子上，毫无根基可言"。由此他乐观地认为，尽管左翼处于边缘化，但并没有消失。他曾举出 2008 年奥巴马的被提名和 2011 年的"占领华尔街运动"作为左派当前力量存在的例证。② 应该说，深厚的西方自由主义传统及稳固的政治制度的框架是美国左派（包括左派教育家）存在的土壤。的确，即使 2016 年特朗普的当选，也并不能说明美国右派势力取得完全的胜利，左派会因此彻底消失。正如有人说："特朗普上台确实意味着美国选举民主有所变化，但是不能忽视这些变化背后的不变内容。这些内容主要包括美国两党政治结构、三权分立的民主体制，以及美国人追求伟大总统的梦想。由此，也就无法断言，特朗普上台意味着以美国为代表的西方民主出现了严重危机，甚至西方民主已经走向衰落。恰恰相反，西方民主的根基依然深厚。不论是从西方民主的政治根基及其自我创新、自我修复能力，还是从西方民主

① ［美］迈克尔·W. 阿普尔. 教育与权力［M］. 曲囡囡，刘明堂，译. 上海：华东师范大学出版社，2004：1995 年版前言 1.

② ［美］伊莱·扎瑞斯基，彭萍萍. 美国左翼的过去、现在和未来［J］. 当代世界与社会主义，2015（4）：153.

的被广泛学习、吸收、借鉴来看，西方民主的生命力依然旺盛。"① 当下，特朗普时代的左翼也在努力寻求新的斗争策略。②

由此看来，左翼的力量并不会消失，相反，它会随着右翼的强势而不断强大。作为左翼的批判教育学也是如此。我国有学者也深刻地看到了这一点，因此很乐观地指出，"批判教育研究作为英美教育学术界的新左派思潮，它的形成和发展有其特有的社会和文化背景，即它是作为主导晚期资本主义制度、文化和意识形态的对立面而出现的。也正因为其批判对象的成熟和强大，它才更具有旺盛的批判活力"③。

由此说来，左右翼如同钱币的两面，彼此相互依存。由此，作为民主左派的批判教育学也将迎来新的时代课题，仍有其生存的社会空间，自然也将继续发挥它应有的社会价值。一种教育思想流派是否能生存、发展，主要取决于其理论与实践的价值及社会对它的需求。尽管批判教育学有这样那样的缺陷，但是，批判教育学仍有其独特的存在价值。正如德国耶拿大学教授米夏埃尔·温克勒所言，"教育制度的目的，是要去使自由、自律的人能够自由、自律地行动，如此，教育的效用才能被发挥出来"，而批判教育学就是造就这种"能自由地、聪慧地和自律地行动的人，同时也是能反省和有责任感的人"，因而"我们比过去任何时候都更需要批判教育学的取径，因为我们所面对的世界企图以经济来支配教育。教育似乎从属于一些权力机构（powerful institutions）、强权政府以及大型产业，世界各国在这样的趋势下也几乎都面临解组（dis-integration）的挑战，而教育在这时候则被要求发挥凝聚的功能"，"如果我们尝试以教育去稳定一个社会，但教育制度的运作只依循被给定的目标的话，我们会把社会及其文化带向死寂，那无疑是一种社会自杀"④。温克勒的见解无疑是十分深刻的。

从当下的现实看，在日趋显明的全球化背景下，阿普尔更加清晰地看到当前右翼政治联盟（新自由主义、新保守主义、威权民粹主义以及专业管理主义）对教育改革的深刻影响。选择、竞争、绩效评价、个体责任、风险管理等市场

---

① 阮思余. 特朗普上台是否意味美国民主的衰落——兼与吴冠军教授商榷 [J]. 探索与争鸣，2017（7）：67.
② 张新宁，杨卫. 特朗普时代的左翼及其抵抗策略——2017年纽约左翼论坛评述 [J]. 世界社会主义研究，2017（7）：70-75.
③ 阎光才. 批判教育研究在中国的境遇及其可能 [J]. 教育学报，2008（3）：10.
④ [德] 温克勒. 批判教育学的概念 [J]. 陈泳翔，译. 华东师范大学学报（教育科学版），2017（4）：73.

话语已跨越地理政治的边界，使得被压制人群更加受压制、更加被边缘化，也更加"失语"。所以，阿普尔认为，需要重新思考"知识是如何被界定的"。在阿普尔们看来，在今天，单就人口构成上的变化（诸如流散人群所占比例的增加等）就足以说明：我们不仅需要"关系性地思考"，而且需要"全球性地思考（think globally）"；不仅需要从底层视角出发看世界，而且需要以全球视角直面国际政治、经济、文化变革。① 批判教育学者对批判教育学自身也充满了信心，麦克拉伦等人就说过：

> 使当今美国和加拿大的基督教福音信徒、新保守主义者、右翼民族主义者感到危险的是批判教育学这一定义的核心在于批判教育学的任务是教育学生成为批判性主体（critical agents），批判性主体积极地质疑并协调理论与实践的关系、批判性的分析与常识的关系以及学习与社会变革的关系。批判教育学拒绝官方关于权力的谎言及仅仅将教育学还原为一种方法的极度简化的观念……它是那种目的在于"维护人民的尊严，这样使他们成为充分自由的道德和政治主体"。批判教育学打开了一个空间，在这个空间里，学生们能够作为批判的主体来对待他们的权利……批判教育学也成为一个有效的空间，在这个空间里，为了将来的民主而对今天的责任问题进行争论。作为一个政治和道德实践，教育学应该"彰显历史的多样性和复杂性"，并作为一种叙事进入批判性对话而不是不加质疑地接受。与此相似，这样的教育学应该培养学生一种健康的对权力的怀疑态度、培养一种"带着批判的意识调和任何对权威敬畏的意愿"。作为一种表现性的实践，教育学应该为学生能够反思性地决定他们自身与在进行着的未完成的民主工程之间的关系提供条件。教育学总是一种对于未来的责任。它给教育者留下了一个任务，那就是确保未来指向一种走向更为公正的世界之路，在这个世界里，作为更广大民主工程的一部分，生活赖以生存的根基，与理性、自由以及平等等价值观相关联的批判性和可能性话语发挥改变社会的功能。②

民主作为一种社会愿景，是每个社会个体的追求。西方批判教育学所切合

---

① 李慧敏．"愤怒"的使命与批判教育学的未来——迈克尔·阿普尔教授访谈 [J]. 全球教育展望，2015（1）：9.

② MCLAREN P, KINCHELOE J L. Critical Pedagogy: Where Are We Now? [M]. New York: Peter Lang Publishing, Inc, 2007: 2-3.

和表达的正是西方式的自由民主传统及未来向往。这种价值追求对西方社会颇具号召力，尽管批判教育学在具体的议程上并无可操作性的方案，但其独特的思考问题的方式却具有另外一种价值。

批判教育学者们很清楚当前批判教育学面临的困境。但他们似乎看到的更多的是希望。在谈到批判教育学面临的艰难困境及对未来的希望与可能性时，阿普尔喜欢借用英国文化研究学者雷蒙德·威廉姆斯一本书的标题"漫长的革命"（the Long Revolution）表达他的心情。

雷蒙德·威廉姆斯曾说，我们必须表达我们的希望与可能性，但是同时我们不必"压抑危险性"。阿普尔在他的《教育的"正确"之路——市场、标准、上帝和不平等》一书的"第二版序言"中说，新版的《教育的"正确"之路——市场、标准、上帝和不平等》"认真对待威廉姆斯的话，行走于危险与希望的夹缝之间。希望实际上是一个关键的资源，但是它必须建立在对现实发生事情和在我们未来的社会和教育系统中谁将是胜利者或失败者的非浪漫的准确把握的基础之上"①。

批判教育学以建立一个民主自由的社会为己任。那么，这一景愿可能实现吗？通向民主社会的进路在哪里呢？

批判教育学把变革社会的希望寄托在学校教育的持续的变革上。教育能改变社会吗？阿普尔对此回答的是："答案可能是'是的'。但是当且仅当我们把自己的行动，根植于一种既能尊重彼此间的差异，又能与构建和捍卫那种去中心化的团结相联系的广大社会进程之中的时候，我们才能凭借集体的力量，去走完这条长远而艰难的斗争之路。"②

构筑联盟是左派在与右派长期的博弈中形成的认识，也可以说是左派向右派"学习"的结果。在批判教育学者看来，去中心的联盟（decentered unities）的结成有赖于教育和教师的努力。在他们看来，学校不仅过去是，现在依然是开展个体和集体行动的中心地带。教育与教师的劳动完全处于核心地位。学校作为创造性地开展批判性的工作场所，是构成社会的核心要素。不能将教育看作是政治的附带现象，而要把它看作是有关政治认同的宏大变革的核心。阿普尔曾提醒说，"在广大社会和意识形态变革进程中，忽视教育领域中的冲突，就只能任由右派势力掌管这块领地。它同时也就取消了人们在当下和未来构筑起

---

① ［美］迈克尔·W. 阿普尔. 教育能改变社会吗？［M］. 王占魁，译. 上海：华东师范大学出版社，2017：211.
② ［美］迈克尔·W. 阿普尔. 教育能改变社会吗？［M］. 王占魁，译. 上海：华东师范大学出版社，2017：211.

重要联盟的一切机会"①。

为了发挥学校的作用，阿普尔主张，在学校中应该开设一些批判研究成果的课程，并为广大教师、学生、图书馆管理员和社区，创作和传播一些根植于教师实际生活、根植于学校和与其所服务的无依无靠的民众相联系的教育素材，帮助人们深刻理解各种相互交叉的权力关系之间的关联，更重要的是共同致力于构筑"漫长革命"的长远目标。而批判教育学者们的任务是：通过一种长期性的"学术"工作，来保持批判传统的活力，拓展人们的经验和眼界，并使各界民众都将这种工作看作是一种可行的备选方案。与此同时，也需要政府官员和研究者，不要只是站在阳台上看问题，而要参与到社会运动当中，去促成这样一些改革的实现。

批判教育学以教育领域（学校）为阵地，试图通过民主教育来唤醒师生或社会的民主意识来形成广泛的民主同盟，进而实现其社会民主的理想，尽管这是一个漫长的、艰辛的过程，但不得不说，这是批判教育学的智慧和力量所在。当然，民主教育的实施保障是复杂的，右翼也为他们的理想不停地争夺教育（学校）这一领地，这种博弈似乎没有止境，谁胜谁负实际上也并无最终结果。或许民主的实现需要左、右翼化敌为友，共同努力。至少从历史看，左、右翼教育力量的存在似乎更多的是一种相辅相成的存在，谁是谁非从来就没有一个定论。

阿普尔曾概括出批判教育学的九大策略，② 这些策略可以看作是批判教育学突破困境的发展良方，具体如下：

其一，它必须"指证负面"（bear witness to negativity）。批判教育学的一个基本的功能是揭示教育政策及其实践与剥削、统治相联结的方式，并在更为广泛的社会中为反对这种关系而斗争。

其二，进行批判性分析。用一种概念的或政治的框架批判性地检视当前的现实，拓展反霸权可能存在的空间。

其三，重新定义"研究"。"研究"充当的是那些正在从事挑战现存不平等权力关系或"非改良主义者的改革"（non-reformist reform）的群体及社会运动的"秘书"（secretaries，有的翻译成"书记员"——笔者注）。

---

① ［美］迈克尔·W. 阿普尔. 教育能改变社会吗？［M］. 王占魁，译. 上海：华东师范大学出版社，2017：211.

② APPLE M W, AU W. Critical Education Major Themes in Education（vol. 1）［C］. London and New York：Routledge，2015：1-2.

其四，批判教育研究者应充当葛兰西所称的"有机的知识分子"。真正反霸权教育的任务不是抛出"精英知识"（elite knowledge），而是重构其形式和内容以便能真正满足进步社会的需要。

其五，保持激进理解（radical understandings）传统的活力。批判教育学不仅要保持理论的、经验的、历史的和政治的传统的活力，更重要的是，拓展并建设性（supportively）地批判它们。与此同时，还要保持梦想、乌托邦的想象（utopian visions）及非改良性改革（non－reformist reforms）这些激进传统的活力。

其六，为了保持批评传统的活力，有必要弄清楚"我们是为了谁而保持它们的活力"以及"怎样和用什么方式使它们有效"这些问题。这就要求批判教育学者在多个层面上重新学习（relearning），发展并使用不同的、新的与多种群体一起工作的技能。

其七，批判教育必须与它们所支持的进步社会运动相呼应并行动起来。知识分子的努力是关键性的，但是"不能对这些为处于危机中的未来而进行的斗争而袖手旁观，自奉中立或漠不关心"。

其八，批判学者或活动分子需要扮演双重角色，既作为一个优秀的研究者，也作为一个被持久的不平等的社会所驱使而又置身于其中的社会成员。其双重的作用既表现在写作和研究上，也要表现在揭示社会统治的活动上。

其九，参与也意味着行使作为学者或活动分子的特权。也就是说，一个批判学者或活动分子要利用其在大学或其他领域的专业特权，为那些在这些空间没有发声的人开辟空间。

从这里可以看出，批判教育学要求研究工作者批判性地投身理论建设及社会实践，始终保持批判传统的活力，只有这样批判教育学才能达到改造社会生活的目的。

第三节 "回归马克思"：批判教育学的新动向

"回归马克思"，是当前批判教育学的重要动向。这是有其背景的。

当前社会学、政治学、哲学、伦理学、历史学等多个学科领域开始重估马克思（主义）的价值，而作为左派的西方马克思主义学者们更是在对当代资本主义的批判反思中主张回归马克思（Returning to Marx）。所谓"回归马克思"，指的是回到马克思和恩格斯所创立的马克思主义本身。他们"立基于对马克思文本的深度耕犁，秉承马克思的基本话语主题，力图实现全面'回归'马克思的原初叙事"①。在此背景下，基于民主左派立场的批判教育学对这种理论及实践动向也做了一定程度的反映。例如，以美国的麦克拉伦等为代表的批判教育学者不失时机地提出"回到马克思"，提倡"革命的批判教育学"（revolutionary critical pedagogy）或"共产主义批判教育学"（communist critical pedagogy）②等，表明了批判教育学发展的一种新动向。那么，当前的"回归马克思"对批判教育学的意义何在？批判教育学"回归马克思"的主张有哪些？其回归马克思（主义）教育学的可能性如何？换句话说，马克思主义是批判教育学的理论必然归宿吗？

　　正如国内有学者指出，从西方左派理论发展史看，"回归马克思"实际上并不是一个新鲜的话题。早在20世纪20年代到50年代，"回到马克思"就曾是西方人道主义和存在主义马克思主义的热门话题。不过，随着此后分析的马克思主义、结构主义的马克思主义和生态学的马克思主义的相继产生，这一话题自20世纪60年代末至70年代初始，逐渐从西方马克思主义理论中淡出。20世纪90年代该话题被广泛重提，以致成为重要的学术研究动向或研究现象。在这一现象中，"回到马克思"早已超出了它的原初意义，被泛化成为一种集合不同观点的理论用语。③ 当然，尽管当前的一些研究者对马克思主义的内涵理解并不相同，但他们都反对资本主义的经济体系和制度安排，拒绝既存的社会主义理论和实践（指以苏联模式为代表的社会主义——笔者注），反对国家政治或自觉与其拉开距离，将在新的时代如何为共产主义观念辩护作为自己理论关心的

---

① 陈良斌，盛凌振，许苏．"回归"马克思的原初叙事——论当代法国马克思主义解读马克思社会批判的基本话语主题［J］．哲学研究，2007（8）：14.

② 参见：1. MCLAREN P. Revolutionary Multiculturalism：Pedagogies of Dissent for the New Millennium［M］．Boulder, Colorado, USA：Westview Press, 1997; 2. HILL D, COLE M, RIKOWSKI. Marxism Against Postmodernism in Educational Theory［M］．Lexington：Lexington Books, 1999; 3. MCLAREN P. Che Guevara, Paulo Freire, and the Pedagogy of Revolution［M］．Lanham, M D：Rowman and Littlefield, 2000; 4. MCLAREN P, MACRINE S, HILL D. Revolutionizing Pedagogy：Educating for Social Justice Within and Beyond Global Neo-liberalism［M］．London：Palgrave Macmillan, 2010; 5. GAUTREAUX M, DELGADO S. Michelle Gautreaux, Sandra Delgado. Returning to Marx：A communist critical pedagogy for the 21th century［J］．Educational Philosophy and Theory, 2016（11）：1190-1196.

③ 何萍．论"回到马克思现象"［J］．学习与探索，2004（5）：1.

主题。这是他们共同的地方。① 回归马克思、复兴共产主义观念已成为当今西方激进左派的重要动向，代表性的人物有法国的阿兰·巴迪欧（Alain Badiou）、雅克·朗西埃（Jacques Rancière），意大利的安东尼奥·内格里（Antonio Negri）、詹尼·瓦提莫（Gianni Vattimo），英国的特里·伊格尔顿（Terry Eagleton），美国的迈克·哈特（Michael Hardt）、斯拉沃热·齐泽克（Slavoj Zizek）等。

从西方社会和理论的背景看，"回归马克思"与国际共产主义运动的衰落和资本主义的危机加深有关。

20 世纪末，苏联解体和东欧剧变使国际共产主义运动走入低谷。欧洲的格鲁吉亚、匈牙利、立陶宛、波兰等国纷纷颁布相关法律掀起"去共产主义"的狂潮就是国际共产主义运动走入低谷的表征。但是，就在西方不少政界人士和理论家为共产主义的衰落而大谈"历史的终结"论、宣告资本主义的胜利的时候，东欧剧变后盛行的西方新自由主义却面临意识形态的破产，特别是 2008 年爆发的金融危机，使资本主义危机再次加深。如何超越现存的社会主义和资本主义，为人类未来寻找一个可替代性的方案？这是当代不少理论家面临的重大理论与实践问题。正如美国学者理查德·沃尔夫（Richard D. Wolff）所言，"马克思主义最有效地凝聚了对资本主义及其理论的批判性分析和评论，凝聚了从那些受到马克思主义鼓舞的政治运动的成败中汲取的理论和实践教训。对于寻求超越资本主义的社会变革的理论家和活动家来说，马克思主义是非常宝贵的资源"。这样，随着资本主义危机的日益深化，"资本主义危机的受害者和资本主义的批判者就不可避免地开始转向求助于马克思和马克思主义"了。②

西方左派与马克思主义有着内在的关联，其共同的针对对象就是资本主义。共产主义在东欧和苏联的衰落对西方左派产生了重要的影响，它使左派失去了昔日仿效的样板，在左派中产生了一种失落感与方向迷失感。这在拉美也表现得特别明显。③ 左翼知识分子也陷入了理论危机。一时间，"马克思主义的危机是如此之深，以致原来的马克思主义者现如今甚至对这个标签都唯恐避之不

①　王福生. 当代西方激进左派复兴共产主义观念的一个批判性考察［J］. 社会科学研究，2018（5）：131.

②　理查德·沃尔夫. 资本主义危机与回归马克思［J］. 国外理论动态，2017（9）：17.

③　［墨］豪尔赫·卡斯塔涅达. 共产主义的衰落和拉美左派［J］. 国际共运史研究，1993（1）：41-45.

及"①。

因此，回归马克思、复兴共产主义也就成为左翼重振行动的重要动向。1993 年莫斯科举行的国际科学家争取民主和社会主义的联合会议、1995 年在巴黎召开的"95 国际马克思大会"、1998 年在巴黎召开的"《共产党宣言》国际纪念大会"、1999 年在德国图林根召开的"21 世纪来临之际的马克思主义"研讨会、2001 年在纽约召开的"社会主义大会"、2008 年在芝加哥召开的"2008 社会主义大会"等国际性的会议就彰显了这一重建意愿。而进入 21 世纪后，一年一度的纽约左翼论坛更成为世界各国尤其是北美左翼学者和社会活动家的舞台，突出反映了西方左翼对资本主义制度的反思、批判以及对未来社会的憧憬。通过论坛的形式，将美国及世界各地的左翼知识分子和社会活动家聚集一堂，它的普遍性和无派别为左翼人士提供了一个聚集地，促进了更加统一、公平的动态对话。这从总体上展现了左派力量的不断发展壮大，使得左翼组织成为一支不可忽视的力量。②

批判教育学者对此也进行了一定程度的回应。麦克拉伦在一次访谈中说，在 2007—2008 年间，资本主义危机不断呈现，在北美，大陆马克思主义虽然不能说凯旋回归，但至少是得到了更多的关注和重视。人们开始讨论这些危机是存在于资本主义制度之内的制度性危机，又或者仅仅是又一波的经济波动。他个人从 1994 年起，潜心研究马克思主义理论，并且坚信在当今时代下，每个教育工作者都应当阅读研究马克思。在墨西哥，麦克拉伦和他的马克思主义同僚们每年都组织以"回归马克思"为主题的国际会议。③

"回归马克思"也是批判教育学试图走出困境的一种努力。正如麦克拉伦及一些学者指出的，批判教育学已经成为一种驯化的牺牲品。脱离了激进的马克思主义的根源，批判教育学简单化为一套"工具"和"方法"。批判教育学发展到只专注提升学生的批判意识并倡导一种对资本主义的姑息行为（palliative action）而不是革命的变革。正是在这一背景中，以库里·马洛特（Curry Malott）以及德里克·福特（Derek Ford）为代表的一批学者担负起了为完全真实的、批判性的、具有解放形式的教育学的复兴而战的使命，其目的就在于揭

---

① OLIN W E, ANDREW L, ELLIOTT S. Reconstructing Marxism: Essays on Explanation and the Theory of History [M]. London: Verso, 1992: 179.

② 张新宁，杨卫. 特朗普时代的左翼及其抵抗策略——2017 年纽约左翼论坛评述 [J]. 世界社会主义研究，2017（7）：75.

③ 彼得·麦克拉伦，于伟. 学者对于正义的追求——彼得·麦克拉伦（Peter McLaren）访谈录 [J]. 外国教育研究，2015（6）：7.

露资本主义的逻辑。这里值得一提的代表性著作是《马克思、资本与教育：迈向形成中的批判教育学》（*Marx，Capital，and Education：Towards a Critical Pedagogy of Becoming*）。库里·马洛特及德里克·福特有力地表明，一个革命的批判教育学是与马克思主义紧密联系在一起的。对作者而言，批判教育学不仅仅是培养批判意识的教育学，这种教育学在他们看来只是一种"认识论的努力"（epistemological endeavor），批判教育学是关于战胜异化并废除剥削的阶级关系的教育学，这种教育学是将"自然系统从资产阶级的专断控制解放出来的过程的一部分"①。

实际上，关于马克思与教育的话题一直没有中断。只不过在20世纪末、21世纪初因特殊的历史背景，这个话题趋向热门而已。进入21世纪后，这种热潮似乎更为高涨，出现了大批用马克思主义观点研究教育问题的论著。代表性的有安东尼·格林（Anthony Green）、格伦·里科夫斯基（Glenn Rikowski）的《恢复马克思主义与教育的对话》（*Renewing Dialogues in Marxism and Education*，2007），麦克·科尔（Mike Cole）的《批判种族理论与教育》（*Critical Race Theory and Education*，2009），安东尼·格林的《布莱尔的教育遗产》（*Blair's Educational Legacy*，2010），希拉·麦克里纳（Sheila Macrine）、彼得·麦克拉伦、大卫·希尔（Dave Hill）的《革命化的教育学》（*Revolutionizing Pedagogy*，2010），费斯·阿戈斯蒂诺—威尔逊（Faith Agostinone-Wilson）的《马克思主义和超越身份的教育》（*Marxism and education beyond identity：Sexuality and Schooling*，2010），山姆·卡彭特（Sara Carpenter）、莫加德（Shahrzad Mojad）的《从马克思主义教育：种族、性别和学习》（*Educating from Marx：Race，gender，and learning*，2011），彼得·琼斯（Peter E. Jones）的《马克思主义与教育：恢复对话、教育学与文化》（*Marxism and Education：Renewing the Dialogues，Pedagogy，and Culture*，2011），麦克·科尔的《英美的种族主义与教育：走向社会主义的一种替代方案》（*Racism and Education in the U.K. and the U.S.*，2011），拉维·库马尔（Ravi Kumar）的《教育与资本再生产》（*Education and Reproduction of Capital*，2012），斯皮罗斯（Spyros Themelis）的《社会变迁与希腊的教育》（*Social Change and Education in Greece：A Study in Class Struggle Dynamics*，2013），汤姆·格里菲斯（Tom G. Griffiths）的《大众教育，全球资本以及世界》（*Mass Education，Global Capital，and the World*，2013），萨拉·C. 莫塔、（Sara

---

① GAUTREAUX M，DELGADO S. Returning to Marx：A communist critical pedagogy for the 21st century [J]. Educational Philosophy and Theory，2015（1）：1-3.

C. Motta）麦克·科尔（Mike Cole）的《教育与拉丁美洲的社会变迁》（*Education and Social Change in Latin America*，2013）及《21世纪拉丁美洲的社会主义建设》（*Constructing Twenty-First Century Socialism in Latin America：The Role of Radical Education*，2014），麦克·科尔的《批判种族理论的新发展及教育：对种族化的资本主义和社会主义进行严肃地再探讨》（*New Developments in Critical Race Theory and Education：Revisiting Racialized Capitalism and Socialism in Austerity*，2017），《批判的种族理论与教育：一个马克思主义者的回应》（*Critical Race Theory and Education：A Marxist Response*，2017），以及理查德·霍尔（Richard Hall）的《异化的学术：为大学内的自主而斗争》（*The Alienated Academic：The Struggle for Autonomy Inside the University*，2018），等等。

在西方左派重建的时代背景下，"回归马克思"也成为批判教育学的一种动向，那么，批判教育学能否回归马克思？

第四节 能否回归马克思：以麦克拉伦的探索为例

批判教育学能否回归马克思呢？这里以麦克拉伦（Peter McLaren，1948—）的探索为例进行尝试性回答。之所以选择麦克拉伦，是因为麦克拉伦在促使西方特别是美国批判教育学"回归马克思"方面的影响巨大，正如有人说："感谢麦克拉伦的工作，教育领域又有了马克思的观念。"① 麦克拉伦是个多产的学者，迄今为止出版了50余部著作，撰写了数百篇论文，其研究跨越哲学、人类学、社会学、符号学、课程理论和文化批评等领域，曾四次荣获美国教育研究协会的最佳著作奖。2017年在全美教育年会中成为唯一的一位终身成就奖获得者。麦克拉伦被认为是"美国学术界最激进的学者之一，教育学科内，毫无疑问，最激进的学者，没有'之一'"②。他是西方著名的新马克思主义教育理论家，被誉为"重要的公共知识分子"，致力于重整集体精神去探索变革社会生活的可能性。

根据学者们的研究，麦克拉伦的学术探索大致以1994年为界，分为两个时

---

① Peter McLaren［DB/OL］. 维基百科，2019-11-22.
② 王雁. 美国批判教育学者麦克拉伦的学术生命研究［D］. 长春：东北师范大学，2013：4.

期，① 1994 年后马克思主义理论为麦克拉伦提供了理论与实践的方法。这些方法更好地将变革置于与教育相关的社会政治及经济领域。当前，麦克拉伦重新回到马克思以及历史唯物主义传统，并支持他的同事们从事相关研究工作，这些工作为新一代教育学家与马克思的相遇开辟了道路。仅从 1994 年后的学术产出看，麦克拉伦的相关成果丰富。主要著作包括：《批判教育学与掠夺性的文化》（*Critical Pedagogy and Predatory Culture*，Routledge，1995）、《反叙事》（*Counternarratives*，with Henry Giroux，Colin Lankshear and Mike Peters，Routledge，1997）、《革命的多元文化主义：新千纪不信教的教育学》（*Revolutionary Multiculturalism：Pedagogies of Dissent for the New Millennium*，Westview Press，1997）、《马克思反对教育理论中的后现代主义》（*Marxism Against Postmodernism in Educational Theory*，with Dave Hill，Mike Cole，and Glenn Rikowski，1999）、《切·格瓦拉、保罗·弗莱雷及革命的教育学》（*Che Guevara，Paulo Freire，and the Pedagogy of Revolution*，Rowman and Littlefield，2000）、《革命的教育学：为全球资本主义内外的社会正义而教育》（*Revolutionizing Pedagogy：Educating for Social Justice Within and Beyond Global Neo - liberalism.* London：Palgrave Macmillan，McLaren P.，Macrine S.，Hill D.，2010）。近年来，相关作品更是突出了马克思主义理论的影响。如《当代青年的抵制文化与阶级斗争》（*Contemporary youth resistance culture and the class struggle*，2014）、《可能性的教育学：行进在"深度民主"路上的社会主义》（*Pedagogy of possibility：Socialism on the way to "deep democracy"*，2015）、《马克思与实践哲学》（*Marx and the Philosophy of Praxis*，2018）等。② 正是因为如此，有人毫不犹豫地说，麦克拉伦的著作标志着 21 世纪马克思主义教育理论的复兴。③

一、"回归马克思"：麦克拉伦的不懈探索

麦克拉伦出生于加拿大安大略省多伦多市。1973 年，麦克拉伦在加拿大的滑铁卢大学（University Waterloo）获得英国文学学士学位。1974 年他在多伦多大学（University Toronto）教育学院获得教育学士学位后便开始了在小学和初中

---

① 王雁. 美国批判教育学者麦克拉伦的学术生命研究 ［D］. 长春：东北师范大学，2013：12-37.

② 感谢麦克拉伦的夫人王雁女士提供的麦克拉伦近几年的论著一览表。这里只列举少数的论著题目。

③ FARAHMANDPUR R. Peter McLaren's Critical Pedagogy ［DB/OL］. Solidarity，2020-09-17.

的教学工作。1979 年，他辞去教学工作。1980 年取得了布洛克大学（Brock U-niversity）教育学院的教育硕士学位，然后进入了加拿大多伦多大学渥太华教育研究所攻读博士学位。1983 年他获得了哲学博士学位并担任了布洛克大学的讲师。1985 年受美国教育学者吉鲁的邀请，麦克拉伦前往美国迈阿密大学（University of Miami）教育学院工作，并担任助理教授。其间，他与吉鲁密切合作了八年，并见证了批判教育学在北美的成长与发展。1993 年，他被聘为美国加利福尼亚大学洛杉矶分校（University of California，Los Angles）教育与信息研究生院的教授。据说，此时由于马克思主义转入了地下，他是唯一一位在教育信息研究系的马克思主义教师。① 2000 年，麦克拉伦正式加入美国国籍。

麦克拉伦曾在多伦多内城地区的一所小学工作了四年半的时间，这使他有机会接触许多来自社会底层的学生并见证这些学生在种族歧视和资本主义的双重背景下的无望处境。这所学校位于多伦多的简—芬奇走廊地区（Jane–Finch Corridor area），这是加拿大向原著居民提供的最大的公共住房规划区。

这段经历深深刺激了他，促使他出版了他人生的第一本书《来自走廊的呐喊》（*Cries from the Corridor：The new suburban Ghettos*，1980）。该书被《麦克拉伦克林》（*Maclean*）杂志和《多伦多太阳报》（*Toronto Sun*）列入年度好书的名单，成为加拿大的畅销书。麦克拉伦表示，写作此书的目的仅是使那些住在北约克简—芬奇走廊公共住房里（政府为低收入者所建的住房）备受压迫的学生受到关注；想使在过度拥挤的、经费不足的教室里感到无助的教师得到关注，也希望权力部门能够为城市学校提供更多的资源来缩减班额，根据学生的需求发展一些项目，落实一些文化课程和教育学课程，② 如此而已。

但是，令麦克拉伦意想不到的是，这本书带来的社会效果完全与他的预期相反。麦克拉伦偶然一次听到 CBC（Canadian Broadcasting Corporation）广播采访一位名人，当主持人问到对当时正热的《来自走廊的呐喊》的看法时，这位名人说，全加拿大人都应该读这本书。正在麦克拉伦惊喜于他的大力推介之时，这位名人却继续说，因为他要全加拿大人都知道移民的和有色人种的孩子的行为是怎样的不当，从而修改加拿大的移民法，阻止这些移民的大量涌入！麦克拉伦曾坦言，他永远都不会忘记那种痛。正是这种痛开启了麦克拉伦的理论探

---

① MARTIN G. Remaking Critical Pedagogy：Peter McLaren's Contribution to a Collective Work [J]. International Journal of Progressive Education，2006（3）：55.

② 魏凤云，于伟. 对麦克拉伦之《学校生活》的回顾与解析 [J]. 社会科学战线，2018（4）：277.

索之路。① 麦克拉伦曾这样反思这本书:②

　　我最终变得不喜欢这本书了——也许厌恶是一个更好的名词……原书
的问题在于，整本书都是对我经验的新闻性描述而很少有分析在里面，以
至于以前读或是现在读都会觉得，因为受到渗透于校园生活内外的暴力的
原因，它是在谴责学生和他们的家人。

　　也就是说，本来是为弱势群体而发出的正义呼喊，却成了对不良社会制度
牺牲品——那些社会处境不利者问题行为的揭露，这本书带来的负面效应就是
受到社会强烈的指责，麦克拉伦也因此被多伦多学区学校委员会禁止进入多伦
多学区任何一所公立学校进行研究，一个重要的原因便是他们不想让他再一次
揭露某一所学校的内幕。③

　　这本纯属"白描"或新闻记录性（journalistic documentations）的著作只有
事实呈现而没有理论分析。原因在于他准备出版该书时，编辑建议他不要在书
中加入任何评论，而让读者自己解读、体会。当时麦克拉伦听取了编辑的意见，
结果出版之后各种议论风起，并没有如他所愿。因此，1989 年麦克拉伦将该书
进一步修改，并以《校园生活：批判教育学导论》　　（Life in Schools：An
Introduction to Critical Pedagogy in the Foundation of Education，1989）为书名出
版。这本书也成为批判教育学的代表作之一。它被莫斯科社会与政治学院（the
Moscow School of Social and Economic Sciences）组成的国际专家小组评选为外国
作者在教育理论、政策和实践领域撰写的 12 本最重要的书之一。其他被提名的
作者还有弗莱雷、伊里奇、伯恩斯坦（Leonard Bernstein）和布尔迪厄（Pierre
Bourdieu）等。相对前者而言，这本修订的书，加了很多左派的分析，更加理论
化，也更加激进。

　　在 20 世纪 80 年代至 90 年代间，麦克拉伦表现得更像是一位左派的教育理
论家，他陷入了他所谓的后现代、后结构主义和后马克思主义理论的"时尚的
背叛"（fashionable apostasy）之中，而这些理论是当时美国大学"左"派学术

①　王雁. 美国批判教育学者麦克拉伦的学术生命研究［D］. 长春：东北师范大学，2013：
　　7.
②　MARTIN G. Remaking Critical Pedagogy：Peter McLaren's Contribution to a Collective Work
　　［J］. International Journal of Progressive Education，2006（3）：67.
③　彼得·麦克拉伦，于伟. 学者对于正义的追求——彼得·麦克拉伦（Peter McLaren）访
　　谈录［J］. 外国教育研究，2015（6）：4.

圈中一种很惹眼的话语。

然而，在 20 世纪 90 年代中期，在麦克拉伦的大部分同僚都在通过"后某主义"的福音出书写文章时，麦克拉伦的工作却戏剧性地转向了马克思人文主义。在麦克拉伦最初涉及后马克思主义（McLaren，1995）、后现代马克思主义以及新马克思主义（McLaren，1997）之后，麦克拉伦与后现代主义和后结构主义理论分道扬镳，他尤其是摆脱了这些理论的反普遍主义和反基础主义的立场。在某种程度上可以说由于他多产的原因，他也是他们学院最有影响力的马克思主义教育学家。他转向马克思主义社会理论的部分原因是对切·格瓦拉的革命政治学以及弗莱雷著作的阅读，尤其是他的《被压迫的教育学》。进入 21 世纪，麦克拉伦在他的新书《切·格瓦拉、保罗·弗莱雷及革命的教育学》中强调了切·格瓦拉的反资本主义的第三世界国际主义（Third World internationalism）以及弗莱雷在扫盲教学方面所做的激进工作的重要性。

麦克拉伦探讨了广泛的社会、政治、经济和文化问题。诸如资本主义与民主的不相容性；对经济学家弗里德曼和冯·海克（Von Hayek）的批判；对"世界贸易组织"（World Trade Organization，简称"WTO"）、"国际货币基金组织"（International Monetary Fund，简称"IMF"）、"北美自由贸易协定"（North American Free Trade Agreement，简称"NAFTA"）和"关税及贸易总协定"（General Agreement on Tariffs and Trade，简称"GATT"）的强烈谴责，等等。在他看来，它们对新自由主义的经济政策起到了促进作用，并最终加剧了阶级的两极分化和不平等。

麦克拉伦对墨西哥的萨帕塔主义者运动（the Zapatista Movement）① 进行了深入探讨，并且发现它与切·格瓦拉的革命政治有一些相似之处。他还对批判教育学的后现代方法提出了尖锐的批评。麦克拉伦的结论是呼吁教师们从事革命性的阶级斗争。在他看来："我们有必要赢得一个立场的战争（war of position），自然，这意味着左派需要创造一个切实可行的替代物，替代危机四伏的资本主义——这个替代物就是社会主义——绝大多数人能在理智和感情方面

---

① 萨帕塔运动：1994 年 1 月 1 日萨帕塔民族解放军在墨西哥恰帕斯州发动武装起义，登上了世界政治舞台。萨帕塔民族解放军的存在和发展是在全球化背景下，墨西哥的新自由主义实践及恰帕斯经济、政治和社会等一系列问题综合作用的结果。2005 年，萨帕塔人发布了《第六次丛林宣言》，明确提出了反对资本主义的政治立场。作为一个反资本主义体制的新型印第安农民运动，萨帕塔运动对当前世界资本主义体系的抗议和挑战以及对新体系的探索，对世界左翼运动具有重要的理论和实践意义。具体参见：王衬平. 拉美左翼运动的新探索——墨西哥萨帕塔运动的兴起与发展 [J]. 当代世界与社会主义，2012（3）：65.

都投入那种建立并强化其主人翁的力量（protagonist agency）并愿意改变的那些事情上。"①

当社会主义还是禁忌字眼（a dirty word）时，是麦克拉伦为马克思主义教育注入了新的生命气息，这也是为什么乔·金奇诺（Joe Kincheloe，2000）称他为"教育左派的桂冠诗人"（the poet-laureate of the educational left）的原因，这实际承认了他非凡的沟通才能。

二、批判教育学何以无法回归马克思

虽然麦克拉伦一系列著作的出版被誉为标志着21世纪马克思主义教育理论的复兴，但是，对批判教育学能否回归马克思，人们还是提出了很多的疑问。以他的标志性著作《切·格瓦拉、保罗·弗莱雷及革命的教育学》为例。这本书在麦克拉伦重振马克思主义教育理论中具有很高的地位，被誉为"标志着麦克拉伦自身激进工程的进一步拓展加深"，"自从鲍尔斯和金蒂斯的《资本主义美国的学校教育》（*Schooling in Capitalist America*，1976）出版以来，在教育领域（教育领域被誉为是个保守的领域——笔者注）还没有出版过一部像这样有可能重新激发讨论社会、经济、政治以及全球资本主义文化矛盾的著作。当今美国公立学校深受危机（例如，私有化、军事化、公司化）的折磨，麦克拉伦的著作不仅在对此种危机进行马克思主义的批判方面迈出了大胆的一步，而且他还超越了鲍尔斯和金蒂斯的激进功能主义方法（radical-functionalist approach）"②。乔·金奇诺在该书的"前言"中甚至称，21世纪的来临与这本书的出版，也许宣称麦克拉伦为教育左派的桂冠诗人正当其时。在乔·金奇诺看来，没有哪个从事批判教育学的人具有麦克拉伦这种开启一个新阶段的能力，从而将我们的注意力集中到教育学与不平等的关系上去。该书集中体现了麦克拉伦所有的研究品质，是他迄今为止最好的作品。③

麦克拉伦的这本书追溯了20世纪两个最重要的左派教育家切·格瓦拉和保罗·弗莱雷的生平和工作。他尝试将二者的生活和生平与当今学校教育中

---

① MCLAREN P, FORD D R. Revolutionary critical pedagogy and the struggle against capital today. In L. Rasinski, D. Hill, & K. Skordoulis（Eds.），Marxism and education：International perspectives on theory and action［M］. New York，NY：Routledge，2018：101-116.

② FARAHMANDPUR R. Peter McLaren's Critical Pedagogy［DB/OL］. Solidarity，2020-09-17.

③ KINCHELOE J L. Che Guevara，Paulo Freire，and the Pedagogy of Revolution. Foreword［M］. New York：Rowman and Littlefield，2000：1.

的批判的或革命的教育学实践联系起来。也就是找出这两个历史人物的教育学所使用的方法，作为形成一种质疑和变革当前全球性的剥削和压迫关系所必需的批判主体的思想源泉。麦克拉伦认为，这两个重要的教育家和革命者的思想和事迹能够帮助教育者将学校改变成追求社会正义及进行革命的社会主义实践的场所。值得注意的是，他特别将目标锁定在教师教育机构中工作的人身上。

该书将批判的矛头指向新自由主义与全球资本主义。在麦克拉伦看来，少数人经济上的富足，是大多数人遭受贫穷与苦难的直接原因。新自由主义与全球资本主义已经形成了一个批判性的生态危机（critical ecological crisis）并促使社会大面积贫困（widespread poverty）。他在书中也批判了一些自由主义者、进步主义者以及假冒弗莱雷的人士。在麦克拉伦看来，总体看，这些假冒者错误地将弗莱雷的工作和批判教育学的观念引进课堂中的对话和合作学习上，而忽略了更大的政治工程，即推翻与社会的政治、经济结构相关的社会经济的不公平。在本书中，他也批判了许多的后现代主义知识分子（当然，有些也免遭了他的批判），因为他感到后现代知识分子的问题分析忽视了阶级斗争的实际，相反，在帮助掩盖对大众的驯服和压迫。他认为后现代主义知识分子的很多工作放弃了对革命的社会变革的希望，在他看来这些作品做作、充满了难懂的行话。麦克拉伦努力使人们转而关注阶级斗争的现实，当然，他也强调，与此同时，不应忽视今天这个不平等世界中的种族、性别和性偏好（sexual preference）等方面的剥削。他认为，在许多方面，后现代主义的批判恰恰为他们所质疑的中产阶级结构的再生产服务。

麦克拉伦呼吁重新开始和重振批判教育学的活力（他所称的"革命的教育学"）。他把这种教育学看作是有助于建立一个资源以更为公平平等的方式再分配的社会主义世界。他认为，全球资本主义和美国的外交以及经济政策，与普遍性的压迫和贫困有直接的关系，而美国国内的政策，正在践踏移民及穷苦大众的权利。

麦克拉伦面临的一项艰巨的任务，便是说服在内城学校工作的教师接受革命教育学，而在911事件后，他面临的这个挑战当然更加艰巨了。确切地说，麦克拉伦在他的革命教育学工程上投入了很多篇幅。在该书，他制定了许多的策略，包括了意识形态批判，这是教师在反全球资本主义的斗争中可以采取的策略。最后，麦克拉伦的反资本主义计划呼吁教师在与社会压迫作斗争的过程中成为道德和伦理的主体，并且要培养、孕育激进的希望（"radical hope"）和"乌托邦式的斗志"（utopian militancy），这种斗志在某种程度上将达到顶点，并导致革命理论和革命实践的统一。

不过，麦克拉伦似乎过于乐观，其思想在实践上的可能性实际上是非常值得怀疑的。例如，有人评论说，很显然，这更像一本哲学著作，而不是一本针对课堂实践者的"如何做"的书。但是人们还是发现了问题，例如，公立学校的老师接受麦克拉伦的号召会产生什么后果？敢问切·格瓦拉的教育学能帮我们发展民主学校和进步教育实践吗？切·格瓦拉的教育学向教师提供了一些用于他们课堂的实质性策略吗？我们是否应该与资本主义进行全面的武装斗争？切·格瓦拉的教育学宗旨又是什么？这些问题一直困扰着西方的左派教育学界。

尽管麦克拉伦早就说了，关于格瓦拉和弗莱雷的叙述特别针对的是在教师教育机构里工作的人，但他的一般性的观点很少与当今世界上许多国家里的教师教育者的日常实际联系起来。

因此，针对这一问题，有人评论说，假如麦克拉伦想面对教师教育者表达他的观点并使他们认真对待他的观点，他就不得不谈谈他的观点对我们这些人意味着什么，因为我们这些教师教育者，每天都在肩负着我们国家的学校发展而对教师进行教育的重任；对那些对我们的工作进行攻击的人意味着什么，因为这些人经常遭遇"政治正确"及那些想通过强制问责来指导和控制实践的人的攻击。

麦克拉伦大多数的观点认为，一经他们意识到世界的真实状况以及意识到学校应有的作用的时候，教师教育中的师生们会高兴地从事变革教育乃至社会的事业。在一些评论者看来，这是个很幼稚的观点，因为他没能将他的许多重要观点与那些他所希望影响的人们的实际联系起来。从另外一个方面来说，假如这本书是写给那些已经同意他的政治立场的人看的话，那么这本书也不能提供足够的落实这些观点的具体指导意见。对麦克拉伦而言，他的思想观念如何能被他后院的 LA Unified 学区所使用也成问题。由于这本书没能与教师和教师教育者的实际联系起来，也没能就教师教育该如何为麦克拉伦给我们设定的有价值的目标做出贡献而提供具体的指导和事例，因此，一些评论者对此书表示失望。①

从这本书看，麦克拉伦作为马克思主义者在某些方面与经典马克思主义的立场是一致的，即对资本主义进行不妥协的批判，并试图改变资本主义制度以实现人的解放。但其教育学思想为何无法产生实际的影响？这里的"实际影响"指的是激发人们的意识、产生批判资本主义的实际行动甚至革命的行动。从根

---

① ZEICHNER K. Review of Peter McLaren. Che Guevara, Paulo Freire, and Pedagogy of Revolution [J]. Journal of Educational Change, 2001（2）：181-188.

本上看，这恐怕与麦克拉伦的新马克思主义立场或其批判教育学属于新马克思主义理论的范畴有关。简单地说，他虽然自称是经典马克思主义者，[①]但他实际不是真正意义上的马克思主义而是新马克思主义者。[②]

按照我国学者的理解，新马克思主义的发展大致上经历了四个历史时期，即第一次世界大战和欧洲革命前后为新马克思主义的初创时期，以卢卡奇（Szegedi Lukács György Bernát, 1885—1971）和葛兰西（Gramsci Antonio, 1891—1937）为代表；两次世界大战期间为"新马克思主义"的形成时期，以法兰克福学派为代表；二战后为新马克思主义的兴盛时期；20世纪70年代后为"新马克思主义"的多元发展时期，此时它已经成为西方左翼的一支重要力量。"新马克思主义"作为当代西方一种激进的政治思潮从未放弃过反对资本主义的立场，它是发达资本主义国家中坚决反对资本主义的左翼思潮和理论，始终保持了对资本主义不妥协的批判态度。在政治上，它不认同资本主义现行制度；在文化上，它对资本主义采取彻底的拒绝和批判态度。"新马克思主义"对资本主义的尖锐批判深刻揭示了资本主义的历史逻辑和实实在在的经济政治现实弊端，为马克思主义在当代的发展提出了新的问题和路径。[③]

但是，新马克思主义是一种理论上的大杂烩。有人将"新马克思主义"比喻为一种马赛克，意思是它由各种互不相同、常常是相互冲突的理论镶嵌而成，体现了不同流派和内容的多样性。以后现代马克思主义为例，促使后马克思主义得以形成的真正的思想资源并不是马克思主义，而是以后现代主义为主搭建成的多重融合的理论场域，其中现象学、后分析哲学、后结构主义等才是促成

① 彼得·麦克拉伦，于伟. 学者对于正义的追寻——彼得·麦克拉伦（Peter McLaren）访谈录 [J]. 外国教育研究，2015（6）：11.

② 这里的"新马克思主义"特指与19世纪经典马克思主义、20世纪制度社会主义所实行的主流状态的马克思主义不同的"另类"马克思主义，包括卢卡奇以来西方出现的一切对马克思主义进行另类解释的思潮和学派。这里的所指与周穗明的观点一致。具体参见周穗明. 西方"新马克思主义"的世纪主题 [J]. 科学社会主义，2004（3）：67. 国内学者虽然有对"西方马克思主义"与"新马克思主义"进行了概念辨析 [参见：李忠尚. "马克思学""西方马克思主义""新马克思主义"的异同 [J]. 教学与研究，1986（6）：36-38]，但在不太严格的意义上，我国学者基本上混合使用这两个概念。这里也不作严格区分。

③ 王玫. 新马克思主义：西方左翼力量的一支重要力量 [J]. 红旗文稿，2005（17）：29-31.

后马克思主义出场的最真实的思想诱因。① 至于黑格尔主义的马克思主义、弗洛伊德主义的马克思主义、存在主义的马克思主义、结构主义的马克思主义、新实证主义的马克思主义、分析派马克思主义、现象学马克思主义、生态学马克思主义、管理学派马克思主义、市场马克思主义、女权运动马克思主义等更是沿着各自的传统和倾向，对马克思主义做出各自的解释和发挥，彼此之间以及各派内部经常进行激烈争论。

　　自封为新马克思主义者的麦克拉伦，其批判教育学思想来源同样复杂。关于这一点，澳大利亚格里菲斯大学（Griffith University）马丁（Gregory Martin）博士说得相当透彻。他说，从根本上而言，对待马克思主义，麦克拉伦的做法是折中的和非宗派的。因为麦克拉伦曾表示钦佩不同的人物，像马克思主义革命家和古巴游击队领袖切·格瓦拉、无政府主义者艾玛·金伯格（Emma Goldberg）、民族主义革命家埃米利奥·萨巴塔（Emilio Zapata）及和平主义革命家如印度的甘地（Mohandas Karamchand Gandhi）、美国的马丁·路德·金（Martin Luther King）等。麦克拉伦的批判教育学还与杜威的著作、拉丁美洲的大众教育和解放神学传统以及启蒙运动的批判传统有关。在他最新的作品中，他很赞同的马克思主义的反先锋主义（Anti-vanguardist）的传统、彼得·胡迪斯（Peter Hudis）的黑格尔派马克思主义（Hegelian Marxism）、自由意志论的马克思主义（Libertarian Marxism）或者是哈雷·克里福尔（Harry Cleaver）的自治主义的马克思主义（Autonomist Marxism），以及反威权主义的无政府主义政治学的某些理论，如议会共产主义（Council Communist）、工人议会马克思主义者（Workers' Council Marxist）。麦克拉伦所欣赏的马克思主义的这些少数派与一些自治论者和开放的马克思主义者（Open Marxist）如约翰·哈罗威（John Holloway）和维纳·邦费德（Werner Bonefeld）的著作有关。麦克拉伦虽然为自治主义的马克思主义者（作为资产阶级政党的一种替代性的阶级）的反等级制、分权化、基层组织的新形式提供了批判性的支持，但也不可能为之提供更为具体详细的东西了。②

　　正如有人指出，"新马克思主义"各个流派都没有深入研究社会经济结构及

---

① 蔡正丽，李明. 多重融合：后马克思主义的理论场域探析［J］. 合肥工业大学学报（社会科学版），2017（6）：34.

② MARTIN G. Remaking Critical Pedagogy：Peter McLaren's Contribution to a Collective Work［J］. International Journal of Progressive Education，2006（3）：67.

其运动规律这一马克思主义的传统主题，而是把精力集中于上层建筑各个领域。也正由于他们对社会经济缺乏深刻研究，从而也就造成了在这些研究方面的严重缺陷，如片面强调意识在社会变革中作用的能动主义倾向等。进入 20 世纪 90 年代以来，由于信息产业和市场造成的"全球化"特征，一些学者开始了对资本主义的经济、政治、意识形态的跨学科研究。① 麦克拉伦适时追踪了这一动向。进入 21 世纪后，随着资本主义危机日益加深，新马克思主义者虽然对资本主义的批判有所加深，借用马克思主义的理论方法有所加强，但是，仍然脱离不了这种理论的共性，即不是基于社会总体实践而提出革命的解放理论，远离工人运动，主张非暴力革命，成为事实上的"学院式马克思主义"。他们所谓的"回归马克思"实际只是借用了马克思主义的话语方式而不是实质。虽然麦克拉伦要比其他批判教育学者更接近经典马克思主义些，但他的理论从总体上看仍属于西方马克思主义或新马克思主义。这些马克思主义者虽然高唱"回归马克思"，但总体而言，是在"修正"马克思主义。

这不仅仅指麦克拉伦，还可以以法国马克思主义为例。有学者指出，当代法国马克思主义整体虽然呈现出一派承继马克思的基本话语主题"接着讲"的景象，思想家们立基于对马克思文本的深度耕犁，秉承马克思的基本话语主题，力图实现全面"回归"马克思的原初叙事。但显而易见，他们的"回归"其实是一种假象，这种"回归"的背后是通过形态各异的解读方式，对马克思的辩证法、实践观、权力话语、生产范式和人的自由与解放进行全面解构和重新诠释，并嫁接各种现代思潮，以此来完成对晚期资本主义社会现实进行深层次的反思和批判，因而他们的叙事话语的言说更侧重于对马克思的重构，立足于"自己讲"②。从麦克拉伦的思想来源及其关注的主题和叙事方式看，本质上也是立足于"自己讲"。

这样注定了从整体上或根本上而言，批判教育学致力的是对资本主义制度的修补而不是变革，也就不是严格意义上的马克思主义教育学。它避谈或轻谈阶级及阶级斗争，更不用说暴力革命推翻资本主义制度。虽然批判教育学也谈实践，但很显然，这种实践观不是马克思主义意义上的革命的实践观。更由于西方左派的整体没落，"回归马克思"还只是左翼学术圈的一种动向，由于体制

---

① 静远．当代"新马克思主义思潮述评"[J]．理论视野，1998（3）：53.

② 陈良斌，盛凌振，许苏．"回归"马克思的原初叙事——论当代法国马克思主义解读马克思社会批判的基本话语主题[J]．哲学研究．2007（8）：14.

内的学术与社会运动之间的脱节，很难形成推翻现有制度的力量。一种教育理论要发生革命性的影响，社会条件的成熟更为关键。这点麦克拉伦是很清楚的。他曾针对有些人的不切实际的想法，说："有人认为美国出现了社会主义的复兴。这无疑是一个过火的断言。"①

总体看，西方批判教育学缺乏真正的反资本主义的马克思主义立场，只能称为"修正"主义——尽管这种修正对资本主义病理的解释及批判有一定的深度，且能引起社会的部分共鸣，但也仅此而已。

---

① ［美］彼得·麦克拉伦，王雁. 批判教育学面临的挑战及其可能的未来［J］. 教育研究，2020（4）：22.

第十一章

批判教育学话语移植：意义及其限度

据考证，批判教育学于 1986 年开始传入我国大陆，① 至今有 30 余年的历史，从中国知网现有的发文量看，其影响似乎在不断弥散。对这一思想流派② 在中国的境遇及其未来可能，对批判教育学研究深有心得的阎光才曾指出："批判教育研究作为英美教育学术界的新左派思潮，它的形成和发展有其特有的社会和文化背景，即它是作为主导晚期资本主义制度、文化和意识形态的对立面而出现的。也正因为其批判对象的成熟和强大，它才更具有旺盛的批判活力。然而，因为存在社会制度、政治传统和现实背景等方面的差异，学界在引进批判教育研究话语时，它强烈的终极关怀和批判精神和立场固然可取，但它的知识和文化批判取向未必完全合乎中国当下社会语境。"③ 我们究竟如何看待大陆学界对批判教育学的移植？这里有必要对批判教育学话语移植的背景、过程及其影响进行全方位的分析，并就移植批判教育学的意义及其限度问题做进一步探讨。

---

① 张卓远. 批判教育学在中国的传播及其影响 [D]. 太原：山西大学，2016：11.

② 根据阎光才的看法，批判教育学（他称之为"批判教育研究"）就严格意义而言，批判教育研究既不属于一个学科，也不是一个研究领域，甚至用以"学派"称之也有些勉强。这主要是因为它涉及的议题、领域、方法和学术资源实在有些宽泛，而且内部还呈现出高度的非均质性乃至学术立场上的分歧和冲突。具体参见：阎光才. 批判教育研究在中国的境遇及其可能 [J]. 教育学报，2008（3）：12. 不过，就笔者看，批判教育学是个复指，但有大致相似的价值追求甚至共享的理论渊源，其内部的交融性也很强，国外学者以"critical pedagogy"或"critical education"来称呼这种思想与实践，也正是因为如此，所以本书还是将其作为一个教育思想流派来看待。

③ 阎光才. 批判教育研究在中国的境遇及其可能 [J]. 教育学报，2008（3）：10.

第一节　批判教育学在中国大陆的传入与发展

批判教育学在中国大陆的传播大致经历过如下几个时期并表现出各自的阶段性特征。

一、20 世纪 80 年代中后期：以零星译介为主

应该说，批判教育学的传入，与 20 世纪 70 年代末党和国家启动的"拨乱反正""改革开放""以经济建设为中心"的大背景有关。随之而来的是学术思想的大解放，各种西方理论流派纷纷被引入。根据我国学者的回顾，西方马克思主义在中国的传播和系统研究始于 1982 年。① 不过，相对于批判教育学之理论基础的西方马克思主义的介绍与研究而言，批判教育学的传入与研究则较迟缓。② 由张焕庭主编、原出版于 1964 年而再版于 1979 年的《西方资产阶级教育论著选》以及由华东师范大学教育系与杭州大学教育系编译于 1980 年出版的《现代西方资产阶级教育思想流派论著选》虽然系统辑录了进入 20 世纪以后西方主要教育思想流派及代表人物的论著，但批判教育学理论依然没有进入中国教育界的视野。1986 年 9 月，克拉夫基（Wolfgang Klafki，1927—）应邀于华东师范大学进行学术讲座，传播了他的批判—设计教学论。这次讲座成为德国批

---

① 参见王雨辰，孙珮云. 论西方马克思主义在中国的解释史及其影响［J］. 马克思主义与现实，2018（4）：96. 1982 年徐崇温在天津人民出版社出版了题为《西方马克思主义》的著作，该书的出版可以算作我国大陆研究西方马克思主义之始，尽管徐崇温此前对此已有零星接触，具体参见徐崇温. "西方马克思主义"研究在我国的开展［J］. 江西师范大学学报（哲学社会科学版），2012（1）：4.

② 据笔者搜索，直到 1978 年，与批判教育理论关联的法兰克福学派、西方马克思主义、霍克海默尔、批判理论等相关代表人物和主要观点才逐渐出现。如 1978 年《哲学译丛》（现已改名为《世界哲学》）第 6 期刊发了燕宏远摘译自原载于东德《哲学词典》1975 年版中 G. 克劳斯写作的《法兰克福学派评介》和郭官义摘译自原载于东德《德国哲学杂志》1976 年第 5 期中的苏联哲学家 T. J. 奥伊则尔曼写作的《马克思列宁主义的意识形态学说和"批判理论"》，1980 年第 5 期《国外社会科学》发表了由黄育馥译、艾伦·西卡写作的《于尔根·哈贝马斯的批判理论》一文，1982 年 12 期《外国哲学社会科学文摘》（现已改名为《国外社会科学文摘》）发表了张庆熊译、科拉科夫斯基写作的《法兰克福学派和批判理论》，1985 年《杭州师院学报（社会科学版）》（现已改名为《杭州师范大学学报（社会科学版）》）第 3 期发表了沈伟奇、张玉铭的《怎样分析当代资本主义社会出现的一些问题——评法兰克福学派的社会批判理论》等。而徐崇温早在 1982 年就出版了《西方马克思主义》。

判教育学在我国传播的开端，1986年也因此被称为批判教育学在我国大陆传播的开端之年。华东师范大学比较教育研究所将他的几次讲演内容全部译成了中文，并于次年陆续发表于《外国教育资料》（现名《全球教育展望》——笔者注）杂志。1987年，李其龙撰写《批判—设计教学论简介》一文作为克拉夫基一系列演讲发表的前言。诚如张卓远所言，李其龙成为80年代批判教育学（实际上是德国批判教育学）在中国的主要传播者。

整个20世纪80年代，中国学界对批判教育学的引介非常有限。除了上面提及的对克拉夫基的批判—设计教学论进行介绍外，80年代中期也涉及英美批判教育学思想的介绍。代表性的有王佩雄发表于《教育研究与实验》1987年第4期的《当代"新马克思主义"教育观述评》一文。该文称："作为激进主义教育思潮的一翼，它的出现和流传反映了当今西方教育思想界一种重要的理论动向。评析'新马克思主义'教育观点，对于我们了解当代西方资本主义社会学校教育的现状和问题，了解现代社会中学校教育性质与职能的演变及其复杂性，是会有帮助的。"① 该文对英美批判教育思想的概况介绍比较全面，对其意义的评说反映了当时的价值追求，应该说其立论还是相当公允的，甚至可以这样说，这篇论文基本表明了我国引介批判教育学的初心。根据阎光才的梳理，最早片段介绍批判教育研究的文献是1989年出版的《国外教育社会学基本文选》（张人杰主编，华东师范大学出版社1989年版）。该文选收录了鲍尔斯（Samul Bowles）与金蒂斯（Herbert Gintis）（即吉丁斯——笔者注）的《美国的资本主义制度与教育》一文，同时也收录了伊里奇以及与批判教育学有密切联系的英国新教育社会学学者伯恩斯坦和迈克尔·扬等人的文章。不过，该文选对在西方早已经成名的批判教育学的代表人物阿普尔、吉鲁等人则没有关注。20世纪80年代末有学者在摘译国外的文献的时候，也注意批判教育学的有关人物及文献，只是，这时候的翻译中尚未意识到批判教育学这一名称。例如，发表在1989年第3期《现代外国哲学社会科学文摘》上的《马克思主义、新马克思主义与教育》一文，就是范国睿和王佩雄摘译美国的范伯格、索尔蒂斯1985年的著作《学校与社会》一书。种种情况表明当时我国学界对批判教育学还相当地生疏。

二、20世纪90年代：以少量专著译介与初步的研究为主

进入90年代后，对批判教育学的引入与研究进入了一个新的阶段。

---

① 王佩雄. 当代"新马克思主义"教育观述评 [J]. 教育研究与实验，1987（4）：24.

首先，译介了新的国外批判教育学者的著作。如 20 世纪 90 年代初，时任中国社会学会教育社会学分会研究会理事长的北京师范大学教育系厉以贤教授在其主编的《西方教育社会学文选》中将阿普尔 1979 年第一版《意识形态与课程》中"意识形态与文化宰制、经济宰制"一节做了摘译介绍。这应该是大陆学者最早介绍阿普尔著作的文选。

而专门的批判教育学的著作也开始被系统翻译过来。代表性的有 1990 年由王佩雄等人翻译、上海教育出版社出版的鲍尔斯、金蒂斯合写的名著《资本主义美国的学校教育》（*Schooling in Capitalist America：Educational Reform and the Contradictions of Economic Life*，1976）一书，不过该书名改称为《美国：经济生活与教育改革》。该书在批判教育学发展史上占据重要的地位。

其次，开始了对德国批判教育学的初步介绍和研究。此阶段对德国批评教育学的系统介绍主要仍出自李其龙。1993 年，陕西人民教育出版社出版了李其龙编著的《德国教学论流派》一书，这是我国第一本介绍德国批判教育学的著作。该书在"联邦德国教学论研究的发展趋势"一章中比较深入地分析了联邦德国教学论的"批判"倾向，并对"批判的"教学论的特征及实践意义进行了总结。1994 年《外国教育资料》第 3 期发表了李其龙的《联邦德国的批判的教育学流派》一文，该文可以算作最早比较全面系统介绍德国批判教育学的论文。李其龙和孙祖夏合著、1995 年江西教育出版社出版的《战后德国教育研究》一书，则对德国批判教育学流派也有专节的介绍。

再次，新的批判教育学者的思想引起了我国学者的注意及初步的研究。其中之一是巴西批判教育学家弗莱雷。相关研究论文有于向阳的《保罗·弗莱雷的教育思想述评》（《华东师范大学学报（教育科学版）》1995 年第 3 期）、李家永的《弗莱雷成人扫盲的理论与实践》（《比较教育研究》1996 年第 6 期）。弗莱雷被称为批判教育学的鼻祖，也是理解批判教育学的源头之一。另外一个是吉鲁。其边界教育学思想这时候开始进入我国教育学者的视野。不过，当时他并不是以批判教育学者的身份而是作为后现代主义教育思想家而成为我国教育学者的研究对象。相关研究代表性的是 1997 年华东师范大学博士毕业的张文军的博士学位论文《后现代教育思想述评》。这大概是我国大陆第一本以后现代教育思想为研究对象的博士论文。① 其中有专章研究了吉鲁的边界教育学思想。该论文后以《后现代教育》为名，于 1998 年被台湾扬智文化公司出版。

然后，研究主题开始多样化。如果说 20 世纪 80 年代仅限于对批判教育学

---

① 周险峰. 美国后现代教育思潮与流派研究［D］. 北京：北京师范大学，2010：12.

的思想介绍，那么进入 90 年代后，相关的研究色彩开始浓郁起来，这时的研究甚至表现出一定程度的理性反思。代表性的有张华的《批判理论和批判教育学探析》（《全球教育展望》1996 年第 6 期）、邓志伟的《后现代主义思潮与西方批判教育学》（《全球教育展望》1996 年第 4 期、郑金州的《美国批判教育学之批判——吉鲁的批判教育观述评》《比较教育研究》1997 年第 5 期）、张华的《美国当代批判课程理论初探》（《全球教育展望》，1998 年第 2、3 期），等等。这几篇论文虽然受当时的条件所限，所占用的资料有限，但他们对批判教育学的理解却是比较深刻的。这几篇论文的被引频次比较高很能说明这一点。

值得一提的是，20 世纪 90 年代末对批判教育学的研究最有深度的应该是杨昌勇。杨昌勇早在 90 年代初就开始注意到"新"教育社会学的问题。杨昌勇在1994/1995 年的相关论述曾提道："到 70 年代中期，美国学者也参加了新教育社会学的讨论，其中最杰出的人物有 M. W. 阿普尔和 P. 韦克斯勒。"其中，"M. W. 阿普尔……作为课程论领域中的政治—社会派的激进的'重构概念'运动的领袖出现……他在《新教育社会学：分析的文化与经济再生产》一文中把包括他自己在内的激进的教育社会分析概括在教育社会学之中。他的分析是从课程论领域中的意识形态——批判开始的"①。"阿普尔也在《教育与权力》（1982）和《教育中的文化与经济再生产》（1982）中对他以前的《意识形态与课程》（1979）中关于教育与经济之间的'适应性'和'一致性'的过于简单的认识进行了检讨，认为它忽略了存在于学校中的矛盾和斗争，工人阶级的学生只是部分地接受了正式课程和隐蔽课程，他们也抵制这些文化。"②

杨昌勇于 1996—1999 年在华东师范大学攻读博士学位，其博士学位论文对"新"教育社会学的学术历程进行了深入考索，他对批判教育学的概念、发展背景、学术主题及相关学术思想之间的关系的理解与把握应该说一时无两（其博士学位论文后以《新教育社会学：连续与断裂的学术历程》为题于 2004 年由中国社会科学出版社出版）。

最后，国外批判教育学者正式开始了与大陆教育界的学术交往。这得益于时任《华东师范大学学报（教育科学版）》主编瞿葆奎先生的先见之明。应瞿葆奎先生邀约，阿普尔于 1992 年在《华东师范大学学报（教育科学版）》1992年第 2 期发表了《国家权力和法定知识的政治学》，吉鲁等人在 1995 年第 1 期

---

① 杨昌勇. "新"教育社会学产生的归因分析 [J]. 国外社会科学, 1994 (4)：55.
② 杨昌勇, 孙传宏. "新"教育社会学衰退的归因分析 [J]. 国外社会科学, 1995 (4)：26.

的《华东师范大学学报（教育科学版）》发表了《后结构主义者的论争及其对于教育学的几种影响：转向理论》。这可以说是我国教育界主动接触批判教育学者之始，为后续对二者的译介及研究打下了良好的基础。事实也说明，我国教育学者比较全面深入了解批判教育学也是通过对阿普尔及吉鲁著作的不断译介开始的。二者的批判教育思想也成为21世纪以来我国大陆批判教育学研究的主要内容。

三、21世纪初至今：以个体著作的系统译介及系统研究为主

进入21世纪后，批判教育学在我国教育学术界的影响不断弥散开来。如果要概括此期批判教育学引入及研究的特点的话，可以用"对个体的系统译介与系统研究并重"来概括。需要说明的是，进入21世纪后，美国批判教育学研究成为主流，除了个别学者如彭正梅出版专著《解放和教育：德国批判教育学研究》外，德国批判教育学几乎再无人问津。这与德国批判教育学日渐式微、美国批判教育学影响日盛的内在原因有关外，当然也与我国教育学界研究话语日益受美国教育学的影响有关。

首先看系统的译介。

此期的系统译介，主要指对国外批判教育学者个人著作的系统译介，其中以对阿普尔著作的系统译介最为突出。2000年，时任华东师范大学教育学系系主任的袁振国教授将阿普尔的成名作《意识形态与课程》列入其所主编的"影响力教育理论译丛"，2001年由华东师范大学出版社出版。之后，阿普尔的著作先后有7本在"影响力教育理论译丛"① 中出版。阿普尔的著作除了被列入"影响力教育理论译丛"以外，还被列入"教育、社会与文化译丛"②，同时列入这两个丛书的还有美国著名的批判教育学者吉鲁的著作。另外，还有以个人名义翻译的，如王占魁翻译的阿普尔的《教育能够改变社会吗？》（华东师范大学出版社2014年版）、吴万伟翻译的吉鲁的《教育与公共价值的危机》（中国人民大学出版社2016年版）、杨跃翻译的《教师与文本：重思教师专业性》（南京师范大学出版社2019年版）等。其他批判学者的著作被翻译的有弗莱雷的《被压迫者教育学》（华东师范大学出版社2001年版）、琼·温克的《批判教育学——来自真实世界的笔记》（湖南教育出版社2008年版）等。目前成为大陆批判教育学研究者必读的译著主要如下：

---

① "影响力教育理论译丛"由袁振国、谢维和、徐辉和张斌贤任丛书主编。
② "教育、社会与文化译丛"由朱红文、劳凯声、金生鈜、阎光才任丛书主编。

1. 保罗·费莱雷（即弗莱雷）著，顾建新、赵友华、何曙荣译：《被压迫者的教育学》，华东师范大学出版社 2001 年版；

2. 迈克尔·W. 阿普尔著，黄忠敬译：《意识形态与课程》，华东师范大学出版社 2001 年版；

3. 亨利·A. 吉鲁著，刘慧珍等译：《跨越边界：文化工作者与教育政治学》，华东师范大学出版社 2002 年版；

4. 迈克尔·W. 阿普尔著，曲囡囡、刘明堂译：《官方知识——保守时代的民主教育》，华东师范大学出版社 2004 年版；

5. 迈克尔·W. 阿普尔著，阎光才译：《文化政治与教育》，教育科学出版社 2005 年版；

6. 迈克尔·W. 阿普尔，L. 克丽斯蒂安-史密斯主编，侯定凯译：《教科书政治学》，华东师范大学出版社 2005 年版；

7. 迈克尔·W. 阿普尔著，黄忠敬译：《国家与知识政治》，华东师范大学出版社 2007 年版；

8. 亨利·A. 吉鲁著，朱红文译：《教师作为知识分子——迈向批判教育学》教育科学出版社 2008 年版；

9. 琼·温克著，路旦俊译：《批判教育学——来自真实世界的笔记》，湖南教育出版社 2008 版；

10. 迈克尔·W. 阿普尔著，罗燕等译：《被压迫者的声音》，华东师范大学出版社 2008 年版；

11. 迈克尔·W. 阿普尔著，黄忠敬、吴晋婷译：《教育的"正确"之路》（第二版），华东师范大学出版社 2008 年版；

12. 迈克尔·W. 阿普尔主编，李慧敏译：《全球危机、社会公平和教育》，中国政法大学出版社 2012 年版；

13. 卡洛斯·阿尔伯托·托里斯著，原青林、王云译：《教育、权力与个人经历：当代批判教育学家访谈录》，山东教育出版社 2013 年版；

14. 迈克尔·W. 阿普尔著，王占魁译：《教育能够改变社会吗?》，华东师范大学出版社 2014 年版；

15. 亨利·A. 吉鲁著，吴万伟译：《教育与公共价值的危机》，中国人民大学出版社 2016 年版；

16. 亨利·吉鲁著，张斌等译：《教育中的理论与抵制》，教育科学出版社 2016 年版；

　　17. 迈克尔·W. 阿普尔著，杨跃译：《教师与文本：重思教师专业性》，南京师范大学出版社 2019 年版。

　　需要说明的是，批判教育学因与阶级问题、性别问题、种族问题甚至性的问题等社会问题关系甚深，且批判教育学者个体涉猎的社会主题、学科甚广，因此国外批判教育学者的著作也往往以不同的学科或理论的名义被翻译并出版，目前难以统计。例如，美国著名的批判教育学者胡克斯（Bell Hooks）关注性别问题，其著作如《激情的政治：人人能读懂的女权主义》（沈睿译，金城出版社 2008 年版）等就是以"标点学术文化书坊"的名义译介的。

　　进入 21 世纪后，系统的研究也开始出现。

　　这种系统性研究主要体现在批判教育学或批判教育学者的思想成为大量的硕、博士学位论文①或专著的选题上，相关学位论文产出的数量几乎逐年增长。

　　目前对批判教育学者个人思想的研究主要集中在弗莱雷、阿普尔、吉鲁及麦克拉伦与胡克斯等人身上。关于弗莱雷的系统研究就有黄志成写作的《被压迫者教育学——弗莱雷解放教育理论与实践》（人民教育出版社 2003 年版）、张琨的博士学位论文《教育即解放——弗莱雷教育思想研究》（华中师范大学博士学位论文，2007；福建教育出版社 2008 年版）、吕娜的《教育即政治——保罗·弗莱雷的政治教育思想研究》（华中师范大学博士学位论文，2016）。在中国知网"硕博"栏中，与弗莱雷批判教育思想相关的硕博士学位论文共计有 33 篇；中国知网以"阿普尔"为主题搜索出的硕博士论文就有 15 篇，代表性的有：应建庆的《教育中的知识合法性——阿普尔教育哲学思想研究》（复旦大学博士学位论文，2011）、王占魁的《价值选择与教育政治——阿普尔批判教育研究的实践逻辑》（北京师范大学博士学位论文，2011；该论文曾获得 2012 年"北京市优秀博士学位论文奖"；教育科学出版社 2014 年版）、徐冰鸥的《阿普尔批判教育哲学思想研究》（山西大学博士学位论文，2013；2014 年该博士论文以《意识形态解蔽与教育批判——阿普尔教育哲学思想研究》为书名由高等教育出版社出版）。在中国知网"硕博"栏中，与吉鲁批判教育思想相关的硕博

---

　　①　截至 2019 年 12 月底，以"批判教育"为主题进行搜索，中国知网"硕博士论文"中显示学位论文 124 篇，剔除无关或相关度不高的论文后共计 104 篇；以"阿普尔"为主题进行搜索共计有 15 篇学位论文；以"吉鲁"为主题的学位论文有 14 篇；以"麦克莱伦"或"麦克拉伦"为主题的共计有论文 5 篇；以"弗莱雷"为主题的学位论文有 33 篇；以"胡克斯"为主题的论文有 13 篇。由于中国知网学位论文录入的有限性，推测相关论文有两百篇以上。

士学位论文共计有 14 篇。代表性的有祁连芳的《吉鲁批判教育哲学思想研究》（山西大学博士学位论文，2015）。与麦克拉伦有关的学位论文有 5 篇，代表性的有王雁的《美国批判教育学者麦克拉伦的学术生命研究》（东北师范大学硕士学位论文，2013）、魏凤云的《麦克拉伦批判教育学研究——以〈学校生活〉为线索》（东北师范大学博士学位论文，2019）。

从一个外来学术流派传播或译介史看，目前的研究还只是处于单人或单个主题的研究阶段，目前对批判教育学进行整体性研究的还非常少。

21 世纪以来，相关研究涉及课程与教学、教师教育等众多领域，可以说研究主题日益多样化。这从中国知网发表的论文数量的爆发式增长即可见一斑。根据张卓远 2016 年进行的阶段性统计及比较分析，1986 年至 1998 年，我国批判教育学每年研究成果的平均数小于 1 篇，而 1999 年至 2009 年每年的平均成果数量为 9 篇，涨幅为 8 倍。这一时期批判教育学研究数量合计 92 篇，是上一阶段的 8 倍之多，且占研究成果总量的 27%。而国人翻译的外国批判教育学著作有 22 本，我国研究者编著有关批判教育学的著作有 8 本。2008 年至 2015 年 6 月，共发表文章 155 篇，占总数的 57%，每年平均为 22 篇，比上一阶段平均数增长了 12 篇。① 而 2016 年以来，与"批判教育学"有关的学位论文及期刊论文仍大量产生。这足以说明 21 世纪以来批判教育学研究之热。

需要指出的是，进入 21 世纪后，德国批判教育学在我国大陆的研究日益式微，仅见彭正梅的著作《教育和解放：德国批判教育学研究》（华东师范大学出版社 2007 年版）。该著作的出版可以说改变了此前相关探究处于译介的层次而走向系统深入。该书称得上是我国大陆德国批判教育学研究的扛鼎之作。

承接前三十多年的研究积淀，进入 21 世纪后，批判教育学在中国的传播渠道也更加多样化，如国内权威教育学术期刊对美国批判教育学者论文不断登载、著作不断被翻译出版、批判教育学者来华直接交流相对频繁、媒介也不断对批判教育学者们进行专访报道、新一代教育研究学者不断成长（尤其国内教育学硕博士的大量生产），甚至有不少到阿普尔等人门下出国访学或攻读博士学位，等等，这些加速了批判教育学的传播并扩大了批判教育学的学术影响，同时也为我国大陆学者研究批判教育学提供了便利条件。所以，21 世纪以来的相关译介与研究的系统化成为可能。

---

① 张卓远. 批判教育学在中国的传播及其影响 [D]. 太原：山西大学，2016：11-19.

第二节 解读与误读：以大陆阿普尔研究为例

从批判教育学在中国大陆的传播史看，批判教育学已经成为大陆部分教育学者尤其是年轻一代教育学者们研究的热门话题之一。总体看，批判教育学自传入中国大陆后，一直以"可资借鉴"的理论形象出现。大陆教育学者（包括少量的政治学或哲学研究者）对批判教育学也一直以褒扬为主。例如，直至近年，仍然有人在讨论批判教育学的启示性意义："批判教育学把课程理解为政治文本，课程目标强调学生批判意识的培养，课程设计以社会和社会问题为中心，课程实施强调教师的参与和学生的主动建构，课程评价关注课程活动背后的社会意义，它们为全方位思考我国基础教育课程改革提供新的视角和启示。"在这位学者看来，这些启示具体包括："其一，课程目标设计应关注学生批判意识的培养；其二，课程实施中应发挥学校、教师和学生的作用；其三，课程评价应重视课程实施过程中价值和意义的创造；其四，课程改革关注地区差异、城乡差异、民族差异。"虽然"批判教育学蕴含丰富的课程思想，它并没有告诉我们该如何做，也不是我们解决教育问题的灵丹妙药，但是它为人们思考基础教育课程改革走向深入提供了独特视角，促使我们全方位审视学校课程问题"①。

更有甚者，认为批判教育学可以与国民性的改造结合起来。代表性的是卢朝佑。他认为，批判教育（学）与国民性改造息息相关，它可以为其提供理论验证。在他看来，从解释转变的角度来说，批判教育（学）可分为"前批判"和"批判"两个批判解释，国民性改造可分为"限制性"和"可能性"两个改造原则。"再现"是"限制性原则"，描述了"前批判"的解释；而"批判反思"描述了"批判"的解释，可以称作"可能性原则"。在他看来，传统在国民性改造中总是起着限制性条件，对传统进行批判反思，能为国民性改造提供可能性。如何促进国民性再现到国民性转变、突破国民性改造的限制性到国民性改的可能性？在他看来，培育国民主体的批判意识、建立"厚民主"对话、养成批判性语言、纳取和超越传统成为批判教育的"意味"与国民性改造的"旨趣"②。

---

① 傅敏，邱芳婷. 美国批判教育学的课程思想：解读与启示 [J]. 西北师大学报（社会科学版），2015（5）：105-106.

② 卢朝佑. 批判教育与国民性改造 [DB/OL]. 豆丁文库，2019-11-22.

对批判教育学的评价实际上反映的是我国大陆学者对批判教育学的解读。那么，大陆教育学界是如何解读批判教育学的？这种解读的背后蕴含着怎样的价值追求？鉴于国内对批判教育学（者）的引介有着相似的背景（这是解读批判教育学、译介批判教育学的条件），而阿普尔是国内批判教育学研究的热门人物，对他的研究有着清晰的发展脉络，以阿普尔的研究为个案，很能反映我国大陆学者对批判教育学解读的状况。

一、中国大陆阿普尔研究回顾

大陆对阿普尔的研究，大体经历过零星译介到系统译介、研究并重的两个时期。这种研究的节律与批判教育学在中国大陆的传播与接受的历史分期是一致的。从直接的学术交往来说，阿普尔应该算作是最早与大陆学界有直接交往的批判教育学者，因早在 20 世纪 90 年代初，应我国教育学者瞿葆奎先生的邀约，其作品就被翻译并被登载在我国教育科学研究权威杂志《华东师范大学学报（教育科学版）》上，① 开启了中国大陆研究阿普尔之旅。

进入 21 世纪后，阿普尔的作品被我国学者陆续翻译出版。阿普尔将自己既往的批判教育研究划分为三个阶段，其著作包括三个"三部曲"：第一阶段是意识形态与课程阶段，主要著作包括《意识形态与课程》（1979/ 1990/ 2004）、《教育与权力》（1982/ 1985/ 1995）和《教师与文本》（1986）等；第二阶段是批判保守主义现代化阶段，主要著作包括《官方知识》（1993/ 2000）、《文化政治与教育》（1996）和《教育的"正确"方式》（第一版，2001）等；第三阶段是国际化拓展阶段，主要著作包括《国家与知识政治》（2003）、《教育的"正确"之路》（第二版，2006）和《被压迫者的声音》（2006）等。其三个"三部曲"都被翻译过来。而其新近的部分著作如《教育能够改变社会吗?》也已经在大陆出版，这些为我们较完整地理解阿普尔的教育思想奠定了基础。阿普尔也是被大陆学者译介最多的批判教育学者。

随着阿普尔著作陆续被译介，其在大陆的影响也越来越大。因此阿普尔也

---

① 时任《华东师范大学学报（教育科学版）》主编的瞿葆奎先生向阿普尔发出特别稿约，阿普尔应邀撰写了《国家权力和法定知识的政治学》（马和民译），刊发在《华东师范大学学报（教育科学版）》1992 年第 2 期；1993 年《2000 年的课程：张力与可能性》（施良方译）被瞿葆奎先生收录在其所主编的《教育学文集·国际教育展望》（第 25 卷）之中。

是接受大陆教育学者访谈最多的学者,① 并多次应邀来大陆讲学（他也应该是受邀来大陆讲学次数最多的批判教育学者），其思想正是以这些渠道广为传播。他还接受并指导了我国的黄忠敬、王占魁、祝贺、魏凤云等访问学者。这些访问学者也是其思想的传播主体。

对阿普尔的系统研究，首推王占魁，他的博士学位论文以阿普尔的教育思想为题，并为此到阿普尔所在学校威斯康星大学跟随阿普尔做访问学者，这使他得以最直接地接近阿普尔，也可以说是最系统地研究了阿普尔。早在 2010 年他就对大陆阿普尔研究存在的问题进行过这样的评论：其一，国内所刊发的以阿普尔为主题的论文，更多的还停留在"翻译"或"介绍"的层面，更多的还是对阿普尔 40 年研究的某个"片段的研究"或者"文本的研究"，而缺乏对阿普尔自身理论脉络的探究和理论资源的挖掘；其二，更多的是基于对"文字"的解读，并由此产生许多"跨了文字而未能跨文化的误读，从而可能会对阿普尔做出不甚恰当的评价"；其三，所占用资源的覆盖面及研究视界狭窄，对阿普尔所批判的新自由主义等理论问题缺乏历史含义的考辨。②

那么经过近 10 年的发展，我国对阿普尔的相关研究是否还存在处于"翻译"或"介绍"的层面，更多的还是对阿普尔 40 年研究的某个"片段的研究"或者"文本的研究"吗？事实上，这个判断结论依然正确。例如，以"阿普尔"为题，截至 2019 年 10 月 28 日，中国知网共计学术论文 161 篇，剔除无关论文 66 篇，其中绝大多数涉及的是对阿普尔课程（知识、教科书）思想的研读，其研究模式就是"介绍+评论或启示"。而同期在中国知网"硕博"栏以"阿普尔"为题的硕博士论文（主要是硕士学位论文）共计 15 篇，相关研究偏重的主题及其研究模式类似。即使对阿普尔写于 1979 年的一本著作《意识形态与课程》，有学者在 2018 年重温时仍评价极高："以批判教育学的视角探讨了

---

① 根据笔者的搜集，阿普尔接受我国学者的访谈几乎都在大陆教育期刊上发表，主要有：刘丽玲. 课程政策、课程与全球化——访美国威斯康星大学阿普尔教授［J］. 全球教育展望, 2007（3）；周文叶, 兰璇. 批判教育学与教育改革——美国威斯康星大学阿普尔教授访谈［J］. 全球教育展望, 2010（1）；洪志忠. 批判教育研究的原旨、演展和社会权力架构——美国威斯康星大学阿普尔教授访谈［J］. 全球教育展望, 2011（2）；杨跃. 教师教育：一个充满斗争的政治场域——迈克·阿普尔教授访谈录［J］. 全球教育展望, 2014（9）；李慧敏. "愤怒"的使命与批判教育学的未来——迈克尔·阿普尔教授访谈［J］. 全球教育展望, 2015（1）；李晓军. 教育是否能够改变社会——专访美国威斯康辛大学麦迪逊校区课程与教学系 Michael W. Apple 教授［J］. 外国中小学教育, 2015（3）；胡萍萍. 对阿普尔批判教育思想批判的回应——迈克尔·阿普尔教授访谈录［J］. 现代大学教育, 2018（6）.

② 王占魁. 阿普尔在中国：回顾与评论［J］. 教育学报, 2010（2）：22-23.

课程与意识形态的关系、课程中的知识生产、'惯常化'意识、教育的阶级选择性、潜在课程的价值和'标签化'的影响等，都是致力于教育民主的思考，对于我国的教育改革具有重要的启示作用。"① 截至 2018 年，阿普尔的其他著作如《意识形态与课程》《教科书政治学》《官方知识——保守时代的民主教育》《教育的"正确"之路》《意识形态与课程》等，几乎每一部都有人进行思想研读后评价。② 这固然体现了阿普尔批判教育思想的魅力，但从研究的层次及突破看，从整体上或将阿普尔的思想置于资本主义晚期文化、制度内来研究的极其少见，至于将阿普尔置于西方批判传统中来研究的更是凤毛麟角。正因为如此，着眼于对批判教育学或批判教育学者某方面的思想或某个文本的解读成为大陆批判教育学研究的一大特色。不过这也因此反映出研究的碎片化及低层次的弊端。

二、对批判教育学的误读与偏颇

大陆对批判教育学特别是对阿普尔的研究的主体是课程与教学论及比较教育学方向的学者群体。这也许决定了对阿普尔乃至整个批判教育学的研究有切合国内课程与教学改革的需要而处于介绍性的层次或比较分析视角的原因。阎光才是国内对阿普尔乃至对整个批判教育学研究深有心得的学者，他曾说，国内包括阿普尔在内的批判教育学研究是"移译或把它作为纯粹的'西方思潮'的研究之作占据主流"③。这一论断是精准的。

这种较初级的或浅层次的片段化或碎片化的解读必然造成相关研究及评价的偏颇。

要么誉之太高，如认为"无论给以怎样高的评价都不会过分"；要么批评太过，如认为"其无法超越所谓批判的与支配的语言"；要么疑窦丛生，如认为

---

① 刘亚梅. 唤醒民主意识 致力课程改革——读阿普尔的《意识形态与课程》有感 [J]. 辽宁教育，2018（6）：91-92.
② 具体参见：侯彬. 教科书的政治学解读——阿普尔《教科书政治学》思想探微 [J]. 湘潮，2011（3）；汪永晖，王晋. 阿普尔的《官方知识》之要旨解读及启示 [J]. 教育科学研究，2013（11）；马丽. 唯有行动，才能改变——《教育能够改变社会吗?》解读及启示 [J]. 文教资料，2016（2）；刘亚梅. 唤醒民主意识 致力课程改革——读阿普尔的《意识形态与课程》有感 [J]. 辽宁教育，2018（6）；陈婷婷. 课程：权力控制与妥协的文本——读《官方知识——保守时代的民主教育》有感 [J]. 浙江教育科学，2018（10）；俞凌云，马早明. 教育改变社会：阿普尔的真命题——基于《教育的"正确"之路》的解读 [J]. 教育学报，2019（6）.
③ 阎光才. 批判教育研究在中国的境遇及其可能 [J]. 教育学报，2008（3）：17.

"这种理论行吗"①，要么执信批判教育学存在"去效率化""泛政治化"和"社会宿命论"等倾向,② 等等。

批判教育学及阿普尔思想的传入很显然与中国改革开放后的政治形势宽松、教育市场化发育不良、基础教育中应试教育的技术理性及过强的功利性无法根治、教育均衡化亟待改变、教育（课程）改革取向转向英美的复杂背景有关，因而批判教育学作为改革开放后的外来思想理论之一在传入之后特别是在进入21世纪后，能部分满足急于为改革发展把脉问症、求医问药的心态，所以在挖掘其具体思想的启示方面不免有拿来主义的实用理性之嫌，对批判教育学的评价也仅仅限于简单的二分法。例如，近年仍有人这样评价批判教育学："英美流派批判教育学以启蒙和解放为旨趣，通过霸权意识批判、建立厚民主对话、构想教育即解放，追求从被压迫者的非人性化到自由的解放，把人类从各种压迫、异化与贬抑中解放出来，并致力于建立一个确保人的解放的社会。然而它仍然存在陷入批判性话语的困境，缺乏可能性的意义；陷入晦涩空泛，缺乏可操作性；陷入霸权叙述，缺乏差异共享；注重社会正义，忽视生态正义；注重学究偏向，忽视实践取向的理论等局限。"③

在笔者看来，由于研究的碎片化、表层化及为现实所驱动的即时需要和拿来主义的为我所需的立场所限，大陆批判教育学研究存在不少误读与偏颇。

（一）偏颇之一：批判教育学可行吗？

这个疑问是郑金洲最先提出的。郑金洲大概是大陆最先以理性的态度审视批判教育学的学者，表现出很强的学者理性。"可行吗"的追问实际体现在两个方面。其一，文化背景不同，这种理论是否能为我所用："批判教育学反对一切权力形式，反对教育中的普遍性、统一性、整体性，倡导学生参与批判，这种观念与我们已有的教育观是相对立的、逆转的。虽然它源于晚期资本主义后工业文化，与我们所处的文化背景有一定的差异，但我们也不得不问：这种理论可行吗？"其二，批判教育能否从它自身所言的意识形态的"牢笼"中挣脱出来："批判教育学即使在美国也是不大受欢迎的。毕竟它是以一种反抗的姿态出现在文化与政治舞台上的，教育活动要想从意识形态的'牢笼'中挣脱出来谈

---

① 辛治洋. 批判教育学解读 [J] 比较教育研究, 2006 (7)：9.

② 龚孟伟, 陈晓端. 试析阿普尔批判教育思想的价值追求与理论局限 [J]. 教育研究, 2008 (10)：99.

③ 卢朝佑, 扈中平. 英美流派批判教育学的价值诉求和理论局限 [J]. 外国教育研究, 2014 (10)：15.

何容易。"①

批判教育学并不是激进的解构性后现代主义，主张解构一切。如果认真阅读阿普尔等人的著作，就会发现他们对后现代主义持保留态度。所谓"批判教育学反对一切权力形式，反对教育中的普遍性、统一性、整体性，倡导学生参与批判"的论断是站不住脚的。很显然郑金洲的发问有其当时历史条件的限制，当时的批判教育学与后现代主义正纠缠不清，以致很多学者认为批判教育学就是后现代主义（后现代主义只是批判教育学的理论基础之一，且它对批判教育学的影响有其自身的时段性）。批判教育学反对的是孤立地看待教育问题，并没有要挣脱意识形态的牢笼。至于另一种"可行性"问题，事实说明，阿普尔的著作被翻译成 20 多种语言，足见这种理论对现实问题特别是资本主义全球化引发的问题的解释力和可资借鉴之处。并不会因为文化的背景差异，这种理论就不能用于分析我国的教育问题。作为一种方法论（关系性思考），其价值是显而易见的。

（二）偏颇之二：批判教育学会成为"建设性教育学"

这种论断提出的代表是张华。张华是我国最早研究批判教育学的学者之一。他写作的《批判理论与批判教育学》等论文，至今仍是高频率引用文献。张华认为，从"批判"到"建设"是批判教育学的"成熟化"。"批判教育学"正值"血气方刚"的年龄，随着其成熟过程的推进，其必然的选择是由"批判"到"建设"。当"批判教育学"在不断接受批判中成熟起来之后，其最恰当的称谓或许应当是"建设性教育学"②。

这种观点，我想即使是阿普尔，也是不会赞同的。阿普尔在一次访谈中这样表达他对批判教育学的未来的忧虑："我们可以把批判教育学设想成有两个路径，一个路径是非主流的批判教育和教育学，另外一个路径是主流教育学，这种教育学变得更加主流。当然也不是这样泾渭分明，而是交叉在一起，相互作用。我担忧批判教育学会被合作掉，变得安全，这会使得批判教育学失去其敏感性，不如以前有力量，变得自大和被边缘化。所有这些都是可能的。"③

所谓建设性，在中国的语境中就是指对教育的发展要提出有效性的策略，

---

① 郑金洲. 美国批判就教育学之批判——吉鲁的批判教育观述评 [J]. 比较教育研究，1997（5）：18.

② 张华. 批判理论与批判教育学探析 [J]. 外国教育资料，1996（4）：12.

③ 李慧敏. "愤怒"的使命与批判教育学的未来——迈克尔·阿普尔教授访谈 [J]. 全球教育展望，2015（1）：12.

体现出主流教育学所能体现出的科学的方法意义，从而产生有"效率"或"效益"的结果。阿普尔曾指出："思考教育的方式主要有四种。没有哪一种是完全错误的，没有哪一种可以不依赖于其他三种而存在。"他所谓的四种方式包括："理性的技术形式"（technical forms of rationality）、"审美的或自传的形式"（aesthetic or autobiographical forms）、"评价的道德形式"（ethical forms of valuing）、"理性的政治形式"（political forms of rationality）。在涉及第一种的时候，他说："我不想说'效率'是愚蠢的或是没必要的。我也从没有这样声称过。"但他认为"效率是一个有限的概念"，因为，"在这种所谓的'效率'中含有一个并非'有效率'的隐性课程"。①

这种误读的原因恐怕与以下这几种因素有关。

其一是窄化了批判教育学之批判的含义。正如前面对批判教育学之批判的分析所言，批判教育学之批判含义很丰富，是一种激进的否定态度，更是一种关系性的思考方法。且批判之中本身就蕴含了一种关怀性的建设，其否定本身具有建设性的方法论意蕴。批判教育学给人的印象是"批判"大于"建设"的一个重要的原因在于人们对批判理解的偏颇。

其二，忽视了批判教育学作为左派教育立场的反制作用。批判教育学之批判的对象无疑针对的是右派的保守主义政策实践。正如前面所言，"左"与"右"是西方政治的两面，如同钱币的两面，彼此难分难解。作为左派的批判教育学，主要针对保守主义政策，其批判的问题正是迫使右派需要改变的一面。事实说明，批判教育学对右派教育改革的批判存在反制作用。这从拒考运动的胜利可以看出，批判教育学的建设性策略实际就体现在其批判之中。批判与建设并不是截然二分的。这也是批判教育学的策略所在。批判教育学因为右派的强大而强大的奥秘也在于此。

其三，忽视了批判教育学思考教育问题的切入方式。阿普尔说，因为他自己全心全意地致力于全员参与（full participation）和"厚民主"（thick democracy），所以他想要再次强调的是，"我们的确需要对'效率'提出质疑，要问问'为了什么的效率？''谁决定的目标？''怎样平衡对效率的需求和对民主参与的需求？'等问题"②。

可见，批判教育学并不否认建设性的问题。所谓的"建设性批判教育学"

---

① 胡萍萍. 对阿普尔批判教育思想批判的回应——迈克尔·阿普尔教授访谈录［J］. 现代大学教育，2018（6）：48.

② 胡萍萍. 对阿普尔批判教育思想批判的回应——迈克尔·阿普尔教授访谈录［J］. 现代大学教育，2018（6）：48.

也就谈不上是批判教育学成熟化的结果了。

以上这两种偏颇实际还暗含着另外一种深意，即批判教育学与实践脱节而缺乏实践应用性（有的指操作性）或有用性。也就是批判教育学有"去实践化"的偏颇。从批判教育学的根本精神看，它始终从另类关怀的角度促进教育发展，并不是要刻意提供具体的方案。这是要值得注意的地方。

（三）偏颇之三：批判教育学主张"泛政治化"和"社会宿命论"

进入 21 世纪后，在批判教育学理论著作不断被译介、其社会影响日增的同时，大陆学者对批判教育学之批判的意味也愈加浓厚。这种批判的代表性的观点除了前面所提的"去效率化"批判外（"建设性"的要求实际就是批判批判教育学具有去效率化的倾向），最主要的是"泛政治化"和"社会宿命论"。

持这种观点的代表性的学者是葛春（2006）及龚孟伟和陈晓端（2008）。而龚孟伟和陈晓端的观点则最集中地表达了对阿普尔的批评。

葛春虽然认为"阿普尔追求社会公正、投身教育实践、坚持教育民主的学术品质对我们有重要的指导意义"，但是阿普尔的"课程改革思想过于强调课程改革的意识形态性，具有泛政治化倾向"[1]，葛春的理由是："阿普尔认为课程改革就是围绕官方知识的政治，课程知识本身具有强烈的意识形态性，这样他就用知识的主观性完全否认了知识的相对客观性。"在他看来，这是阿普尔不能客观评价美国的课程改革根源所在，因此，阿普尔对美国的改革得出的往往是偏激的结论。所谓"泛政治化"是指"阿普尔把教育中的一切都与诸如阶级、种族、权力、控制等联系起来，这似乎就将教育简化为政治的附庸或'镜式'反映"。[2] 这种观点后被龚孟伟和陈晓端再次提及（龚孟伟和陈晓端，2008）。他们认为，阿普尔"迷失于意识形态分析"，因为他"忽视经验事实的价值"[3]。另外，因阿普尔"过分强调社会结构决定个人的社会地位，过分强调社会文化政治因素，把教育失败归因于阶级、性别、种族等而漠视个人的主观努力、自然差异等因素，使他的教育观染上社会宿命论色彩"[4]。

针对我国学者所批评的"去效率化""泛政治化""社会宿命论"，阿普尔进行了回应。

---

① 葛春. 阿普尔的课程改革思想述评 [J]. 南通大学学报（教育科学版），2006（3）：34.

② 葛春. 阿普尔的课程改革思想述评 [J]. 南通大学学报（教育科学版），2006（3）：36.

③ 龚孟伟，陈晓端. 试析阿普尔批判教育思想的价值追求与理论局限 [J]. 教育研究，2008（10）：98.

④ 龚孟伟，陈晓端. 试析阿普尔批判教育思想的价值追求与理论局限 [J]. 教育研究，2008（10）：99.

　　关于去效率化的问题，前面已经做了分析，这里就阿普尔对"泛政治化""社会宿命论"的回应做些解读。

　　针对"社会宿命论"，阿普尔直率地说，他的批判者可能只是基于《意识形态与课程》所做的判断，而此后的《教育与权力》的大部分讲的则是"关于能动性"，是关于"矛盾理论"。且他一直认为，人们自始至终都是有能动性的，但他们的能动性和行动有可能是矛盾的，《教育与权力》这本书中的理论是说事物可以是向前进的，不是宿命论的，但同时也可能是倒退的。正因如此，总是有人会反抗，但这并不意味着反抗一定是进步的。

　　那么，为什么还是有人认为阿普尔是社会宿命论者呢？

　　从阿普尔研究的历史看，虽然其40年的研究中的基本问题没有变化，但是其思想却是在不断地自我批判中不断更新的。早期他赞同"再生产理论"，后来却转向"抵制理论"，而后则进一步拓展其研究的主题，不断地关注不同弱势群体的命运，为他们的解放寻求希望。正如他自己所说的："我逐渐拓宽了我认为重要的动力机制的类型。我原先关注的是阶级，后来关注阶级与性别，再后来变成了关注阶级、性别与种族。"① 正如有人所指出的，阿普尔在其著作中一贯坚持和主张的是"关系性分析"的理论，将学校教育与阶级、种族、性别等的社会动机机制紧密联系起来，聚焦于分析学校教育是如何生产、再生产、协调和转化政治、阶级、文化权力的，寄希望通过剖析和批判性审视这些关系所展示出的阶级政治、文化场域中教育行动的局限性和可能性。② 阿普尔在他的《民主学校》尤其是其2007年出版的第二版中，讲述的是一些拥有能动性的教师在贫苦的地方奋力反抗的真人真事。因此，他认为，如果人们想要真正了解他的思想，就必须了解他的工作的两个部分，即洞察与反抗。而《民主学校》是反抗的第一步。此后出版的《教育能改变社会吗？》更是提出，学校、医院、托儿所、工厂、保险公司、银行等地方都可以是斗争的战场。而继《教育能改变社会吗？》之后的《为教育民主而进行的斗争》一书则进一步深入回答了"我们需要做什么"的问题。

　　在阿普尔看来，持有这种批判意见的人或许只是阅读了他早期的著作。《意识形态与课程》《教育与权力》以及《教师与文本》只是他研究的是第一阶段，

---

① 胡萍萍. 对阿普尔批判教育思想批判的回应——迈克尔·阿普尔教授访谈录［J］. 现代大学教育，2018（6）：49.

② ［美］迈克尔·W. 阿普尔. 教师与文本：重思教师专业性［M］. 南京：南京师范大学出版社，2019：译者序言Ⅶ.

也即第一个"三部曲"①。其回应的背后似乎隐含着批评者没有看懂或系统理解其思想变化的深意。

因此，认为阿普尔及批判教育学是宿命论也是没依据的。

（四）偏颇之四：对批判教育学的评价主要用的是简单的二分法

所谓二分法实际上就是，认为批判教育学既有值得借鉴的一面，也有不可取之处。

纵观大陆学界对批判教育学的评价，二分法几乎成为学者们的评价模式。

早期的如郑金洲，一方面肯定批判教育学为我们了解教育过程和现象提供了一个新的视野，在教育观念上提供了一个新的可供选择的可能性，其一系列见解对我们来说不无启示意义；另一方面又怀疑批判教育学所提出的观点是否可行。② 20 年后大陆学者的评价模式几乎也没有变化，如 2018 年，还有人这样评价阿普尔的思想："阿普尔作为批判教育学的主要代表人物，着力批判资本主义下教师的培养与塑造存在着'官方知识'的肆虐与'文化霸权'的专行。与此同时，其对教师的定位凸显矛盾与批判的双重性，存在于教师的知识、角色、教授课程、思想意识当中。阿普尔批判教师观有着几大局限：批判色彩盲目性、意识形态模糊性、文化霸权绝对性。为此，以'取其所长，避其所短'的态度审视阿普尔的批判教育思想，可为我国新形势下全面推进教师教育改革带来新的启发。"③

当然，二分法中的"二分"的含义是不同，但也有其共同性，即非常认可批判教育学对民主的追求以及对教育与意识形态关系的深刻揭示。批判教育学之所以被我国部分学者高看，一个很重要的原因在于，批判教育学被认为是"一种反压迫的文化论述和民主教育实践"④。而不认可的一面主要是"去效率化""泛政治化"（泛意识形态化）及"社会宿命论"。最集中体现这种二分法的观点如下：⑤

---

① 胡萍萍. 对阿普尔批判教育思想批判的回应——迈克尔·阿普尔教授访谈录［J］. 现代大学教育，2018（6）：48.

② 郑金洲. 美国批判教育学之批判——吉鲁的批判教育观述评［J］. 比较教育研究，1997（5）：18.

③ 赵梦雷，李文英. 迈克尔·阿普尔视域下的教师观及其启示［J］. 集美大学学报，2018（3）：12.

④ 胡春光. 批判教育学：一种反压迫的文化论述和民主教育实践［J］. 教育研究与实验，2010（1）：8–13.

⑤ 龚孟伟，陈晓端. 试析阿普尔批判教育思想的价值追求与理论局限［J］. 教育研究，2008（10）：96.

　　阿普尔的意识形态再生产理论阐明教育本质上是意识形态、伦理道德和政治问题，认为学校也有自主的文化动力，教师和学生会形成学校内部的反抗力量，成为反思性实践者，他们通过创造性活动经常反抗占支配地位的"合法化知识"。阿普尔还追求将教育的乌托邦变成主体解放、教育民主、社会公正的现实，这些对我国教育改革具有重要的启示意义，但他的批判教育学思想也存在泛意识形态、社会宿命论、去效率化的理论局限性。

　　需要说明的是，阿普尔作为批判教育学的杰出代表，其思想相对比较完整，其实践品格更高，其辩证思维更强。我国学者对他的误读虽然有偏颇，但就批判教育学（批判教育学是一种复指）整个情况而言，由于学院化及受到左派激进立场的强烈影响等因素，实际上也不算完全地误读，是有其合理性的。在国外这些批评实际也存在。

　　需要注意的是，作为外来理论，大陆学者的拿来主义、洋为中用的心态是比较浓重的。这几乎成为课程与教学论及比较教育学研究的基本价值取向。当然这是可以理解的。问题是，如果一种理论仅仅从实用主义的角度去理解、去取舍，难免会出现偏颇。正确的态度似乎应该是，以系统全面的理解为前提、为要旨。

第三节　我们还需要批判教育学吗

　　在西方，批判教育学始终处于边缘化，并未成为教育学的主流，批判教育学者也很难进入教育决策领域，但其存在的意义却一直为人所认同。其奥秘何在？还是德国学者温克勒说得比较中肯："批判教育学是以怀疑论者的角度，来看世界加之于年轻世代的不正义和错误，它要让年轻世代能够自由、自律地行动，希望他们能避免艰苦的改革，取而代之以渐进的发展过程，并且由不可或缺的社会成员共同去参与和推动那个进程。批判教育学所致力的，不仅止于维持社会的稳定。我们确实需要自由的个人和解放的主体去处理现代社会的要求，所以我们需要批判教育学。"[1]虽然温克勒这里有其观察视角的局限，但他所讲述的理由却是比较充分的。

　　那么，对中国大陆而言，我们还需要批判教育学吗？

---

① ［德］温克勒：批判教育学的概念［J］. 陈添翔，译. 华东师范大学学报（教育科学版），2017（4）：73.

教育无法回避政治，只有这样才能培养社会所需要的有知识教养和勇气的公民；教育研究更无法脱离对社会政治问题的参与并为社会政治的发展提供一种乌托邦想象。

从教育研究方法论的发展历程看，批判教育学的方法论确实有可取之处。它以法兰克福学派特别是哈贝马斯的批判理论为哲学基础，追求的是一种"解放的兴趣"。所谓解放的兴趣（interest of emancipation），是指对人类理智所加的种种限制的欲望中解脱出来，而对人类理智所加的限制包括权威、无知、习俗、传统等，这些限制妨碍个人根据自己的理性来决定个人的目的和行动的自由。解放的兴趣的作用就在于产生自我反思并通过自我反思使社会成员达致成熟，力求摆脱制度化了的权力控制与压抑，使人际间的交往发展成没有支配的人与人之间的对话。① 批判教育学的方法是在对传统的精神科学教育学的释义学研究方法和经验教育学的实证研究方法的批判的基础上，形成了以"批判"为特征的教育研究方法论。该方法强调通过相关分析、意识形态分析、历史分析和语言分析，对一切教育现象进行"批判"性的研究。批判教育学方法论拓展了教育研究的视野，突破了教育研究方法"一元论"的局限。② 尽管这种方法也不是完美无缺的。

而在具体的教育活动中，批判教育学的方法经常要求学生追问并回答的问题是"我为什么要学这些知识？为什么这些知识那么重要？我怎样才能检验这些知识是否正确？"也就是必须关注"什么知识"以及"谁的知识"这两个问题。

正如阿普尔所言，如果我们想要下一代能够充满好奇心，具有创新思维，我们的教育就应该促使学生追问并回答这些问题。

阿普尔对中国的国情确实颇为了解。在他看来，中国没有很长的批评学的历史。在课程与教育的批判方面，显得比较稚嫩。随着国外先进的理论的不断引入，"中国在这方面肯定会慢慢发展起来的，虽然很艰难，但前途是光明的"。

与此相对照的是，中国学者也就批判教育学在中国的境遇进行了分析。代表性的是阎光才。他说："应该说直到今日，中国关于批判教育研究的探讨还基本止于介绍，即使在课程理论领域也并未触及实践。原因很多，其中最为关键的因素是不同语境造成的话语可移植性障碍。但是，时过境迁，关注社会正义的批判教育研究视角对于我们反思现实和推动和谐社会目标实现，意义应非同

---

① 欧力同. 哈贝马斯的"批判理论"[M]. 重庆：重庆出版社，1997：99.

② 魏宏聚. 批判教育学"批判"方法论解读 [J]. 宁波大学学报（教育科学版），2005（4）：1.

寻常。再退一步，也至少对我们理解英美当下教育改革提供了一个更有意义的审视维度，而有助于我们在借鉴中多一份清醒和警觉，并对于目前中国国内各种显性或隐性的教育市场化声张和制度设计会构成一种反话语（counter discourse）的力量。"① 在阎光才看来，对当下教育最有价值的是，弗莱雷关于教育应该给个体和社会创造"希望"，教育应该是坚持乌托邦实践的主张，以及阿普尔近年所倡导的宏观与微观、理论与实践结合的民主学校策略。前者让我们警惕中国当下教育的功利化和市场化、庸俗化和工具化倾向，而后者则对于由建构日常教育生活民主到整个社会的公正和民主，提供了一系列富有实践意义的启示。②

尽管阎光才这一观点是在十多年前提出的，但是这一观点仍然十分深刻。

的确，从中国教育研究的传统看，中国更倾向于对教育教学的有效性追求。这种倾向于知识记忆、复现效率的教育追求背后有着浓重的技术理性、实用理性的色彩。为社会诟病的应试教育虽然产生的原因很复杂，但充满技术理性、实用理性的中国教育教学研究实际上在背后也充当推手。这种研究实际上颠倒了知识之于人的价值，遮蔽了教育中的人的主体性。中国教育研究批判意味向来几近于无，也与这种追求有一定的关联。

大量所谓实证性研究显示出研究者独立品格的缺失。这也是不争的事实。

教育的问题从来就是社会问题或者说是社会问题在教育领域中的反映。改革开放以来，教育公平问题一直是中国社会致力于解决的问题。批判教育学的批判性方法在很大程度上切合对这些问题的分析，所以说，批判的方法有着方法论的意义。当然，这种方法论意义有其适用范围。

批判教育学在我国的传入经历过零星译介到整理研究的发展轨迹。总体看，教育学界对批判教育学的热情在不断高涨，相关研究也不断拓展加深。这从一个方面也说明了批判教育学在中国的"潜在市场"。张卓远是少数几个从学术史的角度系统梳理批判教育学在中国传播史的学者，在他看来，批判教育学在中国三十多年的传播具有传播内容有限、传播区域集中、传播受到中国教育现实的影响等问题。尽管如此，批判教育学的传入还是产生了良好的影响：（1）丰富了我国教育学的研究内容；（2）推进了教育研究者对经济、社会问题的关注；（3）为我国教育改革提供了理论基础；（4）激发了我国教育学研究者的批判意识；（5）指明了中国教育在全球化背景下的发展方向。③ 整体而言，这些观点

---

① 阎光才. 批判教育研究的学术脉络与时代境遇 [J]. 教育研究, 2007 (8)：84-85.

② 阎光才. 批判教育研究的学术脉络与时代境遇 [J]. 教育研究, 2007 (8)：85.

③ 张卓远. 批判教育学在中国的传播及其影响 [D]. 太原：山西大学, 2016：23-39.

是很有见地的。

吴康宁教授对教育批评的认识很深刻，为我们需要批判教育学之批判提供了很好的参照，尽管他所说的教育批判因语境不同而具有内涵上的差异。但这不影响我们借用他所说的，"教育批判"是指对教育实践的取向、原则、材料及方式等加以质询、反思，继而达到否定（部分否定或基本否定）的一种认识活动。由于教育本来就应当是具有一定的理想性的实践活动，而理想是对现实的超越，因此，以质询、反思及否定为基轴的教育批判，便成了促使教育不断实现超越、通往理想状态的一个必要条件。① 我们需要批判教育学的原因也许就在这里吧！

---

① 吴康宁."教育批判"的困境［J］. 教育研究与实验，2004（4）：3.

主要参考文献

一、部分英文著作

1. PRICE R E. Marx and Education in Late Capitalism [M]. London: Groom Helm, 1986.

2. MCLAREN P. Critical Pedagogy and Predatory Culture [M]. New York: Routledge, 1995.

3. MCLAREN P L, Giarelli J M. Critical theory and Educational Research [M]. New York: State University of New York Press, 1995.

4. MCLAREN P. Counternarratives (with Henry Giroux, Colin Lankshear and Mike Peters) [M]. New York: Routledge, 1997.

5. MCLAREN P. Revolutionary Multiculturalism: Pedagogies of Dissent for the New Millennium [M]. Boulder: Westview Press, 1997.

6. CHERRYHOMES C H. Power and Cricism: Poststructural investigations in education [M]. New York: Teachers college, Columbia University, 1998.

7. MCLAREN P, HILL D, COLE M. Marxism Against Postmodernism in Educational Theory? [M]. Lexington: Lexington Books, 1999.

8. MCLAREN P. Che Guevara, Paulo Freire, and the Pedagogy of Revolution [M]. Lanham: Rowman & Littlefield, 2000.

9. DARDER A, BALTODANO M, TORRES R D. The Critical Pedagogy Reader [M]. New York: RoutledgeFalmer, 2003.

10. RUSH F. The Cambridge Companion to Critical Theory [M]. Cambridge: Cambridge University Press, 2004.

11. SMALL R. Marx and Education [M]. New York: Palgrave Macmillan, 2005.

12. ADAMS H, SEARLE L. Critical Theory since Plato (third edition) [M]. Belmont: Thomson Wadsworth, 2005.

13. COOPER K, WHITE R. The Practical Critical Educator: Critical Inquiry and Educational practice [M]. New York: Springer, 2006.

14. MCLAREN P, JOE L. Kincheloe. Critical Pedagogy: Where are We now? [M]. New York: Peter lang, 2007.

15. GREEN A, RIKOWSKI G. Renewing Dialogues in Marxism and Education: Openings [M]. New York: Palgrave Macmillan, 2007.

16. COLE M. Critical Race Theory and Education: A Marxist Response [M]. New York: Palgrave Macmillan, 2009.

17. APPLE M W, AU W, GANDIN L A. The Routledge International Handbook of Critical Education [Z]. New York: Routledge, 2009.

18. COLE M. Blair's Educational Legacy [M]. New York: Palgrave Macmillan, 2010.

19. MACRINE S, Hill D. Revolutionizing Pedagogy [M]. New York: Palgrave Macmillan, 2010.

20. AGOSTINONE - WILSON F. Marxism and Education Beyond Identity: Sexuality and Schooling [M]. New York: Palgrave Macmillan, 2010.

21. MCLAREN P, MACRINE S, HILL D. Revolutionizing Pedagogy: Educating for Social Justice Within and Beyond Global Neo-liberalism [M]. New York: Palgrave Macmillan. 2010.

22. JONES P E. Marx and Education: Renew the Dialogue, Pedagogy and Culture [M]. New York: Palgrave Macmillan, 2011.

23. CARPENTER S, MOJAD S. Educating from Marx: Race, Gender, and Learning [M]. New York: Palgrave Macmillan, 2011.

24. ANYON J. Marx and Education [M]. New York: Routledge, 2011.

25. JONES P E. Marxism and Education: Renewing the Dialogues, Pedagogy, and Culture [M]. New York: Palgrave Macmillan, 2011.

26. COLE M. Racism and Education in the U. K. and the U. S. [M]. New York: Palgrave Macmillan, 2011.

27. KUMAR R. Education and Reproduction of Capital [M]. New York: Palgrave Macmillan, 2012.

28. THEMELIS S. Social Change and Education in Greece: A Study in Class

Struggle Dynamics［M］. New York：Palgrave Macmillan，2013.

29. GRIFFITHS T G. Mass Education, Global Capital, and the World［M］. New York：Palgrave Macmillan，2013.

30. MOTTA S C, COLE M. Education and Social Change in Latin America［M］. New York：Palgrave Macmillan，2013.

31. MOTTA S C, COLE M. Constructing Twenty－First Century Socialism in Latin America：The Role of Radical Education［M］. New York：Palgrave Macmillan，2014.

32. COLE M. New Developments in Critical Race Theory and Education：Revisiting Racialized Capitalism and Socialism in Austerity［M］. New York：Palgrave Macmillan，2017.

33. COLE M. Critical Race Theory and Education：A Marxist Response［M］. New York：Palgrave Macmillan，2017.

34. Hall R. The Alienated Academic：The Struggle for Autonomy Inside the University［M］. New York：Palgrave Macmillan，2018.

二、部分译著

1. ［巴西］保罗·费莱雷（即弗莱雷）. 被压迫者的教育学［M］. 顾建新，赵友华，何曙荣，译. 上海：华东师范大学出版社，2001.

2. ［美］迈克尔·W. 阿普尔. 意识形态与课程［M］. 黄忠敬，译. 上海：华东师范大学出版社，2001.

3. ［美］亨利·吉鲁. 跨越边界——文化工作者与教育政治学［M］. 刘惠珍，张驰，黄宇红，译. 上海：华东师范大学出版社，2002.

4. ［美］迈克尔·W. 阿普尔. 官方知识——保守时代的民主教育［M］. 曲囡囡，刘明堂，译. 上海：华东师范大学出版社，2004.

5. ［美］迈克尔·W. 阿普尔. 文化政治与教育［M］. 阎光才，译. 北京：教育科学出版社，2005.

6. ［美］迈克尔·W. 阿普尔，L. 克丽斯蒂安-史密斯. 教科书政治学［M］. 侯定凯，译. 上海：华东师范大学出版社，2005.

7. ［美］迈克尔·W. 阿普尔. 国家与知识政治［M］. 黄忠敬，译. 上海：华东师范大学出版社，2007.

8. ［美］亨利·A. 吉鲁. 教师作为知识分子——迈向批判教育学［M］. 朱红文，译. 北京：教育科学出版社，2008.

9. ［美］琼·温克. 批判教育学——来自真实世界的笔记 ［M］. 路旦俊, 译. 长沙: 湖南教育出版社, 2008.

10. ［美］迈克尔·W. 阿普尔. 被压迫者的声音 ［M］. 罗燕等, 译. 上海: 华东师范大学出版社, 2008.

11. ［美］迈克尔·W. 阿普尔. 教育的"正确"之路 ［M］. 2 版. 黄忠敬, 吴晋婷, 译. 上海: 华东师范大学出版社, 2008.

12. ［美］迈克尔·W. 阿普尔. 全球危机、社会公平和教育 ［M］. 李慧敏, 译. 北京: 中国政法大学出版社, 2012.

13. ［美］卡洛斯·阿尔伯托·托里斯. 教育、权力与个人经历: 当代批判教育学家访谈录 ［M］. 原青林, 王云, 译. 济南: 山东教育出版社, 2013.

14. ［美］迈克尔·W. 阿普尔. 教育能够改变社会吗? ［M］. 王占魁, 译. 上海: 华东师范大学出版社, 2014.

15. ［美］亨利·A. 吉鲁. 教育与公共价值的危机 ［M］. 吴万伟, 译. 北京: 中国人民大学出版社, 2016.

16. ［美］亨利·吉鲁. 教育中的理论与抵制 ［M］. 张斌, 常吟, 左继容, 等译. 北京: 教育科学出版社, 2016.

17. ［美］迈克尔·W. 阿普尔. 教师与文本: 重思教师专业性 ［M］. 杨跃, 译. 南京: 南京师范大学出版社, 2019.

18. ［美］戴安·拉维奇. 美国学校体制的生与死——论考试和择校对教育的侵蚀 ［M］. 冯颖, 译. 北京: 北京大学出版社, 2014.

19. ［英］G. A. 柯亨. 卡尔·马克思的历史理论: 一种辩护 ［M］. 岳长龄, 译. 重庆: 重庆出版社, 1989.

20. ［美］艾伦·布鲁姆. 走向封闭的美国精神 ［M］. 缪青, 宋丽娜, 等译. 北京: 中国社会科学出版社, 1994.

21. ［德］尤尔根·哈贝马斯. 重建历史唯物主义 ［M］. 郭官义, 译. 北京: 社会科学文献出版社, 2000.

22. ［德］尤尔根·哈贝马斯. 理论与实践 ［M］. 郭官义, 李黎, 译. 北京: 社会科学文献出版社, 2010.

23. ［美］道格拉斯·凯尔纳, 斯蒂文. 后现代理论——批判性的质疑 ［M］. 张志斌, 译. 北京: 中央编译出版社, 2012.

24. ［美］爱德华·W. 萨义德. 文化与帝国主义 ［M］. 李琨, 译. 北京: 生活·读书·新知三联书店, 2007.

25. 张亮, 等. 西方马克思主义哲学原著选读 ［C］. 北京: 北京师范大学出版社，2010.

26. ［瑞典］福克斯，［加］莫斯可．马克思归来［M］."传播驿站"工作坊，译．上海：华东师范大学出版社，2016.

27. ［英］约翰·米克尔思韦特，阿德里安·伍尔德里奇．右派国家：美国为什么独一无二［M］．王传兴，译．北京：中信出版社，2016.

28. ［美］罗伯特·帕特南．我们的孩子［M］．田雷，宋昕，译．北京：中国政法大学出版社，2017.

29. ［美］大卫·哈克特·费舍尔．阿尔比恩的种子：美国文化的源与流［M］．桂林：广西师范大学出版社，2018.

三、部分中文著作

1. 徐崇温．用马克思主义评析西方思潮［M］．重庆：重庆出版社，1990.

2. 欧力同，张伟．法兰克福学派研究［M］．重庆：重庆出版社，1993.

3. 罗钢，刘象愚．文化研究读本［M］．北京：中国社会科学出版社，2000.

4. 俞吾金，陈学明．国外马克思主义哲学流派新编——西方马克思主义卷［M］．上海：复旦大学出版社，2002.

5. 周宏．理解与批判——马克思意识形态理论的文本学研究［M］．上海：上海三联书店，2003.

6. 孙晶．文化霸权理论研究［M］．北京：社会科学文献出版社，2004.

7. 傅永军．法兰克福学派的现代性理论［M］．北京：社会科学文献出版社，2007.

8. 童世骏．批判与实践：论哈贝马斯的批判理论［M］．北京：生活·读书·新知三联书店，2007.

9. 章国锋．关于一个公正世界的"乌托邦"构想——解读哈贝马斯《交往行动理论》［M］．济南：山东人民出版社，2001.

10. 周兴杰．批判的位移：葛兰西与文化研究转向［M］．北京：中国社会科学出版社，2011.

11. 王璞．文化战争中的美国大学［M］．北京：北京师范大学出版社，2008.

12. 王晨．保守主义的大学理想［M］．北京：北京师范大学出版社，2008.

13. 彭正梅．解放和教育——德国批判教育学研究［M］．上海：华东师范大学出版社，2008.

14. 张琨．教育即解放——弗莱雷教育思想研究［M］．福州：福建教育出版社, 2008.

15. 丁永为. 变化中的民主与教育——杜威教育政治哲学的历史研究 [M]. 北京: 教育科学出版社, 2012.

16. 张人杰. 国外教育社会学基本文选 [M]. 上海: 华东师范大学出版社, 2013.

17. 徐冰鸥. 意识形态解蔽与教育批判 [M]. 北京: 高等教育出版社, 2014.

18. 涂诗万. 杜威教育思想的形成 [M]. 杭州: 浙江教育出版社, 2014.

19. 王占魁. 价值选择与教育政治——阿普尔批判教育研究的实践逻辑 [M]. 北京: 教育科学出版社, 2014.

20. 徐辉, 辛治洋. 现代外国教育思潮 [M]. 北京: 人民教育出版社, 2014.

后　记

敲完最后一个字，忽然还想写点什么，于是就有了这个后记。

写后记的首要目的是要感谢张斌贤老师。尽管这种表达有些俗套，但是是真诚的。

2006年华东师范大学博士毕业后，我一直有个愿望，就是想再到北京师范大学深造。在自己的学术追求上，我一直有个自定的学术发展设计，即由中国教育史入门，再由教育学原理提升，进而由外国教育史拓展，力争使自己的学问能出史入史、史论结合并会通中西。我一直认为，这种设计对我这个非教育学科班出身的教育学人的发展是有裨益的——尽管我难以做到"学贯中西"。于是，在2007年我决定拜在张斌贤老师门下。其时，他看了我寄给他的以我的博士学位论文为基础修改而成的专著，说道："你这个与后现代主义教育理论有关，你干脆系统研究下后现代主义教育思想与流派吧。"张老师一句话启发了我。我的博士学位论文与哲学解释学相关，确实与后现代主义丝缕相连。其时的后现代主义研究（包括后现代主义教育思想）正方兴未艾，而学术界却少有对后现代主义教育思想进行历史性的、整体性的研究。于是我在张斌贤老师的指导下开始研究美国后现代主义教育思想与流派。后现代主义教育思想来源驳杂异常，梳理起来十分困难。虽然我于2010年博士后出站了，但一直有个问题在我脑海里萦绕：后现代主义教育理论（思想）与批判教育学之间的关系究竟是什么？

自觉很多问题还没弄清楚，所以我的博士后报告也一直没有修改出版。这一拖就是数年之久。当然，博士后出站后并没有停止过思考怎么修改完善它，但始终不肯动手，也无法动手。

2014年，在申报国家社科基金项目找选题时，如同电光一闪，忽然觉得可以把当年的博士后报告研究的部分问题——批判教育学作为选题的切入口，没想到竟然成功申请到该年度的国家社科基金教育学一般项目，这使得我有足够的资金和时间进行更为专门的研究。

我想，如果没有张斌贤老师当年的引领，我就不可能进入后现代主义教育思想领域，也就无法接触到批判教育学了，自然，也就没有这个国家社科基金项目及其所谓的成果了。所以，在这个后记中我首先要感谢张老师也自在情理之中。

求学、著书、立说需要多方面的条件支持，得之我幸。一直以来我就是这种幸运的人。实际上，自身幸运的背后却是亲人们的默默付出。

为了我的写作，付出最多的是我的爱人熊丽磊女士。作为知识女性，她一直以来扮演的却是相夫教子的传统女性角色，操劳家务，里里外外；洗衣做饭甚至端饭送水几乎占据了她的八小时之外。青春面容不再，双鬓染霜的不仅仅是我，更是爱人。

还有一直自主自立的远在异国读硕士的儿子。虽然老来恋子心态日重，我却很少主动对他嘘寒问暖。"爸爸去哪儿了？"是这个时代的家教病，所幸，它没有影响到儿子的正常成长。虽然在他成长中的几个时间节点上，总觉得隐隐有无处倾诉的孤独感、迷茫感在困扰着他。对于他的一些困惑，作为四处求学、埋首书斋的我也只能偶尔应答。

古人曾有人生三乐之说。其中一乐即"父母俱在，兄弟无故"。为了谋生发展，离开家乡湖北浠水近二十年之久，其间因为"忙"，"常回家看看"的歌词只能在嘴巴里念念了。特别是近三年的紧张写作，给年迈母亲的唯一报答就是每月所寄的一点儿生活费了。幸有兄弟姐妹在老母身边服侍，尽管他们一样地"忙"。回家看看老母，成了完结写作此书后的最迫切的一个心愿了！

本书的写作也得到了湖南科技大学副校长、教育科学研究院胡石其院长的大力支持，作为我的顶头上司，他常宽待我工作上的疏漏，为我的科研创造了良好的心理环境。这在"官场"是难得的知遇之恩。

这里还要特别感谢我曾经带的硕士研究生、现于西南大学攻读博士学位的黄晓彬同学以及我所带的硕士研究生彭礼、张园园、张亚利、龚奕佳、唐望、刘艳霞、吴泽峰等人，她们在繁忙的学习及工作之余，帮我翻译整理了大量的英语文献。至于本书的"追问谁的知识最有价值——阿普尔论教育"及第六章"批判的女性主义教育学：追求性别正义"更是在彭礼及张园园同学写作的初稿上略加修改而成。

另外，本书的出版还要特别感谢武昌理工学院校领导特别是文法学院院长谢春林教授的支持；同时还要感谢编辑老师们耐心细致的校对使本书避免了很多的硬伤。

不过，除了感谢外，写后记似乎还有一个目的，那就是疏放某种余悸。

写作后总有一种余悸，倒不是因为爬格子的辛苦，而是深入写作对象后的一种畏惧，无疑也夹杂着对自己写作的一种不自信感。

在我看来，不论是当年的美国后现代主义教育思想和流派的研究，还是现在从事的批判教育学研究，它们都是一个个难以穷尽的矿藏。虽然掘之愈深，其矿愈富，但其难度却愈大。特殊时代诞生的特殊思想理论自有其特殊的学术元素富含在内，没有广博的学术视野和良好的知识结构，要想洞悉其中的任何一个方面都是极其困难的，何况我试图从事的是一种历史性的、整体性的研究，且这些思想理论的话语都艰涩难懂。在阅读与写作过程中，理解常常就是误解或无解的现象时有发生，以致我常常为一个句子甚至一个词语意思的确证及翻译绞尽脑汁。写作思维也经常性短路。

本书就批判教育学产生与发展的背景、理论来源、发展历程、理论流派及代表人物的思想进行了全方位的探讨，同时还就其未来的走向进行了展望。说实在的，对每一方面的探讨，都感觉难尽我意。每读一遍，都忍不住想再修改一次。坦率地说，如果不是出于结题需要，我准备延宕三、五年再出版。

写作总是有缺憾的艺术。不然，也不会有"文章不厌百回改，反复推敲佳句来"之说了。此句足以聊慰或自嘲，但心有戚戚，确是真的。这里只能恳请读者方家们指正了！

周险峰

2019 年 11 月 22 日深夜